E. L. BOUVIER
Ancien instituteur,
Professeur agrégé de l'École supérieure de pharmacie
de Paris
ET
LÉON LETRAIT
Instituteur.

LECTURES
LEÇONS
D'AGRICULTURE

ET DE SCIENCES PHYSIQUES ET NATURELLES

APPLIQUÉES A LA VIE RURALE

Promenades-lectures, leçons, expériences, agriculture pratique.

PARIS

LIBRAIRIE CLASSIQUE FERNAND NATHAN

18, RUE DE CONDÉ, 18

LECTURES-LEÇONS
D'AGRICULTURE

ET DE SCIENCES PHYSIQUES ET NATURELLES
APPLIQUÉES A LA VIE RURALE

Promenades-lectures, leçons, expériences, agriculture pratique.

PAR

E.-L. BOUVIER

Ancien instituteur,
ancien professeur d'École normale,
agrégé de l'Université,
docteur ès sciences naturelles,
professeur agrégé de l'École supérieure
de pharmacie de Paris.

&

Léon LETRAIT

Instituteur,
lauréat du Ministère de l'agriculture,
et de
plusieurs comices agricoles.

PARIS
LIBRAIRIE CLASSIQUE FERNAND NATHAN
18, RUE DE CONDÉ, 18

1890

Paris. — Imp. E. CAPIOMONT et Cⁱᵉ, rue des Poitevins, 6.

PRÉFACE

Un ouvrage d'*agriculture* pour les écoles primaires ne doit pas être purement didactique ; il faut que l'enfant y retrouve un peu de la vie si animée, si agréable, si instructive que procure l'existence à la campagne. C'est pourquoi nous avons, dans celui que nous présentons au public enseignant, introduit des récits de **promenades scolaires**, d'une lecture aussi attrayante que possible.

Nous espérons ainsi, tout en donnant aux élèves l'occasion d'acquérir des connaissances diverses, leur faire prendre l'habitude de regarder autour d'eux et d'analyser, un peu plus profondément qu'ils ne le font d'ordinaire, toutes les merveilles qui les entourent.

Dans la partie *théorique*, rédigée autant que possible d'après les opérations culturales de chaque saison, nous avons employé une **disposition typographique** spéciale qui permet de mettre notre livre entre les mains des élèves dès qu'ils entrent dans le *cours moyen* et de le conserver jusqu'au *cours complémentaire*.

Notre ouvrage est ainsi rendu véritablement **pratique** ; car les leçons peuvent être communes à tous les élèves d'une même classe ou facilement adaptées à la force de chacune des catégories d'enfants auquel le maître s'adresse.

Nous pensons, en outre, que l'étude des **sciences physiques et naturelles** doit être intimement liée à l'étude de l'agriculture et, soit dans les *Leçons*, soit dans les *Lectures*, soit encore dans les explications du *Lexique* nous avons pu aborder le programme complet des sciences physiques et naturelles pour les cours moyen et supérieur de l'école primaire.

Les **expériences** qui précèdent chaque leçon sont toutes excessivement simples et ne demandent qu'un matériel facile à se procurer.

Les **résumés** et les **questionnaires** suivent exactement les paragraphes des leçons et nous avons eu le soin d'indiquer d'une façon apparente les questions qui conviennent spécialement aux élèves du cours moyen [1].

Un lexique intéressant, placé à la fin du volume, donne l'explication de tous les mots difficiles ou seulement peu usuels, et fournit en même temps des renseignements de toutes sortes fort utiles à connaître [2].

Quant aux indications pour l'**agriculture pratique**, nous nous sommes conformés aux prescriptions des agronomes et des praticiens les plus distingués.

Nous espérons que ce livre, très simple et très modeste, dans lequel nous avons essayé d'introduire l'élément artistique par l'élégance des gravures, rendra l'étude de l'agriculture facile et agréable aux enfants, et leur inspirera de bonne heure l'amour de la vie des champs ou une vive sympathie pour les travailleurs de la campagne.

Nous nous sommes efforcés, en effet, de donner à notre ouvrage un caractère essentiellement intéressant qui permettra de l'adopter dans les *écoles urbaines* aussi bien que dans les *écoles rurales* et de l'introduire avec profit dans toutes les *bibliothèques scolaires*.

Nous accepterons d'ailleurs avec infiniment de reconnaissance les observations qu'on voudra bien nous transmettre et qui nous permettront d'améliorer, au profit des maîtres et des élèves, l'ouvrage nouveau que nous publions aujourd'hui.

---

1. Dans les leçons, les paragraphes précédés d'un chiffre en caractères gras (**1**) sont destinés aux élèves du *Cours moyen;* ceux qui sont précédés d'un chiffre en elzévir (2), conviennent en plus aux élèves du *Cours supérieur;* les passages devant lesquels se trouvent un astérisque(*) peuvent n'être étudiés que par les élèves avancés du Cours supérieur et ceux des *Cours complémentaires.*

2. Les mots expliqués au *Lexique* sont ceux qui sont suivis d'une étoile(*) dans le cours du livre.

3. Nous avons supposé un jardin assez vaste pour pouvoir le partager en deux portions égales, l'une consacrée au champ de démonstration, l'autre au jardin proprement dit.

Pour le *champ de démonstration,* nous avons adopté l'assolement quadriennal dans lequel les plantes suivantes se succèdent annuellement : 1° froment; 2° trèfle; 3° avoine suivie de navets et de sarrasin en récoltes dérobées; 4° pommes de terre et betteraves; et nous avons réservé une portion pour la culture des diverses plantes des champs.—L'expérience apprendra à modifier, chaque année, les démonstrations qu'il y a lieu de faire dans le champ spécial, et on pourra, à cet effet, consulter avec profit les tableaux, pages 46 et 47.

Pour le *jardin* proprement dit, nous avons indiqué les principaux travaux qu'il réclame, et on pourra montrer, par un système rationnel de rotation, que l'art des assolements s'applique également aux plantes potagères. Voir à cet effet un exemple d'assolement, page 140.

Pour les *sciences physiques et naturelles* et pages correspondantes de l'ouvrage.

L'homme. Les animaux.

Notions sur la digestion, la circulation, la respiration, le système nerveux, les organes des sens. Conseils pratiques d'hygiène. Abus de l'alcool, du tabac, etc.

Grands traits de la classification. Animaux utiles et animaux nuisibles.

La digestion, p. 89. Excrétions, p. 92. Organisation des animaux, p. 97. Estomac des oiseaux, p. 112. — Respiration et circulation, p. 90. Trachée-artère, p. 328. — Les mouvements, p. 189. Squelette, p. 325. — Le système nerveux, p. 92. Sens, p. 324. — Hygiène accidents et maladie, p. 252. Des constructions rurales, p. 79. — Les vertébrés, p. 146 à 150. Races d'hommes, p 322. — Poissons, p. 321. Batraciens, p. 299. Reptiles, p. 323. Oiseaux, p. 319. Mammifères, p. 316. — Invertébrés, p. 313. Les articulés, p. 201 à 205. Insectes, p. 312. Myriapodes, p. 318. Arachnides, p. 297. Crustacés, p. 302. — Animaux utiles, p. 223 à 229. — Animaux nuisibles, p. 217 à 222.

Les végétaux.

Parties essentielles de la plante; principaux groupes. Herborisations

La plante, p. 23 à 28. — De la tige des arbres, p. 176 et 177. La forme des feuilles, p. 231 et 232. La classification des plantes, p. 233 à 238. — Familles végétales, p. 305. — Les plantes médicinales, p. 247 à 252.

Les minéraux.

Notions sommaires sur le sol, les roches, les fossiles, les terrains : exemples tirés de la contrée. Excursions et petites collections.

Couche arable, p. 297. Le sol, p. 17 à 22. Les amendements, p. 30. — Les roches et les terrains. Voir Fossile, p. 307.

Premières notions de physique.

Pesanteur. Levier. Premiers principes de l'équilibre des liquides. Pression atmosphérique : baromètre.
Notions très élémentaires et expériences les plus faciles sur la chaleur, la lumière, l'électricité, le magnétisme (thermomètre, machine à vapeur, paratonnerre, télégraphe, boussole).

Bascule, p. 298. Leviers, p. 314. Liquides, p. 315. — Baromètre, p. 81 et 297. Girouette et vent, p. 81 et 319. Siphon, p. 86 et 325. Soleil, p. 325. Thermomètre, p. 82 et 337. Les couches et les châssis, p. 118, 119, 139. Les serres, p. 121. La couveuse artificielle, p. 87. La vapeur, p. 329. La machine à vapeur, p. 51. Distillation, p. 304. — Microscope, p. 318. La lumière se réfléchit, p. 322. La lumière se réfracte, p. 323. — L'orage, p. 266 et 319. La boussole, p. 178 et 300.

Premières notions de chimie.

Idée des corps simples et des corps composés. Métaux et sels usuels.

Corps simples, p. 325 ; métaux et métalloïdes, p. 317. Corps composés, p. 302. Aliments tirés du sol par les plantes, p. 33 à 35. — L'air et l'eau, p. 14 et 15. Fermentation du vin, p. 56. Les sels, p. 324. Engrais chimiques, p. 44 et 45. Acide, p. 297. — Base, 299. — Oxyde, p. 320. — Voir, en outre, au lexique, les mots acétate, carbonate, nitrate, phosphate, sulfate, sulfure, silicate, chlore, iode, acide phénique, etc., etc.

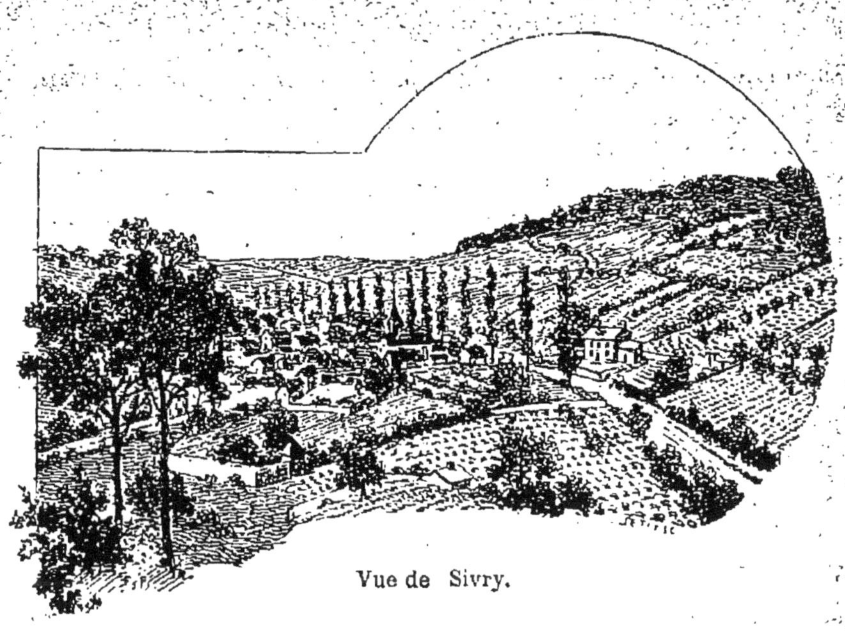

Vue de Sivry.

MOIS DE SEPTEMBRE ET D'OCTOBRE

Agriculture pratique.

On fera exécuter, pendant les mois de septembre et d'octobre, les travaux principaux suivants :

CHAMP DE DÉMONSTRATION. — 1º Arracher les pommes de terre et les betteraves, pour les conserver en silos.

2º Fumer à raison de 100 kilogrammes de fumier de ferme à l'are et labourer le même terrain pour l'ensemencement ultérieur du froment.

3º Arracher les carottes, les navets ; récolter les cônes de houblon, le raisin, le chanvre, la féverole, la graine de trèfle, etc.

JARDINS. — Labourer les carrés libres, après les avoir fumés à raison de 100 kilog. de fumier de ferme ou de bons composts, à l'are et par an, et en ayant le soin de veiller à ce que les plantes racines comme les carottes, les navets, et les plantes à cosses comme les haricots, les pois, ne soient pas semées sur un terrain fraîchement fumé. Semer les mâches, le cerfeuil, les épinards, les salades d'hiver. Multiplier les fraisiers. — Semer les pensées, la julienne de mahon, les myosotis, le coréopsis, le clarkia. Faire les boutures de jasmin, de chèvre-

feuille, de glycine, de vigne vierge, de fusain. Planter les églantiers.
Rentrer les pétunias. Planter les jacinthes, les tulipes, le crocus.

ARBRES FRUITIERS. — Récolter les raisins de table pour les
conserver dans du son ou suspendus la queue en bas sur des fils de
fer tendus dans le fruitier. Cueillir les pommes et les poires pour
les conserver, dans le fruitier, sur des étagères garnies de paille de
seigle. Préparer les fosses pour la plantation ultérieure des arbres.

Promenade scolaire

(LECTURE)

Quand vous pénétrez dans le petit village de Sivry, vous
vous trouvez au milieu d'un nid de verdure des plus charmants. Les maisonnettes sont gracieusement éparpillées
parmi les vergers et les jardins, des treilles touffues
recouvrent les murs d'un épais manteau de feuillage et
les herbes folles poussent en abondance sur le chaume
couvert de mousse. C'est simple, propre, gai, plein de
fraîcheur, et l'on se prend à envier le sort des braves
cultivateurs qui habitent sous ces toits.

De loin le spectacle change sans rien perdre de sa
beauté.

Quand vous êtes là-bas, dans le vallon, sous les grands
peupliers de la prairie, Sivry se dissimule coquettement
au milieu des arbres ; on aperçoit à peine son église, malgré la flèche qui la surmonte, et de ci de là quelques chau-
mières qui révèlent leur présence par un panache de
fumée. A une faible distance de l'église, le toit de la maison d'école se fait remarquer par la couleur rouge de ses
tuiles ; plus bas, quelques fermes importantes font briller
sous le soleil leurs masses blanchies à la chaux et tout
autour, partout, sur les flancs du coteau, vous ne voyez
que des vignes avec des arbres fruitiers.

Maintenant que vous connaissez Sivry, vous pouvez

plus agréablement vous mêler à la vie de vos jeunes camarades qui fréquentent l'école du village.

Au mois d'octobre dernier, sous un beau soleil d'automne, ils étaient tous réunis dans la cour de l'école qu'ils remplissaient de la plus joyeuse animation. M. Lancelot, l'excellent instituteur de Sivry, se promenait au milieu d'eux et paraissait prendre part à la bonne humeur générale.

Une heure sonna au clocher du village ; les jeux cessèrent et sur un signal du maître les élèves se mirent aussitôt sur les rangs.

« Je vous ai promis hier une promenade, dit M. Lancelot, et je suis content de voir que personne ne manque à l'appel. Je serais vraiment bien heureux si vous étiez tous d'une aussi grande exactitude quand, au lieu d'une promenade à faire, il y a la classe à suivre ! »

La petite troupe s'engagea dans les rues du village. On approchait des vendanges et les vignerons commençaient à se préparer pour la récolte. Celui-ci nettoyait ses tonneaux, celui-là arrangeait les cuves, les paniers et les pressoirs. Devant la maison du tonnelier, de nombreuses futailles s'entassaient sur les bords du chemin. On travaillait en chantant : un ouvrier remplaçait les cercles, un autre remettait les fonds ou rajustait les douves, et c'était plaisir de voir cette bonne humeur et cet entrain.

A deux kilomètres de l'école, on rencontra M. Jean Nipon, le plus sensé et un des plus intelligents propriétaires du pays. M. Nipon admirait la belle végétation de sa vigne et il relevait de temps à autre quelques branches trop chargées de grappes.

« Bonjour, M. Jean, bonjour, dirent ensemble les promeneurs. — Bonjour, M. Lancelot, bonjour, mes enfants ; un beau temps pour la promenade ! — Eh oui ! répondit l'instituteur, et toutes ces petites têtes en sont enchantées. On prétend que nous surchargeons un peu l'esprit de nos élèves, et nous avons pris le parti de les mener de temps à autre en promenade afin d'éviter, comme on dit, le surmenage. C'est tout profit, en effet; on étudie mieux

M. Nipon relevait les branches trop chargées de grappes et enlevait les feuilles qui pouvaient nuire à la bonne maturité des fruits.

quand on est fort et il y a mille choses qu'on apprend très mal dans les livres et très bien au milieu des champs.

— Vous avez raison, dit M. Nipon, sans compter qu'aujourd'hui nous avons besoin, non seulement de gens instruits, mais de gars robustes et agiles qui puissent faire de vaillants soldats. »

On s'entretint ensuite des travaux des champs et chacun prêtait une oreille attentive, car on savait M. Nipon homme de bon conseil; et il exposait ses idées dans un langage simple, clair et précis.

« Voyez-vous, disait-il, si mes vignes sont plus belles

que les autres, c'est que j'évite avec soin les pratiques routinières. Je tâche de me conformer aux prescriptions contenues dans les livres d'agriculture et je m'efforce de mettre en pratique les conseils que nous donne dans ses conférences M. Lezay, le professeur départemental d'agriculture.

« Ainsi, cette année, je n'ai point oublié de *sulfater** mes vignes en temps opportun ; je les ai *soufrées* au moment voulu ; je leur ai donné maintes et maintes *façons** et j'ai le plaisir de constater que mes efforts sont couronnés de succès. L'année prochaine, si M. Lancelot le veut bien, vous pourrez suivre les différents travaux qui concernent la vigne et je me ferai un plaisir de vous donner toutes les explications nécessaires.

« Mais ne l'oubliez pas, mes amis, on n'a rien sans peine, et la vigne en cela ressemble à toutes les autres cultures. Vous connaissez tous le village *des Chardons*, là-haut sur la colline ; et vous savez peut-être que beaucoup de cultivateurs désespéraient d'en tirer parti ; la culture en était fort difficile, l'eau y séjournait constamment, et les récoltes ne servaient guère qu'à nourrir nos pauvres baudets. Eh bien, je n'ai pas hésité à faire un énorme sacrifice ; j'ai, pendant la mauvaise saison, employé tous mes attelages à transporter sur le coteau de nombreux tombereaux de sable et j'ai fait descendre dans mon terrain de la vallée une égale quantité de la terre du plateau. J'ai ajouté quelques mètres cubes de *marne* et c'est ainsi que j'ai rendu très productives ces terres autrefois incultes.

« — Vous voyez, mes enfants, ajouta M. Lancelot, ce que l'on obtient par le travail et la persévérance. M. Nipon nous donne un bon exemple. Imitons-le. Rentrons à l'école et appliquons-nous à bien apprendre, afin de pouvoir plus tard, et comme lui, profiter des conseils renfermés dans les livres. Merci et au revoir, M. Jean. — Au revoir, reprirent en chœur tous les enfants. » Et, après avoir fait une bonne partie de barres*, l'on reprit le chemin de l'école.

<hr>

PREMIÈRE LEÇON

Notions préliminaires. — Agriculture, air et eau.

MATÉRIEL. — Eau de chaux, tuyau de plume ou de roseau; eau de savon claire, — quelques verres à boire. Un petit flacon, un bouchon muni d'un petit tube, rognure de zinc et un peu d'acide sulfurique.

CONSEILS. — 1º On fait l'*eau de chaux* en mettant un peu de chaux dans de l'eau; en décantant après quelques heures, l'eau est parfaitement *claire*.

2º On prépare l'*eau de savon claire* en faisant dissoudre du savon dans de l'eau de pluie ou au besoin dans de l'eau débarrassée d'une grande partie de son calcaire par l'ébullition.

EXPÉRIENCES. — 1º Mettre un charbon allumé dans un verre bien fermé; le charbon s'éteint faute d'oxygène; il reste dans le verre de l'azote et de l'acide carbonique. On met l'acide carbonique en évidence en ajoutant un peu d'eau de chaux dans le verre; il se forme du **carbonate de chaux** et l'eau blanchit quand on l'agite.

2º Souffler avec un tuyau de plume dans un peu d'eau de chaux : l'acide carbonique expiré se combine avec la chaux pour former **du carbonate de chaux qui rend l'eau blanche.**

3º Ajouter de l'eau de savon claire dans de l'eau de chaux; le liquide **blanchit et se trouble,** grâce à la formation d'un savon calcaire insoluble.

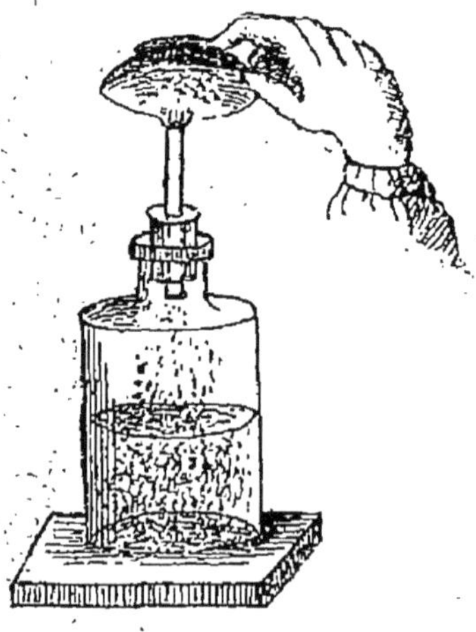

L'hydrogène brûle avec une flamme très pâle et se combine avec l'oxygène de l'air pour reformer de la vapeur d'eau ; ce que l'on peut prouver en plaçant au-dessus de la flamme, un flacon à large goulot ou une soucoupe : des gouttelettes d'eau ne tardent pas à ruisseler sur les parois du récipient.

4º Emplir aux trois quarts d'eau un *petit* flacon, y ajouter un cinquième d'acide sulfurique, puis quelques rognures de zinc, et mettre un bouchon traversé par un petit tube qui n'atteint pas le liquide; *après deux ou trois minutes,* présenter une allumette enflammée : l'hydrogène, *qui se dégage de l'eau,* brûle en se combinant avec l'oxygène de l'air et en donnant de la vapeur d'eau. (Ne pas allumer trop tôt, car on provoquerait une explosion, et avoir soin de ne prendre qu'un tout petit flacon afin d'éviter tout accident.)

5° Jeter du salpêtre sur des charbons ardents; le salpêtre dégage de l'oxygène qui rend la combustion plus intense.

1. — Historique et définition de l'agriculture. — L'agriculture est l'art de *cultiver la terre;* elle a pour but de produire, avec le moins de frais possible, les plantes et les animaux utiles.

* 2. — L'agriculture ne s'est pas développée en un jour. Les premières peuplades qui ont habité le globe ne cultivaient pas la terre; elles se contentaient d'en recueillir les produits et vivaient surtout de chasse et de pêche.

* 3. — Le cheval, l'âne, le bœuf et tous nos animaux domestiques* vivaient alors à l'état sauvage; ils furent peu à peu domptés par l'homme et devinrent ses serviteurs.

* 4. — Puissamment aidé par ces auxiliaires, l'homme put employer leur force aux travaux de la terre; il cessa d'errer à la chasse et devint sédentaire*.

* 5. — Depuis, l'agriculture s'est perfectionnée sans cesse; elle a fait surtout de grands progrès depuis le commencement de ce siècle, mais il lui en reste encore à réaliser. A l'époque de la Révolution, un hectare de terre produisait au plus 10 hectolitres de blé; aujourd'hui, un cultivateur récolte couramment de 16 à 20 hectolitres, *et dans les domaines bien cultivés de France et d'Angleterre, on dépasse souvent 40 hectolitres par hectare.*

* 6. — La France consomme 130 millions d'hectolitres de blé et en produit 85 millions; *si les terres étaient bien cultivées,* elle suffirait très largement à ses besoins.

7. — Branches de l'agriculture. — Les terres cultivées sont de trois sortes : les champs, les jardins et les bois.

L'agriculture proprement dite embrasse la culture des champs et l'élevage des animaux domestiques. On désigne sous le nom d'**horticulture** la culture des jardins, et sous le nom de **sylviculture** celle des bois et des forêts.

8. — Exigences des plantes. — Les plantes puisent leur nourriture à deux sources différentes : dans l'**air**, par leurs feuilles, et dans le **sol** par leurs racines.

9. — Pour permettre aux plantes de vivre, l'air et le sol doivent toujours renfermer de l'**eau**, soit à l'état liquide, soit à l'état de vapeur.

AIR

10. — L'air est un mélange de deux gaz* incolores : l'oxygène et l'azote. 100 litres d'air renferment 21 litres d'oxygène et 79 litres d'azote.

* 11. — **L'oxygène** n'est pas susceptible de s'enflammer, mais c'est lui qui permet aux corps de brûler, aux animaux et aux plantes de respirer.

* 12. — **L'azote**, au contraire, arrête la combustion et la respiration ; il atténue dans l'air les propriétés trop énergiques de l'oxygène.

13. — L'*air* est indispensable à la vie de l'homme, des animaux et des plantes ; s'il ne se renouvelle pas suffisamment dans les appartements et dans les étables, ou s'il ne pénètre pas suffisamment dans la terre, une asphyxie* plus ou moins rapide ne tarde pas à se produire.

14. — L'air renferme aussi de la *vapeur d'eau* et une petite quantité d'*acide carbonique*.

15. — L'**acide*** **carbonique** est un gaz incolore qui se produit quand le charbon brûle, quand les plantes et les animaux respirent. Il est formé par la combinaison* du charbon avec l'oxygène.

16. — L'acide carbonique se combine* aisément avec une base* qu'on appelle la chaux, pour former du *carbonate de chaux*. Comme l'azote d'ailleurs, il ne peut entretenir ni la combustion, ni la respiration.

* 17. — Un litre d'air pèse 1 gr. 293, un litre d'acide carbonique environ 2 grammes. L'azote est un peu moins pesant que l'air, l'oxygène un peu plus. L'azote, pèse, en effet, 0 gr. 971 le litre et l'oxygène 1 gr. 429.

EAU

18. — **L'eau** est formée par la combinaison de l'oxygène avec un autre gaz qu'on appelle *hydrogène*. Dans 9 grammes d'eau, l'hydrogène entre pour 1 gramme et l'oxygène pour 8.

* 19. — L'hydrogène est un gaz incolore qui brûle facilement à l'air avec une flamme très chaude et peu éclairante; il n'entretient ni la combustion, ni la respiration.

* 20. — C'est le plus léger de tous les corps; 14 litres d'hydrogène ne pèsent pas plus qu'un litre d'air.

21. — L'eau peut se présenter sous **trois états**. Quand il ne fait pas froid elle est à l'état *liquide;* quand le thermomètre descend au-dessous de 0°, elle devient *solide* et s'appelle *glace* ou *neige;* enfin quand on la chauffe à 100°, elle bout et se répand en *vapeur.*

22. — D'ailleurs, l'eau se transforme lentement en vapeur à toute température, mais cette transformation devient tumultueuse* et très rapide à 100°.

23. — Quand l'eau se transforme en glace, elle *augmente* considérablement de volume; les vases qui la renferment se brisent; et les mottes de terre qu'elle

Quand l'eau se transforme en glace, elle brise le vase qui la renferme.

imprègne *se réduisent en poussière.* C'est pourquoi le sol se laisse plus facilement travailler après l'hiver qu'à la fin de l'automne.

24. — L'eau se trouve à l'état de vapeur dans l'air, à l'état liquide et à l'état de vapeur dans la terre. Une terre cultivable doit renfermer au moins 15 pour 100 de son poids d'eau.

* 25. — L'eau n'est pas moins nécessaire à l'homme et aux animaux qu'aux plantes. L'eau destinée à la boisson doit être claire, fraîche et renfermer une petite quantité de sels calcaires* en dissolution.

* 26. — Les eaux pures des fontaines et des citernes sont les meilleures pour l'alimentation. Les eaux de pluie, ne renfermant pas de sels calcaires, sont loin d'être bonnes; avant de les employer, il faut les laisser quelque temps dans une citerne.

* 27. — Les eaux qui renferment trop de calcaire sont lourdes et difficiles à digérer; elles sont d'ailleurs impropres à la cuisson des légumes et à l'arrosage des plantes. Elles sont également impropres au savonnage, car elles blanchissent l'eau de savon.

RÉSUMÉ

1 à 6. — L'*agriculture* ou art de cultiver la terre, a pour but de produire avec le moins de frais possible, les plantes et les animaux utiles.

7. — Les diverses branches de cet art sont l'*agriculture proprement dite* ou culture des champs, l'*horticulture* ou culture des jardins et la *sylviculture* ou culture des bois.

8 et 9. — L'air, l'eau et le sol sont les éléments nécessaires à la vie des plantes.

10 à 17. — L'*air* est un mélange gazeux, qui renferme 21 p. 100 d'oxygène et 79 p. 100 d'azote; il contient aussi une petite quantité de vapeur d'eau et d'acide carbonique. L'oxygène est l'élément respirable de l'air, l'azote tempère ses propriétés trop énergiques.

18 à 24. — L'*eau* est un liquide formé par la combinaison de deux gaz, l'oxygène et l'hydrogène, dans la proportion de 1 gramme d'hydrogène pour 8 d'oxygène. Elle peut être liquide, solide ou gazeuse.

25 à 28. — L'eau est nécessaire à la vie des animaux et des plantes. Les eaux potables sont fraîches, aérées, limpides; elles doivent renfermer une très petite quantité de calcaire.

QUESTIONNAIRE. — **1. Qu'est-ce que l'agriculture?** — 2. Les premiers hommes cultivaient-ils la terre? — 3. Qu'étaient d'abord nos animaux domestiques? — 4. Quel emploi l'homme fit-il de ces animaux? — 5. Indiquez les progrès de l'agriculture durant ce siècle. — 6. L'agriculture peut-elle progresser encore? — **7. Quelles sont les diverses branches de l'agriculture?** — 8 et 9. **Que savez-vous sur les exigences des plantes?** — 10. **Quelle est la composition de l'air?** — 11 et 12. Comparez l'oxygène et l'azote. — 13. Quel est le rôle de l'air dans la vie? — 14. Quels sont les autres éléments contenus dans l'air? — 15. D'où vient l'acide carbonique? — 16. Comment le reconnaissez-vous? — 17. Dites le poids d'un litre des différents gaz contenus dans l'air. — **18. Quelle est la nature de l'eau?** — 19 et 20. Que savez-vous sur l'hydrogène? — 21. Quels sont les trois états de l'eau? — 22. Quand et comment se forme la vapeur d'eau? — 23. Quels sont les effets produits par l'eau quand elle se transforme en glace? — **24. Comment se trouve l'eau dans l'air et dans le sol?** — 25. Quelles doivent être les qualités des eaux employées pour la boisson. — 26. Que savez-vous sur les eaux de pluie? — 27. Et sur les eaux chargées de calcaire?

DEUXIÈME LEÇON

Notions préliminaires (*Suite*). — Le sol.

MATÉRIEL. — Silex ou quartz. — Sable siliceux et terre siliceuse. — Argile et terre argileuse. — Craie ou marbre. — Pierre et terre calcaires. — Terreau, tourbe.

Vinaigre, pelle à feu, un morceau de verre, un verre à boire.

EXPÉRIENCES. — 1° Dans un verre contenant du vinaigre, on ajoute de la craie concassée. L'acide carbonique se dégage en bulles nombreuses (effervescence*).

2° Quand l'effervescence est terminée, on place une allumette enflammée à quelque distance au-dessus du liquide; l'allumette s'éteint dans l'acide carbonique *qui s'est dégagé*.

3° Rayer le verre avec un morceau de silex ou de quartz.

4° Humecter de l'argile sur une pelle à feu et placer la pelle sur des charbons ardents. L'argile, qui était grasse, se fendille bientôt et durcit. Après refroidissement, on peut constater qu'elle happe à la langue.

5° Placer sur la même pelle chauffée un peu de terreau ou de tourbe; les *plantes décomposées*, qui constituent la matière, brûleront en laissant des cendres et en dégageant de la fumée et une odeur forte.

6° Verser de l'eau sur du sable : l'eau descend rapidement au fond; le sable ne la retient pas.

LE SOL

1. — **Définition.** — Le **Sol** est la couche de terre cultivable; sa partie la plus superficielle, la seule qui soit remuée par les instruments de culture reçoit le nom de *couche arable**; celle qui est située immédiatement au-dessous se désigne sous le nom de *couche végétale* parce que les racines des plantes y pénètrent plus ou moins profondément.

Sol. { Couche arable. . {
{ Couche végétale. {
Sous-sol. . . . . }

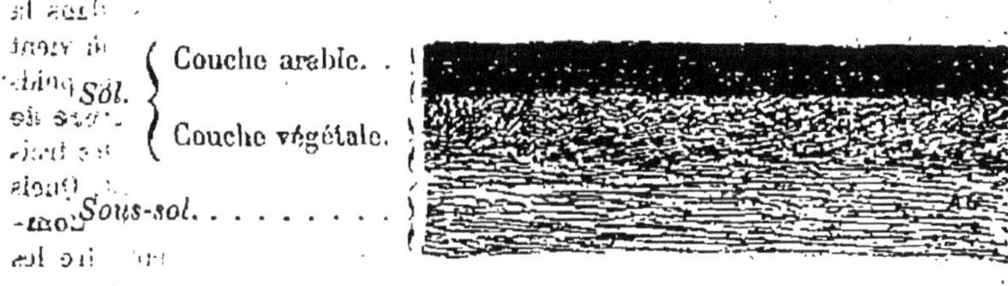

Coupe d'un terrain pour en montrer les différentes couches.

2. — La couche de terre qui fait immédiatement suite à la couche végétale se désigne sous le nom de *sous-sol*.

3. — Le **sous-sol** exerce une **grande influence** sur la végétation. Il peut se mélanger à la terre par des labours profonds et modifier les propriétés du sol en même temps qu'il augmente sa profondeur. Mais s'il est trop argileux, il empêche les eaux pluviales de passer et rend le terrain *humide* ou *marécageux*.

ÉLÉMENTS DU SOL

4. — Les quatre éléments principaux du sol et du sous-sol sont le *sable*, l'*argile*, le *calcaire* et l'*humus*.

5. — **Sable.** — Le sable se laisse aisément traverser par l'eau, retient bien la chaleur et offre peu de consistance; il est formé de grains de *silice*.

* La silice est un acide solide toujours très dur et capable de rayer le verre.

* 6. — On la trouve fréquemment dans la nature à l'état de *quartz* ou *cristal de roche* et sous la forme de *silex* ou *pierre à fusil*. Elle se trouve disséminée en abondance dans les roches de granit.

7. — **Argile.** — L'argile retient et garde l'eau avec la plus grande facilité : elle se pétrit alors facilement; mais elle devient dure, se fendille et happe* à la langue quand on l'a soumise au feu.

* 8. — On la désigne sous le nom de *terre glaise* et de *terre à poterie*. Elle porte le nom de *kaolin* quand elle est pure et blanche, d'*ocre* quand elle est colorée en rouge ou en jaune par la rouille* du fer.

* 9. — Le *kaolin* sert à fabriquer la *porcelaine;* la terre glaise est employée pour la poterie commune et pour la confection des statuettes.

* 10. — L'argile est due à la combinaison de la *silice* avec une base* qu'on appelle l'*alumine**; c'est par conséquent un *silicate d'alumine*.

Il y a effervescence* quand on jette de la craie dans du vinaigre.

11. — **Calcaire.** — Le calcaire a les mêmes propriétés que le sable, mais il retient un peu mieux l'eau; sa dureté est beaucoup moindre et il se réduit en poussière beaucoup plus facilement.

* 12. — C'est une combinaison d'*acide carbonique* avec la base connue sous le nom de *chaux;* c'est, en un mot, du *carbonate de chaux*.

* 13. — Quand on verse un acide sur du calcaire, l'acide carbonique se dégage en bulles nombreuses et en bouillonnant. On peut aussi chasser l'acide carbonique en chauffant très fort le calcaire dans des *fours à*

chaux; il reste alors de la *chaux* qu'on emploie en maçonnerie.

14. — Le *marbre*, la *craie* et la plupart des *pierres à bâtir* sont formées de calcaire.

La craie forme la plus grande partie du sol dans certaines régions peu fertiles de la Bourgogne et de la Champagne.

15. — **Humus.** — L'humus ou **terreau** est une matière noirâtre formée par les débris des animaux et surtout par ceux des plantes.

Il donne de la mobilité aux terrains argileux, de l'humidité et un peu de consistance aux terrains sableux ou calcaires.

Il a, en outre, des propriétés fertilisantes spéciales; aussi doit-on le regarder comme un des éléments essentiels des terres.

DIFFÉRENTS TERRAINS

16. — **Caractères des terrains.** — Les terrains cultivés renferment toujours en plus ou moins grande quantité les quatre éléments principaux du sol.

Mais ils portent le nom de l'élément qui prédomine et se divisent par conséquent en *terrains siliceux*, en *terrains argileux*, en *terrains calcaires* et en *terrains tourbeux*.

17. — Les **terrains siliceux** sont ceux qui renferment environ 60 pour 100 de sable. Ils sont *légers*, chauds et secs ; mais ils deviennent marécageux quand ils reposent sur un sous-sol imperméable*, comme on peut l'observer en Sologne et dans les Landes.

18. — Les *bruyères* y poussent avec une grande facilité.

Ces terrains peuvent devenir fertiles dans les lieux richement exposés et à sous-sol perméable*; ils conviennent assez bien à la vigne si la silice n'est pas trop abondante, mais ils ne peuvent guère produire que des pins si elle prédomine presque complètement.

Branche de bruyère au 1/5.

Les bruyères font reconnaître les terrains secs et sablonneux.

Les dunes* sableuses du département des Landes sont plantées de pins.

19. — Les **terrains argileux** sont froids, compacts et difficiles à travailler ; on les désigne sous le nom de *terres fortes* ; ils renferment au moins 50 pour 100 d'argile.

* 20. — Ils produisent en abondance le *tussilage*, le *populage* et la *potentille rampante*.

Le *blé* et le *trèfle ordinaire* y réussissent assez bien si le terrain renferme du calcaire.

Tussilage au 1/5.   *Sommité de populage au 1/5.*

Le tussilage ou pas-d'âne et le caltha ou populage des marais poussent en abondance dans les terres froides et humides.

21. — Les terrains calcaires ont les mêmes défauts, un peu atténués pourtant, que les terrains

Sommité d'alkékenge au 1/5. Branche d'ononis au 1/4. Sommité de mélampyre au 1/5.

L'alkékenge ou coqueret, l'ononis ou arrête-bœuf et le mélampyre ou rougeole croissent naturellement dans les terres calcaires.

siliceux. Ils renferment au moins 50 pour 100 de calcaire.

22. — Le *mélampyre rouge*, l'*anémone pulsatille*, le *coqueret*, le *buis* et l'*arrête-bœuf* y poussent avec facilité.

Les *bois*, les *pâturages à moutons*, le *sainfoin* et la *lupuline*, sont les cultures qui leur conviennent le mieux.

23. — Les **terrains tourbeux** sont essentiellement formés par de l'humus. Malheureusement, les plantes qui ont donné cet humus se sont incomplètement décomposées sous l'eau et renferment un *élément acide* qui rend les terrains tourbeux impropres à toute culture.

24. — Pour tirer parti de ces terres, il faut les dessécher et leur donner ensuite des bases*, telles que la chaux ou les cendres, afin de faire disparaître leur acidité. On peut alors y cultiver les plantes les plus difficiles sous le rapport du sol et même y établir des cultures maraîchères*.

Fleurs de linaigrette au 1/4.
La linaigrette est une plante des terrains tourbeux.

Sommité de sureau yèble au 1/4.
Le sureau yèble est une plante de terres franches.

Le plus souvent, on se contente d'exploiter la *tourbe* pour la brûler.

La *linaigrette* ou *herbe à coton* et les *grandes mousses* sont les plantes des terrains tourbeux.

25. — Terres franches. — Les meilleurs terrains sont ceux où l'on rencontre un mélange convenable des éléments du sol ; on les désigne sous le nom de **terres franches.**

26. — 100 parties de terre franche absolument riche ren-

ferment environ 60 parties de silice, 28 d'argile, 7 de calcaire
et 5 d'humus.

Le *sureau yèble* pousse facilement dans les terres franches.

27. — Les plantes les plus exigeantes y réussissent parfaitement; on cultive surtout dans ces terres les végétaux à racines
et notamment la *betterave*, les *légumineuses fourragères* et
un certain nombre de plantes industrielles telles que le *tabac*
et le *houblon*.

RÉSUMÉ

1. — Le *sol* est la couche de terre cultivable, sa partie superficielle, remuée par les instruments de culture, s'appelle *couche
arable;* la partie située immédiatement au-dessous est la *couche
végétale.*

2 et 3. — Le *sous-sol* sert de base au sol, il exerce une grande
influence sur ce dernier.

4 à 15. — Les quatre éléments du sol sont le *sable* ou *silice*,
l'*argile*, le *calcaire* et l'*humus*.

16 à 18. — Les *terrains siliceux* renferment 60 p. 100 de sable;
ils sont légers, chauds, secs et conviennent bien à la vigne si le
sable n'est pas trop abondant et si le sous-sol est perméable.

19 et 20. — Les *terrains argileux* sont froids, compacts et difficiles à travailler ; ils renferment au moins 50 p. 100 d'argile et
conviennent à la culture du blé et du trèfle s'ils renferment suffisamment de calcaire.

21 et 22. — Les *terrains calcaires* ont à peu près les mêmes
défauts que les terrains siliceux ; ils renferment au moins 50
p. 100 de calcaire et conviennent surtout aux bois, aux pâturages
à moutons, au sainfoin et à la lupuline.

23 et 24. — Les *terrains tourbeux* sont formés par un humus
incomplètement décomposé; ils ne deviennent propres à la culture
qu'après leur dessèchement et la disparition de l'acide qu'ils renferment.

25 à 27. — Les *terres franches* renferment un mélange convenable des divers éléments du sol ; les plantes les plus exigeantes
y réussissent parfaitement.

QUESTIONNAIRE. **1, Quelles sont les différentes couches du sol?** — 2. **Qu'est-
ce que le sous-sol?** — 3. Quel est son rôle dans la culture? — **4. Quels sont
les éléments du sol?** — 5 et 6. Parlez du sable. — 7. Quelles sont les propriétés
de l'argile? — 8, 9 et 10. Que savez-vous de l'argile? — 11. Quelles sont les propriétés du calcaire? — 12. Quel est le nom scientifique du calcaire? — 13. Comment sépare-t-on l'acide carbonique de la chaux? — 14. Que savez-vous encore

sur le calcaire? — 15. Parlez de l'humus. — 16. **Quelles sont les différentes espèces de terrains?** — 17 et 18. Quels caractères présentent les terrains siliceux? — 19 et 20. **Parlez des terrains argileux.** — 21 et 22. **Que savez-vous sur les terrains calcaires?** — 23 et 24. Les terrains tourbeux sont-ils impropres à la culture? — 25 et 26. **Quels sont les meilleurs terrains?** — 27. Quelles sont les cultures qui conviennent aux terres franches

---

TROISIÈME LEÇON

Notions préliminaires (*fin*). — La plante.

MATÉRIEL. — Des pieds de moutarde, de giroflée ou de quelque autre plante voisine, avec racines et fleurs. — Des feuilles fraîches et des feuilles mortes dont il ne reste que les nervures. — Carotte, poireau. — Quelques graines de moutarde ou de navet en germination très avancée dans l'eau pour montrer les poils absorbants de la racine. — Des haricots en germination peu avancée pour montrer le germe. — Une bouture avec ses radicelles.

EXPÉRIENCES. 1° Faire germer des grains d'orge, les uns à l'air libre, les autres dans un coin sombre, à la cave; au bout de quinze jours, trois semaines, les pieds d'orge exposés à l'air sont devenus verts, mais ceux qui se sont développés à la cave sont restés jaunes: la lumière est nécessaire aux plantes pour qu'elles deviennent vertes.

2° Placer sous une cloche une plante verte; l'eau en gouttelette, produite par la transpiration, ruisselle au bout de quelque temps sur les parois de la cloche.

Arbre.

A, racine; B, tige ou tronc; C, branches garnies de feuilles et de fleurs.

1. — Organes des plantes. Les plantes qui fleurissent dans les champs et dans les bois se composent de quatre parties essentielles : la *racine*, la *tige*, les *feuilles* et les *fleurs*.

2. — Ces différentes parties sont constituées par un tissu*, dans lequel circulent des *vaisseaux* rarement visibles à l'œil nu.

* **3.** — Ces vaisseaux* commencent aux extrémités de la racine, ils se continuent dans la tige et se terminent dans les feuilles et dans les fleurs. Les nervures, qui se voient très bien en saillie* sur le dos des feuilles, sont formées par une réunion de canaux.

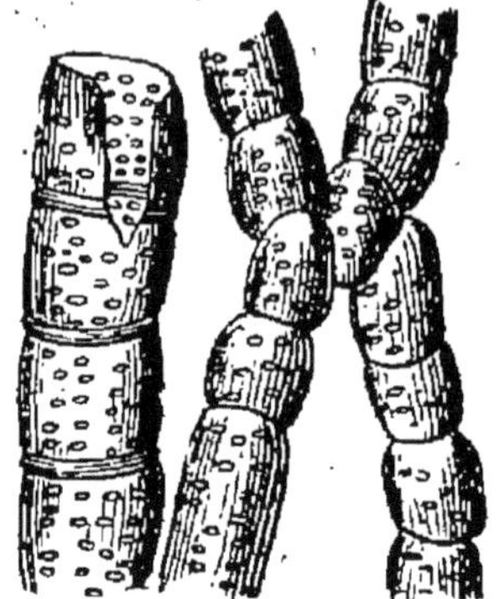

Vaisseaux considérablement grossis.

LA RACINE ET LA TIGE

4. — Forme de la racine. — La racine fixe la plante au sol ; elle se compose d'une partie principale ou *pivot* et de rameaux appelés *radicelles*.

5. — Quand le pivot s'enfonce profondément dans le sol et ne porte que des radicelles très courtes, on dit que la racine est *pivotante*. La betterave, la carotte et l'orme ont des racines pivotantes.

6. — Si, au contraire, le pivot reste court et porte des radicelles très longues qui rampent en faisceau* dans la terre non loin de la surface, on dit que la racine est *fasciculée*. Le poireau, le blé et le peuplier ont des racines fasciculées.

Le poireau a des racines fasciculées.

L'orme a une racine pivotante.

7. — Nutrition par la racine. — Au voisinage de leur extrémité, le pivot et les radicelles sont garnis de *petits* *poils*. Les liquides contenus dans le sol pénètrent dans ces poils et, de proche en proche, à travers les tissus de la racine, arrivent dans l'intérieur des vaisseaux.

8. — Le liquide recueilli par les racines renferme en dissolution les matériaux du sol qui servent à la nourriture des plantes. Les parties du sol qui sont insolubles dans l'eau ne servent point à la nutrition des plantes.

9. — Le liquide recueilli par les racines porte le nom de **séve brute**.

* 10. — Puisque c'est la région des poils qui prend dans le sol les matériaux nécessaires à la nourriture de la plante, on comprend que les racines pivotantes épuisent le sol à une grande profondeur et que les racines fasciculées ne l'épuisent qu'à la surface.

* 11. — Il est clair aussi que la plante se nourrira d'autant mieux que les radicelles seront plus nombreuses. C'est pourquoi les jardiniers *rafraîchissent* les racines en coupant leurs extrémités. Dans cette opération, des radicelles nombreuses poussent autour de la plaie et facilitent l'alimentation de la plante.

LES FEUILLES

12. — **Les orifices de la feuille.** — Une fois dans les radicelles, la séve brute s'élève dans la racine, puis dans la tige, et, par les canaux, se répand dans la feuille et dans les fleurs.

13. — Sur leur face inférieure, et quelquefois sur leurs deux faces, les **feuilles** sont criblées de petites ouvertures visibles seulement au microscope et appelées *stomates*.

14. — Ces ouvertures conduisent dans les espaces libres qui sont très abondants à l'intérieur du tissu* de la feuille.

15. — L'air pénètre dans ces espaces libres, en passant par ces ouvertures, et il se répand ainsi dans la feuille.

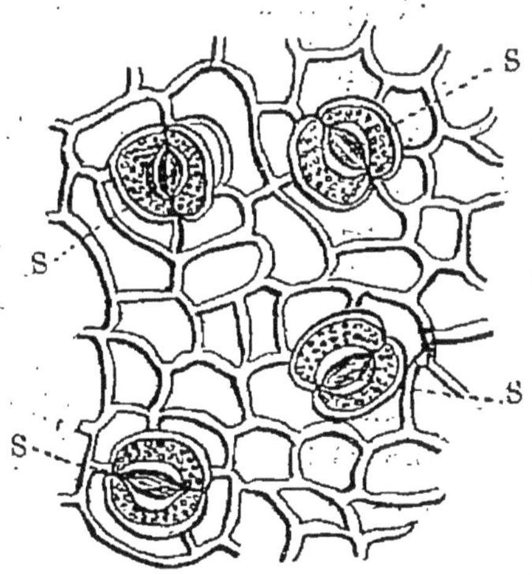

S : Stomates de feuille considérablement grossis.

16. — Nutrition par les feuilles. — L'*acide carbonique* contenu dans l'air qui est entré dans la feuille se *décompose**, sous l'influence de la lumière du soleil et de la substance qui colore les feuilles en vert. Le charbon de l'acide est retenu par la feuille, l'oxygène est rejeté.

17. — Ainsi, pendant le jour, les plantes vertes se nourrissent de charbon par les feuilles et enrichissent l'air en lui donnant de l'oxygène.

18 — **Transpiration.** — En même temps qu'elle se nourrit, la plante **transpire** de la vapeur d'eau.

* 19. — Cette transpiration a lieu continuellement et dans toutes les parties de la plante, mais elle est surtout abondante pendant le jour et dans les feuilles. Un champ de choux d'un hectare dégage au soleil, en 12 heures, 20000 kilog. d'eau.

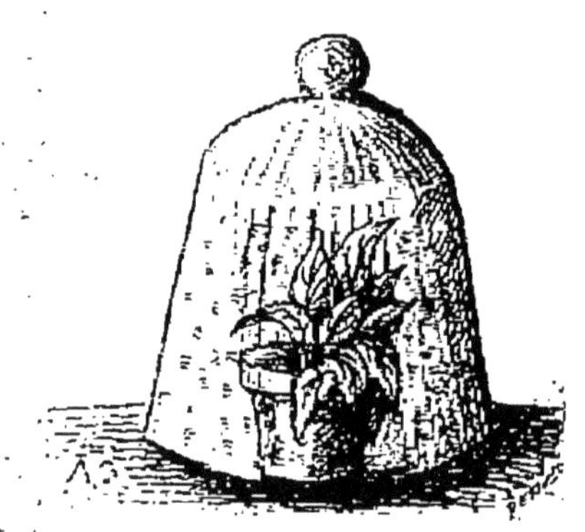

La cloche qui recouvre la plante est remplie de buée et des gouttelettes d'eau se forment sur ses parois.

20. — Cette eau est empruntée à la sève brute des feuilles; elle est remplacée par une quantité d'eau égale absorbée par les racines dans la région des poils. Le sol doit, par conséquent, renfermer toujours une quantité d'eau suffisante.

21. — Privée d'une partie de son eau et enrichie de charbon, la sève brute, devenue plus épaisse, s'est transformée dans les feuilles en **sève élaborée** ou sève nourricière.

22. — La *sève élaborée* se distribue, par un autre groupe de vaisseaux, dans toutes les parties de la plante pour servir à leur accroissement.

23. — **Respiration.** — Une autre fonction se remplit continuellement dans toutes les parties de la plante, mais surtout dans les feuilles ; c'est la **respiration.**

24. — Comme les animaux, les plantes respirent en s'appropriant l'oxygène de l'air. L'oxygène se combine avec le charbon des tissus de la plante pour former de l'acide carbonique qui est rejeté.

* 25. — Le jour, cet acide carbonique est immédiatement

décomposé par les feuilles et sert à la nutrition ; la nuit, il se dégage librement.

26. — L'acide carbonique étant irrespirable, il ne faut pas laisser de plantes, pendant la nuit, dans un appartement habité.

LES FLEURS

27. — **Les parties de la fleur**. — La fleur est la partie de la plante qui donne les semences ou graines nécessaires à la reproduction. Elle est formée par des feuilles plus ou moins modifiées dans leur forme et dans leur coloration.

28. — La fleur comprend ordinairement quatre parties : le *calice*, la *corolle*, les *étamines* et le *pistil*.

Coupe d'une fleur de giroflée.

A, sépale du calice ; B, pétale de la corolle ; C, anthère de l'étamine ; D, filet de l'étamine ; E, pistil.

29. — Dans une fleur de giroflée, par exemple, la *corolle* est formée par quatre feuilles jaunes, le *calice* par quatre feuilles vertes situées en dehors et plus petites. Les *étamines*, au nombre de six, sont logées à l'intérieur de la corolle ; à leur extrémité se trouve un renflement qui renferme une poussière jaune appelée *pollen*. Au centre du groupe formé par les étamines se trouve le *pistil* vert qui renferme de petits corps arrondis appelés *ovules*.

Fruit ouvert de giroflée (grandeur naturelle) montrant les graines de la plante.

* 30. — Les étamines et le pistil sont les parties essentielles de la fleur ; les étamines sont les organes* mâles, les ovules sont les organes femelles.

31. — **Origine de la graine**. — A l'époque de la floraison, le pollen des étamines arrive sur les ovules et leur permet de se développer.

* Le vent et les insectes servent au transport du pollen ; le nectar* sucré et les belles couleurs de la corolle invitent les insectes à venir butiner* dans les fleurs.

32. — A la maturité, calice, corolle et étamines ont ordinairement disparu ; le pistil s'est transformé en *fruit* et les ovules sont devenus des *graines*.

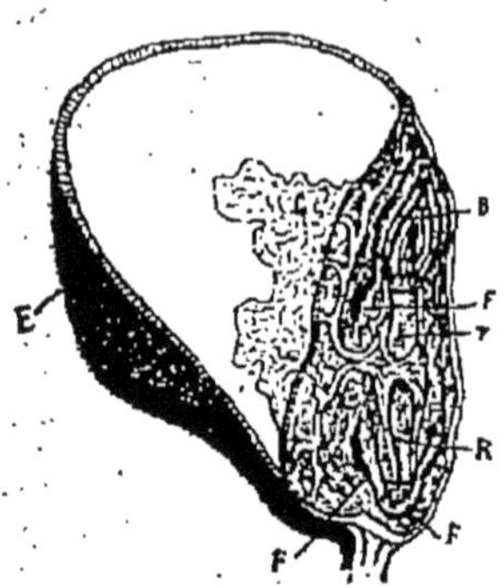

Coupe médiane d'une graine de maïs.

A, portion jaune, et C, portion blanche utilisées par l'embryon pour sa nourriture. — T, tigelle ; B, bourgeon terminal et R, racine de l'embryon. — F, F, F, enveloppe de l'embryon ou cotylédon. — E, enveloppe de la graine.

* **33.** — Toute graine renferme une plante minuscule* appelée *embryon* et la nourriture nécessaire aux premiers âges de ce dernier.

* **34.** — Quand on met une bonne graine dans un sol aéré*, humide et chaud, l'embryon se développe, et, quand il a consommé la nourriture mise en réserve pour lui dans la graine, il s'est transformé en une petite plante assez forte pour vivre et croître seule.

RÉSUMÉ

1 à 3. — Les *plantes* se composent de quatre parties essentielles : la *racine*, la *tige*, les *feuilles* et les *fleurs* ; des vaisseaux circulent à l'intérieur de leurs tissus.

4 à 7. — Les racines fixent la plante et puisent les liquides du sol avec les petits poils qui garnissent leurs extrémités.

8 à 11. — Ces liquides pénètrent dans les vaisseaux et constituent la *séve brute*.

12 à 22. — Ils arrivent jusque dans les feuilles où ils perdent une grande partie de leur eau en même temps qu'ils se chargent du charbon renfermé dans l'acide carbonique de l'air. Il y a ainsi *transpiration* et *nutrition* dans les feuilles.

23 à 26. — L'air pénètre dans les feuilles par de petits orifices appelés *stomates* ; il sert jour et nuit à la *respiration* de la plante, mais c'est le jour seulement, sous l'influence de la lumière du soleil et de la matière verte des feuilles, qu'il cède le charbon de son acide carbonique.

27 et 28. — La *fleur* donne les graines nécessaires à la reproduction ; elle se compose du *calice*, de la *corolle*, des *étamines* et du *pistil*.

29 à 32. — Le pistil renferme des corps arrondis appelés *ovules* ; après la floraison, les ovules se transforment en *graines* et le pistil en *fruit*.

33 et 34. — Une bonne graine doit germer dans un sol aéré, humide et suffisamment chaud.

QUESTIONNAIRE. — 1. Quelles sont les parties essentielles d'une plante à fleurs ? — 2. Comment sont constituées les parties de la plante ? — 3. Quelle est la distribution des vaissaux dans la plante ? — 4. Avec quoi la racine fixe-t-elle la plante au sol ? — 5 et 6. Qu'appelez-vous racine pivotante ? racine fasciculée ? citez des exemples. — 7. Où sont situés les poils absorbants et quel est leur rôle ? — 8 et 9. Qu'est-ce que la séve brute ?. — 10. En quels points du sol prennent leur nourriture les différentes espèces de racines ? — 11. Pourquoi rafraîchit-on les racines ? — 12. Comment circule la séve brute ? — 13. Que voit-on à la surface des feuilles au microscope ? — 14 et 15. A quoi servent les ouvertures situées à la surface des feuilles ? — 16 et 17. Comment et dans quelles conditions la plante se nourrit-elle par les feuilles ? — 18. Qu'est-ce que la transpiration des plantes ? — 19. Où et quand s'effectue-t-elle ? — 20. Quelle est la conséquence de la transpiration ? — 21. Qu'est-ce que la séve élaborée ? — 22. Quel est son rôle ? — 23 et 24. Qu'entendez-vous par la respiration ? Où et quand s'effectue-t-elle ? — 25. Que devient l'acide carbonique rejeté ? — 26. Pourquoi les plantes vertes sont-elles utiles dans les appartements pendant le jour et nuisibles pendant la nuit ? — 27. Qu'est-ce que la fleur ? — 28. Quelles sont les parties d'une fleur complète ? — 29. Qu'entendez-vous par la corolle et le calice ? Où sont les étamines et que renferment-elles ? Où est le pistil et que renferme-t-il ? — 30. Quelles sont les parties essentielles de la fleur ? — 31. Que se passe-t-il dans la fleur à la floraison ? — 32. Qu'est devenue la fleur à la maturité ? — 33. Quelles sont les parties d'une graine ? — 34. Parlez de la germination.

QUATRIÈME LEÇON

Amendements et stimulants.

MATÉRIEL. — Sable, argile, chaux vive, marne, faluns, plâtre, une assiette, un verre, de l'eau de savon.

EXPÉRIENCES. — 1º Humecter de la chaux vive sur une assiette; la chaux tombe en poussière en dégageant de la chaleur.

2º Mettre du plâtre pulvérisé dans de l'eau, agiter, laisser reposer et décanter ensuite. L'eau claire obtenue, traitée par l'eau de savon, précipite * abondamment. Une partie du plâtre s'est par conséquent dissoute.

ANALYSE DES TERRES

1. — Pour bien cultiver la terre, le cultivateur doit connaître les éléments qui la composent.

L'**analyse** a pour but de faire connaître ces éléments.

2. — Pour **analyser** grossièrement une terre, on en prend plusieurs pelletées en divers endroits, on les mélange et on en prélève une partie.

Cette portion de terre est mise au four pour chasser l'eau qu'elle renferme ; on la pèse ensuite très exactement.

3. — On met la terre desséchée sur une pelle fortement chauffée. Les matières organiques * brûlent et la diminution de poids donne la quantité d'*humus*.

4. — Une fois refroidie, la terre est agitée dans l'eau à plusieurs reprises ; on laisse reposer chaque fois, on enlève l'eau sale et on continue jusqu'à ce que le liquide soit bien clair.

Les eaux de lavage ont enlevé *l'argile* et il suffira de sécher et de peser le résidu solide pour constater une nouvelle diminution de poids.

Cette diminution de poids indique la quantité *d'argile*.

5. — Il ne reste plus que du *calcaire* et du *sable*. On dissout* le *calcaire* en ajoutant au résidu une liqueur acide (vinaigre ou eau-forte) jusqu'à cessation d'effervescence*.

On lave, on sèche de nouveau et on pèse. On obtient ainsi le poids du *sable* et, par différence avec la dernière pesée, celui du *calcaire*.

* 6. — Quand on veut connaître la quantité des matières fertilisantes du sol, telles que l'azote, la potasse, l'acide phosphorique, etc., il faut avoir recours à un chimiste. L'analyse complète d'une terre est, en effet, une opération fort délicate qui ne peut se faire que dans un *laboratoire*.

AMENDEMENTS

7. — Utilité des amendements. — On appelle amendements les matières que l'on ajoute au sol pour lui donner les éléments qui font défaut ou qui n'existent pas en assez grande quantité.

Il faut par conséquent analyser une terre avant de l'amender, à moins pourtant qu'on ne puisse savoir au premier coup d'œil quels sont les éléments qui lui manquent.

Les amendements se classent de la même manière que les éléments du sol.

8. — Amendements divers. — Les amendements **sableux** sont représentés par le *sable*. Ils s'emploient dans les terres *argileuses* qu'ils rendent moins compactes* et moins froides.

9. — Les amendements **argileux** sont représentés par *l'argile*. Ils s'emploient dans les terres *siliceuses* et *calcaires* qu'ils rendent moins légères, moins sèches et moins chaudes.

10. — Les amendements **calcaires** s'emploient dans les terres *argileuses* qu'ils rendent plus chaudes et moins compactes.

Ils sont représentés par la *chaux*, la *marne* et les *faluns*.

11. — La **chaux** s'obtient en calcinant* le calcaire, ou carbonate de chaux, dans des fours fortement chauffés.

Placée dans le sol, elle enlève leur acidité* aux terrains tourbeux, se durcit, se délite et rend moins compactes* les terrains argileux. On l'emploie à raison de 10 à 30 hectolitres par hectare.

12. — Les **marnes** sont des roches calcaires, légèrement argileuses ou siliceuses, qui se délitent* à l'air humide et forment avec l'eau une bouillie plus ou moins consistante.

On les met en tas sur le sol au commencement de l'hiver et on les étend quand elles sont délitées, c'est-à-dire au printemps suivant. Elles doivent être employées en quantité beaucoup plus grande que la chaux.

13. — Les **faluns** sont formés par des débris de coquilles calcaires. Ils se trouvent sur nos côtes, surtout en Normandie et en Bretagne, et à l'état fossile* sur plusieurs points de la France, dans les Landes, en Touraine et aux environs de Paris.

Ils s'emploient comme la chaux dans les terres fortes.

14. — Les **amendements humifères** représentés par l'humus ou terreau rendent un peu compactes les terres légères, un peu légères les terres fortes.

La *terre de bruyère* des jardiniers est composée par du sable qui s'est naturellement amendé en recevant les débris des bruyères, des genêts et des fougères.

STIMULANTS

15. — Les **stimulants** activent la végétation des plantes, mais on ne sait pas encore exactement par quels procédés ils produisent cet effet.

16. — **Plâtre.** — Le meilleur des stimulants est le *plâtre* ; il est surtout favorable aux choux ; à la luzerne, au trèfle, aux oignons, etc., et s'emploie à la dose de 2 à 3 hectolitres par hectare.

Expérience de Franklin.

La découverte de cette propriété est due à Franklin*.

Pour la propager, il écrivit en lettres gigantesques sur un champ de trèfle, avec du plâtre : « *This has been manured with plaster* » c'est-à-dire : « **Ceci a été plâtré.** »

La prairie poussa aux points marqués avec une telle vigueur que les agriculteurs purent, jusqu'à la récolte, lire et relire la leçon donnée par le grand homme.

RÉSUMÉ

1 à 5. — L'*analyse* d'un terrain a pour but de faire connaître les éléments qui le composent.

6 et 7. — On appelle *amendements* les matières que l'on ajoute au sol pour lui donner les éléments chimiques qui font défaut ou qui n'existent pas en assez grande quantité.

8 à 14. — Les *amendements sableux* sont représentés par le sable, les *amendements argileux* par l'argile, les *amendements calcaires* par la chaux, la marne et les faluns, les *amendements humifères* par le terreau.

15 et 16. — Les *stimulants* activent la végétation ; le meilleur de tous est le plâtre.

QUESTIONNAIRE. — **1. Quel est le but de l'analyse d'une terre?** — 2. Quelles sont les premières opérations de l'analyse? — 3 à 5. Comment détermine-t-on la quantité d'humus, d'argile, de calcaire et de sable que renferme une terre? — 6. Comment peut-on connaître les éléments fertilisants du sol? — **7. Qu'entend-on par amendements et comment se classent-ils?** — **8. Parlez des amendements sableux.** — **9. Dans quelles terres s'emploient les amendements argileux?** — **10. Quels sont les principaux amendements calcaires?** — 11. Que savez-vous sur la chaux? — 12. Parlez des marnes. — 13. Que dites-vous des faluns? — 14. Qu'entendez-vous par amendements humifères? — **15. Qu'appelle-t-on stimulants?** — 16. Quel est le meilleur stimulant?

CINQUIÈME LEÇON

Aliments tirés du sol par les plantes.

MATÉRIEL. — Cendres, acide nitrique ou eau-forte; un nitrate quelconque, du salpêtre par exemple; os, phosphate de chaux, alcali volatil; un chlorure, du sel marin par exemple.

Graine, huile ou suif, allumettes, un vase à feu, une assiette, un chiffon.

EXPÉRIENCES. — 1° Mettre des cendres dans de l'eau chaude,

décanter et enlever avec l'eau une tache de graisse faite sur un chiffon.

2º Enlever une tache de graisse avec de l'*alcali volatil*.

3º Enflammer une allumette phosphorée et montrer les **fumées** blanches d'*acide phosphorique*.

1. — Aliments tirés du sol. — En dehors du *charbon* qui est puisé dans l'air par les feuilles et de l'eau qui est surtout absorbée dans le sol par les racines, certains matériaux sont tirés directement du sol par les plantes.

2. — Quand on brûle des plantes, il reste après la combustion un résidu solide désigné sous le nom de *cendre*.

Ces cendres renferment de la *potasse* et de la *chaux* combinées avec différents acides et notamment avec de l'*acide phosphorique*.

Ces substances n'étaient pas contenues dans l'air ; elles ont donc été puisées dans le sol par les racines en même temps que l'eau qui les avait dissoutes.

3. — D'autre part, les plantes renferment un élément qui a disparu pendant la combustion et qui ne se trouve pas dans les cendres.

Cet élément est l'*azote*, mais il a été absorbé dans le sol et non dans l'air bien que celui-ci en renferme, comme on sait, jusqu'à 79 pour 100.

4. — L'azote, l'acide **phosphorique**, la **potasse** et la **chaux** sont par suite des **aliments** que la plante trouve dans le sol.

5. — **Potasse**. — Nous connaissons déjà la chaux. — La **potasse** est une base* comme la chaux.

* Elle a la propriété de former un savon soluble avec les corps gras. Elle sert par conséquent à enlever les taches de graisse et comme elle se trouve en combinaison dans les cendres, ces dernières sont employées avec profit dans le lessivage.

6. — **Azote**. — Pour que l'azote serve à la nourriture des plantes, il faut qu'il soit combiné à l'oxygène ou à l'hydrogène.

7. — La combinaison* de l'azote avec l'oxygène est un liquide appelé *acide azotique* ou *acide nitrique* quand il est pur ; *eau-forte* quand il est étendu* d'eau.

* L'eau-forte dissout aisément le fer, le cuivre et l'argent.

8. — La combinaison de l'azote avec l'hydrogène est une base gazeuse désignée sous le nom d'*ammoniaque*.

* L'ammoniaque, dissoute dans l'eau, est appelée *alcali* volatil*. Elle enlève les taches de graisse comme la potasse et s'emploie avec succès contre la morsure des animaux venimeux.

9. — En se combinant avec les bases (potasse, chaux, ammoniaque, etc.), l'acide nitrique forme des sels* appelés **nitrates***. Ces nitrates sont très solubles dans l'eau et facilement absorbés par les racines.

C'est sous la forme de nitrates que l'azote sert à nourrir les plantes. Ces nitrates se forment dans le sol ou y sont introduits par la culture ; il y a aussi un peu de nitrate d'ammoniaque dans l'air après les orages.

* 10. — **Phosphore.** — Le **phosphore** est un corps solide et jaunâtre qui se trouve à l'état de combinaison* dans l'urine et dans les os ; on en trouve aussi une quantité notable dans les plantes.

11. — Pour que le phosphore serve à la nourriture des plantes, il faut qu'il soit combiné avec l'oxygène.

La combinaison du phosphore avec l'oxygène est un corps solide appelé *acide phosphorique*. Quand on enflamme une allumette phosphorée, les premières fumées blanches qui se produisent sont formées par l'acide phosphorique.

12. — Combiné avec les bases* (potasse, chaux, ammoniaque, etc.), l'acide phosphorique forme des sels* appelés **phosphates**. C'est sous la forme de phosphate que l'acide phosphorique sert à la nourriture des plantes.

* Le *phosphate de chaux* est de beaucoup le plus commun de tous les phosphates ; il forme près de la moitié du poids des os et sert à la préparation du phosphore.

* 13. — **Autres aliments des plantes.** — Les *nitrates* et les *phosphates* sont les principaux éléments que la plante tire du sol ; mais il en est quelques autres qui ont une certaine importance. Ce sont les *carbonates*, les *silicates*, les *sulfates* et les *chlorures**.

* 14. — L'élément acide des carbonates est l'acide carbonique, celui des silicates est la silice.

* 15. — L'acide des sulfates est désigné sous le nom d'*acide sulfurique* ou d'*huile de vitriol ;* il se fabrique avec du soufre. C'est lui qui constitue l'élément acide du plâtre ou sulfate de chaux.

* 16. — L'acide des chlorures est l'*acide chlorhydrique* désigné aussi sous le nom d'*acide muriatique** parce qu'on le tire du sel marin.

Tous ces acides sont combinés dans le sol avec des bases telles que la potasse, la chaux, l'ammoniaque, etc.

RÉSUMÉ

1 à 5. — L'*azote*, l'*acide phosphorique*, la *potasse* et la *chaux* entrent pour une grande partie dans la composition des plantes ; il faut donc que celles-ci se nourrissent de ces substances, et qu'elles les trouvent dans le sol.

6 à 12. — L'azote est absorbé par la plante sous la forme de *nitrate ;* l'acide phosphorique sous la forme de *phosphate*. Les nitrates et les phosphates renferment de la potasse, de l'ammoniaque ou de la chaux.

13 à 16. — Les autres aliments des plantes sont les *carbonates*, les *silicates*, les *sulfates* et les *chlorures*.

QUESTIONNAIRE. — 1. Où les plantes prennent-elles leurs aliments? — 2. Quels sont les corps contenus dans les cendres? — 3. Quel élément disparaît pendant la combustion? — 4. Quels sont donc les aliments que la plante tire du sol, — 5. Que savez-vous sur la potasse? — 6. Sous quelle forme l'azote est-il absorbé par les plantes? — 7. Qu'est-ce que l'acide nitrique? — 8. Qu'est-ce que l'ammoniaque? — 9. Que savez-vous sur les nitrates? — 10. Qu'est-ce que le phosphore? — 11. Sous quelle forme le phosphore est-il absorbé par les plantes? — 12. Que savez-vous sur les phosphates? — 13. Connaissez-vous quelques autres aliments absorbés par les plantes? — 14, 15 et 16. Que savez-vous sur les carbonates? les sulfates? les chlorures?

SIXIÈME LEÇON

Engrais.

MATÉRIEL. — Marcs, tourteaux, varechs, chiffons de laine, cornes torréfiées, noir animal, guano, colombine, poudrette, nitrate de potasse, deux verres et de l'eau.

EXPÉRIENCES. — Mettre une pincée de nitrate de potasse dans un verre d'eau ; mettre également une pincée de cornes torréfiées dans un autre verre d'eau ; le nitrate sera dissous bien avant les cornes : *l'engrais chimique sera, par conséquent, bien plus vite absorbé par les plantes.*

NOTIONS GÉNÉRALES SUR LES ENGRAIS

1. — **Définition**. — Les plantes puisent leur nourriture dans l'air par les feuilles et dans le sol par leurs racines.

L'air se renouvelle constamment et ne s'appauvrit pas, mais le sol a bien vite cédé aux plantes la plupart des éléments nutritifs qu'il renferme.

2. — On désigne sous le nom d'engrais les matières que l'on ajoute au sol pour servir à la nourriture des plantes et pour remplacer les éléments nutritifs qu'il a perdus.

3. — **Sans engrais, pas de récolte fructueuse.** — Les terres les plus fertiles deviennent bientôt stériles si on ne leur rend pas sous la forme d'engrais les matériaux qu'elles ont donnés aux plantes.

C'est ainsi que les Romains finirent par stériliser l'Algérie qui fut d'abord le grenier de Rome ; c'est ainsi également que les colons * américains ont appauvri certaines régions des États-Unis remarquables au début par leur fécondité.

4. Éléments des engrais. — Les éléments essentiels des engrais sont ceux que les plantes puisent dans le sol. Les principaux sont par conséquent l'**azote**, l'**acide phosphorique** et la **potasse** ; ce sont eux qui donnent aux engrais à peu près toute leur valeur.

* 5. — Pour évaluer approximativement un engrais dont on ne connaît pas le pouvoir fertilisant, on en fait faire l'analyse par un chimiste.

On en calcule ensuite la valeur en donnant à l'azote le prix de 2 francs le kilogramme, et en attribuant une valeur quatre fois plus faible à la potasse et à l'acide phosphorique [1].

6. — **Qualités des engrais.** — La principale qualité d'un engrais est sa **richesse** en azote, en acide phosphorique et en potasse.

---

1. Dans les phosphates naturels, l'acide phosphorique coûte moitié moins cher que dans les superphosphates.

7. — Mais comme les aliments puisés dans le sol par les plantes doivent être dissous dans l'eau, il est nécessaire que les principes nutritifs des engrais soient **solubles** * dans ce liquide.

Les engrais peu solubles, tels que les phosphates et les os gagnent à être *pulvérisés* * afin d'être en contact avec une plus grande quantité d'eau.

Les fumiers *très décomposés* servent rapidement à la nourriture des plantes, car ils forment des produits solubles* en même temps qu'ils laissent un reste d'humus.

Les engrais très solubles s'emploient en moins grande quantité que les autres, mais il faut les renouveler plus souvent.

CLASSIFICATION DES ENGRAIS

8. — On divise les engrais en quatre catégories : les *engrais végétaux*, les *engrais animaux*, les *engrais mixtes* et les *engrais chimiques*.

9. — **Engrais végétaux**. — Les engrais végétaux se composent de plantes vertes ou sèches et même de résidus de plantes.

10. — Les *engrais verts* se composent de plantes vertes qu'on enfouit dans le sol.

Les plantes qui croissent très vite et qui donnent un feuillage abondant sont choisies de préférence pour servir d'engrais verts, car elles empruntent à l'air beaucoup de principes nutritifs. Les principales sont le *tréfle*, le *sarrasin*, le *colza*, les *vesces* etc.

11. — Les engrais verts sont surtout utiles dans les terrains chauds, qui les décomposent très vite, et dans les lieux cultivés d'accès difficile. On enfouit les plantes quand elles sont en fleurs, car c'est l'époque où elles renferment le plus de principes nutritifs.

12. — Les *marcs* sont les résidus des fruits (raisin, pomme, etc.) dont on a extrait le jus ; les *tourteaux* sont les résidus des graines dont on a tiré l'huile. Ce sont des engrais excellents qui restituent au sol une partie des éléments qu'il a perdus. Le marc de raisin est surtout bon pour la vigne.

* 13. — **Autres engrais végétaux**. — Tous les

débris végétaux peuvent servir d'engrais, soit directement, soit

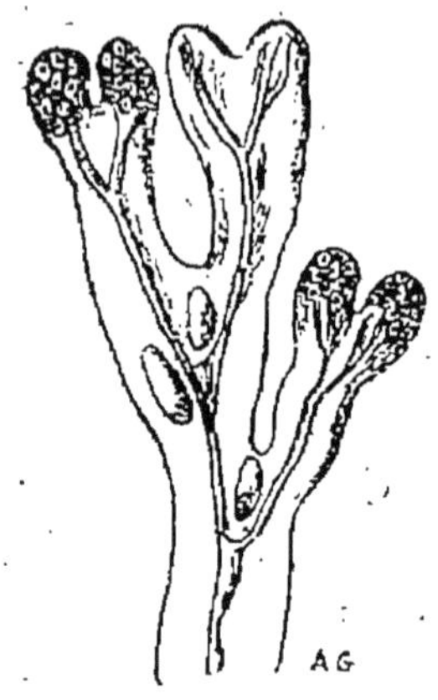

Fucus.

après avoir servi de litière aux animaux : les feuilles mortes, les fougères, les résidus des sucreries, la sciure, le bois pourri, ne doivent pas être perdus ; on utilisera de même les *cendres* qui sont très riches en potasse, les *charrées* ou cendres lessivées, la suie, la tannée*, etc.

* 14. — On fait sur nos côtes un excellent engrais avec les algues* marines désignées sous le nom de *fucus*, de *varechs* ou de *goémons*. Celles qui sont rejetées par le flot sont recueillies chaque jour sur la plage*, mais les autres ne sont coupées qu'en hiver. Elles sont excellentes pour les prairies et pour les pommes de terre.

15. — **Engrais animaux**. — Les engrais animaux sont exclusivement formés par les débris ou par les excréments* des animaux.

16. — **Engrais humains.** — Les excréments de l'homme, désignés aussi sous le nom de *matières fécales*, sont employés à l'état d'*engrais flamand* et de *poudrette*.

17. — L'*engrais flamand* est un mélange d'urine* et d'excréments solides. Tel qu'on le retire des fosses d'aisance, il répand une odeur fort désagréable.

* Mais on peut le désinfecter en jetant dans la fosse, et en agitant, 3 kilogrammes de sulfate de fer (*couperose verte*) par mètre cube d'engrais, autant de plâtre, et suffisamment de terre, de sciure, de suie ou de balle* de blé pour rendre le mélange solide.

18. — La *poudrette* est de l'engrais humain desséché à l'air et pulvérisé.

19. — Les engrais tirés des excréments de l'homme sont riches en azote et en acide phosphorique ; ils se décomposent très vite et doivent être employés souvent et en petite quantité. Dans les pays bien cultivés, on les recueille avec le plus grand soin.

20. — **Excréments des oiseaux**. — Les excréments des oiseaux domestiques sont désignés sous le nom de *colombine*, ceux des oiseaux de mer sous le nom de *guano* quand ils se trouvent en grandes masses accumulées et desséchées.

Ces excréments sont très riches en acide phosphorique et en azote, et ils se décomposent très vite.

***21. — Autres engrais animaux.** — Tous les débris animaux sont très riches en azote et en acide phosphorique. On devra recueillir et employer, comme des engrais énergiques, la chair, le sang, les os calcinés*, les chiffons de laine, les cornes, les poils des animaux et le *noir animal* qui a servi dans les sucreries.

RÉSUMÉ

1 à 3. — Les *engrais* servent à la nourriture des plantes et remplacent les éléments nutritifs que la terre a perdus. Sans engrais la terre finirait par devenir stérile.

4 à 7. — Les éléments essentiels des engrais sont l'*acide phosphorique*, l'*azote* et la *potasse*, sous la forme de combinaisons *solubles*.

8. — On divise les engrais en quatre catégories : les engrais *végétaux*, les engrais *animaux*, les engrais *mixtes*, et les engrais *chimiques*.

9. — Les engrais *végétaux* se composent de plantes vertes ou sèches, et de résidus de plantes.

10 à 14. — Les plantes vertes qu'on enfouit dans le sol, les marcs et les tourteaux, les plantes mortes et les varechs sont les principaux engrais végétaux.

15. — Les *engrais animaux* sont exclusivement formés par les débris ou par les excréments des animaux.

16 à 21. — Les principaux sont les *excréments de l'homme*, désinfectés et transformés en poudrette, les *excréments des oiseaux* à l'état de colombine ou de guano, les *débris des abattoirs*, les *os calcinés* et les *chiffons de laine*.

SEPTIÈME LEÇON

Engrais (*Suite et fin*).

MATÉRIEL. — Nitrate de soude, nitrate de potasse ou salpêtre, phosphates et superphosphates de chaux, chlorure de potassium.

Alcali volatil, uriné ou purin, chaux, eau de chaux.

Tuyau de plume, petit vase de terre allant au feu, quelques verres.

EXPÉRIENCES. — 1° Chauffer à l'ébullition un peu d'urine dans le vase en terre et ajouter un peu de chaux; il **se dégage une odeur ammoniacale.** Cette odeur est la même que celle de l'alcali volatil.

2° Souffler dans de l'eau de chaux avec un tuyau; **l'eau blanchit** car il s'est formé du *carbonate de chaux* avec l'acide carbonique de l'air expiré.

3° Continuer à souffler dans l'eau blanchie, elle **redevient claire,** car l'acide carbonique en excès a dissous le carbonate.

ENGRAIS MIXTES OU FUMIERS

1. — Les *excréments* des animaux domestiques sont parfois utilisés comme engrais dans le lieu même où ils sont rejetés. Les moutons, par exemple, sont fréquemment enfermés dans des *parcs* entourés de clôtures mobiles, au lieu même qu'ils doivent fertiliser avec leurs excréments.

2. — Le plus souvent les excréments sont mélangés à la litière des animaux domestiques; ils constituent alors un **engrais mixte,** à la fois végétal et animal, et désigné sous le nom de **fumier.**

* 3. — **Éléments des fumiers.** — L'élément animal des fumiers se compose des excréments solides et liquides des animaux..

Les *excréments solides,* désignés suivant les animaux sous les noms de *bouse** ou de *crottin**, renferment de 4 à 5 pour 1000 d'azote et un peu moins d'acide phosphorique.

Les *excréments liquides,* ou *urines,* sont beaucoup plus riches et contiennent deux ou trois fois autant d'azote à l'état d'ammoniaque. Ils renferment un peu moins d'acide phosphorique que les excréments solides.

Les excréments sont d'autant plus riches en azote et en acide phosphorique que l'animal est mieux nourri. **Pour avoir de bon fumier, il est donc nécessaire de bien nourrir les animaux.**

* 4. — Les *éléments végétaux* des fumiers sont formés par la litière. On emploie surtout la paille comme litière, car elle est creuse et absorbe facilement les liquides. Mais on peut se servir, *avec un avantage presque égal*, des feuilles mortes, des fougères et des tiges de bruyère, de colza ou de navette.

*. 5. — Le *fumier de ferme*, contient environ 5 pour 1 000 d'azote, autant de potasse et moitié moins d'acide phosphorique.

6. — Les fumiers plus riches en azote sont désignés sous le nom de **fumiers chauds**, car ils fermentent* et s'échauffent très facilement. Le *fumier de cheval* et surtout le *fumier de*

Fumier bien tenu.

Le purin qui s'écoule dans la fosse pourra être extrait, à l'aide d'une pompe ou de seaux, et servira, soit à arroser le fumier dans les temps de sécheresse, soit à fertiliser les prairies après avoir été étendu d'eau.

mouton, sont des fumiers chauds ; ils s'emploient de préférence dans les terres froides et fortes.

7. — Les **fumiers froids** sont moins riches en azote et s'échauffent difficilement. Ils sont produits par le bœuf, la vache, le porc et s'emploient surtout dans les terres chaudes et légères.

8. — **Soins à donner au fumier**. — Le fumier est le meilleur de tous les engrais ; car il donne aux plantes des aliments variés et faciles à absorber. Le cultivateur qui laisse perdre le fumier de ses étables ou qui ne lui donne pas suffisamment de soins est un insensé dont la ruine est proche.

Le **purin**, ou jus du fumier, doit être recueilli plus soigneusement encore; il est formé par les urines étendues d'eau et renferme plus de principes fertilisants que le fumier.

9. — Le fumier sera disposé en tas, au voisinage des écuries et à proximité d'une fosse à purin. Il sera installé sur une *aire** plane, rendue imperméable par un pavage, par du ciment ou par une garniture de terre glaise; un rebord saillant servira de limite à l'aire et sera séparé du fumier par une rigole.

L'aire imperméable empêche le purin de s'infiltrer dans le sol, le rebord le retient autour du tas et la rigole le conduit dans la fosse à purin. Celle-ci doit être maçonnée et rendue aussi imperméable.

Fumier abrité par un toit mobile.

* 10. — Une fois en tas, le fumier entre en fermentation sous l'influence de l'air et de la chaleur.

Pour éviter une fermentation trop rapide, on le tassera suffisamment et on l'arrosera pendant les chaleurs de l'été avec le liquide de la fosse à purin; on pourra même l'abriter s'il fait trop chaud.

On évite par ce moyen la formation des moisissures* qui appauvrissent le fumier et on limite l'évaporation des principes ammoniacaux. On retient plus complètement encore ces derniers en recouvrant le tas d'une couche de terre ou en le saupoudrant de plâtre.

11. — Dans tous les cas, on doit éviter de mettre le fumier dans des fosses où sa base baigne dans le purin pendant qu'il se dessèche à la surface; on doit éviter plus soigneusement encore de laisser le purin séjourner dans la cour ou se mêler aux eaux destinées à la boisson. Les eaux qui renferment des traces de purin ou d'excréments, engendrent de nombreuses maladies et notamment la fièvre typhoïde.

12. — Usages du fumier et du purin. — Le fumier peut être *enfoui* ou employé en *couverture*.

Pour *enfouir* le fumier, on le dispose en petits tas. Les tas de fumier s'appauvrissent rapidement sur le sol, où ils sont lavés par la pluie et desséchés par le soleil ; on doit les écarter immédiatement et enterrer le fumier par un labour.

Il s'emploie à la dose ordinaire de 10000 kilogrammes par an et par hectare pour la culture du blé et des autres céréales.

Pour fumer en *couverture* on répand uniformément le fumier sur les terrains déjà recouverts par la végétation.

13. — On emploie, à cet effet, les *fumiers longs* ou pailleux qui n'ont pas encore subi une forte fermentation*. Ces couvertures donnent au sol leurs principes fertilisants. Elles maintiennent en outre de la fraîcheur et de l'humidité dans les terres légères ou dans les plates-bandes * sur lesquelles on les applique.

Les fumiers fermentés, désignés aussi sous le nom de *fumiers courts*, s'emploient *par enfouissement* dans les mêmes terrains. Dans les sols argileux et compacts, on enfouit au contraire les fumiers longs et pailleux.

Fumiers mal tenus.

Lorsque le fumier est déposé simplement dans la cour, il se dessèche et le purin se perd dans les ruisseaux. S'il est mis dans une fosse non cimentée, son purin se rend par infiltration dans les eaux destinées à la boisson.

14. — Le *purin* est la partie la plus riche du fumier, mais il brûle les plantes si on le répand sur les cultures quand il est trop concentré et quand il fait chaud ; si on l'étend d'eau et si

on l'applique par un temps pluvieux et couvert, il active d'une façon merveilleuse la végétation. Il convient surtout aux prairies et aux plantes sarclées, les betteraves, les carottes, etc.

15. — **Compost.** — On désigne sous le nom de **compost** un mélange de matières et de débris entassés et soumis à la fermentation *. Pour faire un compost, on accumule dans une fosse les balayures, les feuilles mortes, les débris de cuisine, les curures * de fossé, les boues de route, la suie, les urines, etc.; on laisse fermenter quelques mois et on conduit sur le sol. Avec les composts, rien n'est perdu dans la ferme et on se procure d'excellents engrais à peu de frais.

ENGRAIS CHIMIQUES

16. — Définition et emploi. — Les **engrais chimiques** sont formés par des matières minérales qu'on trouve dans le sol ou qu'on prépare dans l'industrie. On peut les diviser en engrais *azotés*, en engrais *phosphatés* et en engrais *potassiques*.

17. — Les engrais chimiques s'emploient pour compléter les éléments qui peuvent manquer dans le fumier ; ils donnent au sol un nombre restreint de principes fertilisants. Avant de les employer, on devra s'assurer, au besoin par une analyse, qu'ils ne sont pas falsifiés *. Il est non moins nécessaire de bien connaître la composition chimique du terrain destiné à les recevoir.

18. — **Engrais azotés.** — Les *engrais azotés* rendent les plantes plus vigoureuses et plus vertes ; la plupart des cultures s'en accommodent très bien ; toutefois les betteraves traitées par cet engrais paraissent moins sucrées.

Les principaux engrais azotés sont les nitrates et notamment les *nitrates de potasse* et *de soude ;* on emploie aussi le *sulfate d'ammoniaque.*

* Le *nitrate* ou *azotate de soude* est communément employé; il se produit naturellement dans le sol, surtout au Pérou, et ressemble à du sel de cuisine. On l'emploie à la dose ordinaire de 100 kilogrammes par hectare et en couverture sur les céréales. Ce nitrate coûte de 25 à 30 francs les 100 kilogrammes.
* Le *nitrate de potasse* ou *salpêtre* est peu employé en agriculture, à cause de son prix élevé. Il coûte 50 francs les 100 kilogrammes. On le trouve, comme tous les nitrates, à l'état natu-

rel, dans le sol. En Égypte et en Espagne on le rencontre en abondance, à la surface des terres calcaires humides. Il pourrait être employé comme engrais azoté et potassique, car il contient 13 pour 100 d'azote et 44 pour 100 de potasse; mais pour qu'il produise un bon effet, il faut qu'il soit, comme le nitrate de soude, associé aux fumiers.

* Le *sulfate d'ammoniaque* ne produit de bons résultats, que dans les sols contenant beaucoup de calcaire, ou lorsqu'il est mélangé aux engrais phosphatés et potassiques; il coûte 45 francs les 100 kilogrammes et s'emploie à la dose moyenne de 100 kilogrammes à l'hectare.

19. — **Engrais phosphatés**. — Les *engrais phosphatés* rendent les plantes plus riches en principes nutritifs; ils donnent plus de sucre à la betterave et plus de qualité au raisin.

* Les engrais phosphatés sont formés par le *phosphate de chaux*, substance minérale qu'on trouve dans le sol en divers pays et notamment dans le Quercy, dans les Ardennes et dans le Boulonnais. Ces phosphates naturels se vendent de 2 à 3 francs les 100 kilogrammes.

20. — Comme les calcaires, les *phosphates naturels* se dissolvent très lentement dans l'eau. Pour les rendre plus facilement solubles, on les traite dans le commerce par l'acide sulfurique et on les vend alors sous le nom de *superphosphates* au prix de 6 à 10 francs les 100 kilogrammes.

* Les phosphates s'emploient à la dose de 200 à 400 kilogrammes par hectare. On peut les remplacer par les os, dégraissés d'abord à l'eau bouillante, puis *concassés ou pulvérisés*. Les os renferment, en effet, 30 pour 100 de phosphate de chaux.

21. — **Engrais potassiques**. — Les *engrais potassiques* sont employés avec succès dans la culture de la vigne, de la pomme de terre et de la plupart des plantes légumineuses.

* Le principal engrais potassique est le *chlorure* de potassium*, qui coûte de 20 à 25 francs les 100 kilogrammes, et qu'on emploie à la dose de 100 kilogrammes à l'hectare. Ce sel se trouve associé dans la mer et dans les plantes marines au chlorure de sodium ou sel marin. On le trouve aussi en masses considérables dans le sol en Prusse et en Gallicie (Autriche). Il ressemble au sel de cuisine.

* Le *sulfate de potasse*, combinaison de potasse et d'acide sulfurique, peut remplacer le chlorure de potassium; il a absolument la même valeur.

TABLEAU indiquant, pour les principales plantes, la quantité de semence nécessaire, le rendement produit et les matières fertilisantes enlevées, sur un hectare de bonne terre bien préparée.

Désignation des plantes.		Semences.	Rendement.	Azote.	Acide phos.	Potasse.	Choux.	Silice.
				Kg	Kg	Kg	Kg	Kg
Céréales.....	Blé	150 à 200 l.	28 Hl	65	35	45	28	200
	Seigle	200 à 250 l.	30 Hl	50	28	50	24	108
	Orge	200 à 250 l.	40 Hl	52	25	42	37	90
	Avoine......	250 à 300 l.	45 Hl	51	20	50	34	100
	Maïs	30 à 35 l.	50 Hl	85	43	118	34	150
	Millet.......	30 à 40 l.	20 Hl	40	20	40	20	80
	Sarrasin	60 à 70 l.	25 Hl	66	28	60	55	10
Plantes des prairies naturelles [1]............		45 à 60 Kg	6000 Kg	78	25	100	66	118
Plantes légumineuses [1].	Luzerne.....	20 à 25 Kg	7500 Kg	172	38	114	210	9
	Trèfle	20 à 25 Kg	8000 Kg	170	45	155	150	12
	Sainfoin.....	120 à 150 l.	7500 Kg	160	35	134	110	6
	Vesce en vert	250 à 300 l.	19000 Kg	92	38	125	79	6
	Féverolles ...	90 à 100 l.	31 Hl	153	45	132	57	6
	Pois........	80 à 100 l.	20 Hl	95	26	53	60	5
Racines	Betteraves ...	5 à 7 Kg	35000 Kg	120	58	228	74	40
	Carottes.....	3 à 4 Kg	35000 Kg	185	62	186	100	20
	Navets......	4 à 6 Kg	35000 Kg	145	62	182	100	16
Tubercules : Pommes de terre.		18 à 22 Hl	20000 Kg	90	60	140	32	32
Plantes industrielles....	Œillette.....	3 à 4 Kg	20 Hl	72	40	48	44	4
	Colza.......	6 à 8 Kg	25 Hl	90	48	55	45	5
	Lin	200 à 300 l.	560 Kg de graines.	45	30	45	20	15
	Chanvre.....	200 à 250 l.	300 Kg de graines.	68	50	36	85	30
	Houblon	»	1700 Kg de cônes.	275	46	195	410	140
	Tabac	»	3400 Kg	150	25	90	220	60
	Vigne	»	100 Hl	45	25	73	50	25
Choux, laitues, chicorées, etc..		»	»	180	96	120	110	10

1. Les plantes des prairies naturelles et les plantes légumineuses ont la propriété de prendre une très grande partie de leur azote dans l'air.

Remarque. — Ce tableau sera utilement consulté par les personnes qui désireront faire de l'agriculture expérimentale. Les renseignements qu'il fournit permettront de calculer la quantité des engrais à ajouter au sol pour la culture de chaque plante; mais il n'est pas inutile de faire observer qu'il faudra tenir compte également : 1o des matières fertilisantes laissées par

TABLEAU des engrais avec leur dosage moyen aux 100 kilogr. [1]

DÉSIGNATION DES ENGRAIS	Azote.	Acide phosph.	Potasse.	Quantité absorbée dès la 1re année[2]
Fumier de ferme ordinaire................	0kg,5	0kg,25	0kg,5	1/2
Sulfate d'ammoniaque...	20 Kg			tout.
Nitrate de soude........	16 Kg			tout.
Nitrate de potasse ou salpêtre................	13 Kg		44 Kg	4/5
Chlorure de potassium..			50 Kg	3/4
Sulfate de potasse.......			45 Kg	3/4
Superphosphate de chaux.		15 à 30 Kg		1/2
Phosphates naturels.....		10 à 15 Kg		1/1
Tourteaux de colza... ..	5 Kg	2kg,5	1 Kg	3/4
Cendres..............		5 Kg	15 Kg	3/4
Suie..	2 Kg	10 Kg		tout.
Poudrette..............	1 Kg	3 Kg	1 Kg	2/3
Colombine..............	3 à 5 Kg			2/3
Urine des bestiaux.......	1 Kg		2 Kg	tout.
Vrai guano............	10 Kg	10 Kg	2 Kg	2/3
Chair des animaux......	13 Kg	0kg,5		3/4
Sang desséché..........	15 Kg	2 Kg		4/5
Os calcinés............	2 Kg	30 Kg		2/3
Chiffons de laine........	10 Kg			1/3
Colza enfoui en vert.....	0kg,5	0kg,1	0kg,4	1/3
Algues marines fraîches.	0kg,7	0kg,3	10 Kg	3/4

les récoltes antérieures ; 2º de la proportion dans laquelle chaque plante absorbe les engrais contenus dans le sol. (Il a, en effet, été calculé que pour l'azote, par exemple, qui est la matière fertilisante principale, le froment, le seigle et le sarrasin n'absorbent environ que les $\frac{35}{100}$ de l'engrais contenu dans la terre, que l'orge d'hiver et l'avoine en absorbent les $\frac{55}{100}$, le maïs les $\frac{37}{100}$, les betteraves les $\frac{33}{100}$, les carottes les $\frac{40}{100}$, les navets les $\frac{20}{100}$, les pommes de terre les $\frac{46}{100}$, le pavot les $\frac{27}{100}$, le colza et le tabac les $\frac{36}{100}$, le lin et les choux les $\frac{55}{100}$, le chanvre et le houblon les $\frac{70}{100}$, etc.

1. Voir page 36, comment on calcule la valeur des engrais.

2. Il est indispensable de tenir compte de ces renseignements lorsqu'on veut, à l'aide du tableau précédent et de celui-ci, établir quels sont les engrais qu'il y a lieu d'ajouter au sol.

RÉSUMÉ

1 à 4. — Le *fumier* est un engrais mixte formé par les excréments solides et liquides et par la litière des animaux domestiques.

5 à 7. — Le *fumier de ferme* renferme environ 5 p. 1000 d'azote, autant de potasse et moitié moins d'acide phosphorique ; les *fumiers chauds* sont plus riches en azote et fermentent facilement ; les *fumiers froids* renferment moins d'azote.

8. — Le *fumier* est un engrais de premier ordre, mais le *purin* est encore meilleur que le fumier.

9 à 11. — Le fumier doit être établi sur une aire imperméable, inclinée, à l'abri des eaux courantes voisines, et à côté de la fosse à purin ; on le tasse bien et on l'arrose pendant les grandes chaleurs.

12 et 13. — Les *fumiers longs* sont excellents en couverture et dans les terres compactes ; les *fumiers courts* s'enfouissent dans les terrains légers.

14. — Le purin étendu d'eau active fortement la végétation des plantes.

15. — Un compost est un mélange de matériaux divers et de débris entassés et soumis à la fermentation.

16 à 21. — Les principaux *engrais chimiques* sont les *engrais azotés*, les *engrais phosphatés* et les *engrais potassiques*.

Comme engrais azoté on emploie surtout le *nitrate de soude*, comme engrais phosphatés les *phosphates* et *superphosphates de chaux*, enfin comme engrais potassique le *chlorure de potassium*.

QUESTIONNAIRE. — 1. Quelle est l'utilité du parcage ? — 2. **Qu'est-ce que le fumier ?** — 3. De quoi se composent les excréments des animaux ? — 4. Quels sont les éléments végétaux du fumier ? — 5. Que savez-vous sur le fumier de ferme ? — 6. Sur les fumiers chauds ? — 7. Sur les fumiers froids ? — 8. **Quelle est la valeur du fumier et du purin comme engrais ?** — 9. Comment doit-on établir le tas de fumier ? — 10. Quels sont les soins à donner au tas de fumier ? — 11. Que doit-on éviter pour conserver le fumier en bon état et pour se conformer aux règles de l'hygiène ? — **12. Comment peut-on employer le fumier ?** — 13. Quand doit-on employer les fumiers longs ? — Les fumiers courts ? — **14. Comment le purin s'emploie-t-il ?** — 15. Que savez-vous sur les composts ? — **16. Qu'entendez-vous par engrais chimiques ?** — 17. Quand doit-on les employer ? — 18. Que savez-vous sur les engrais azotés ? et notamment sur le nitrate de soude ? — 19. Que savez-vous sur les engrais phosphatés ? — 20. Quel est l'avantage des engrais phosphatés ? — 21. Que savez-vous sur les engrais potassiques ?

MOIS DE NOVEMBRE

Le battage du blé à la machine.

Agriculture pratique.

Travaux principaux à faire exécuter pendant le mois de novembre.

CHAMP DE DÉMONSTRATION. — 1° Semer le froment à raison de 2 litres à l'are. Ajouter préalablement, dans la moitié du terrain, labouré à cet effet en octobre, 3 kil. 500 d'engrais chimique formé de 0 kg. 500 de sulfate d'ammoniaque, de 2 kilogrammes de superphosphate de chaux et de 1 kilogramme de plâtre cru.

2° Récolter les navets semés après l'avoine.

3° Semer le seigle à raison de 2 litres à l'are.

VIGNE. — Donner un labour pour enfouir les feuilles.

JARDINS. — Labourer les carrés libres, après les avoir fumés s'il y a lieu. Arracher les carottes, les navets. Planter l'ail, l'échalote, les choux et les salades d'hiver. Butter les artichauts et le céleri. Semer les petits pois. Couvrir les plantes qui craignent les gelées. — Rentrer les tubercules de dahlia, de balisier, de cyclamen, les oignons de jacinthe, de tulipe, de crocus, les boutures de géranium, les fuchsias.

ARBRES FRUITIERS. — Planter les arbres fruitiers si le temps est favorable. Commencer la taille des arbres à fruits à pépins.

Promenade scolaire

(LECTURE)

Le 5 novembre après-midi, les élèves de M. Lancelot se trouvaient de nouveau réunis pour la promenade; il s'agissait d'aller chez M. Jean Nipon pour voir battre à la machine.

« Vous voudrez bien, dit M. Lancelot, être très raisonnables et surtout très prudents. Il est fort dangereux de s'approcher des machines en mouvement, et je serais désolé si, en présence des nombreux travailleurs qui se trouveront là, j'étais forcé de vous adresser la plus légère observation. Je compte, par conséquent, sur votre obéissance absolue. »

M. Nipon ne demeurait pas loin. Au bout d'un quart d'heure, on atteignit sa ferme, et les élèves curent sous les yeux le spectacle de l'activité la plus extraordinaire.

Le chauffeur garnissait de charbon le foyer* de la machine à vapeur*; des hommes, aux bras robustes, enlevaient les lourdes gerbes au bout d'une fourche, pour les mettre sur le plateau de la machine à battre; un ouvrier les déliait prestement pour les faire passer, par nappes égales, dans la batteuse en mouvement, pendant que d'autres, à l'extrémité opposée, recueillaient et liaient la paille pour la mettre en tas, ou enlevaient les poches de grain à mesure qu'elles étaient pleines.

La machine faisait un bruit assourdissant. M. Nipon eut l'amabilité de la faire arrêter un instant, pour permettre aux enfants d'écouter les explications du propriétaire de la batteuse.

« Cette machine, leur dit-il, est une machine complète. Elle rend le grain prêt à être envoyé au moulin. Les batteuses simples ne font que séparer le grain de l'épi, et on est obligé de se servir ensuite du tarare pour enlever les balles*.

« Vous voyez ici, à l'extrémité de cette courroie, l'axe* du *batteur;* il traverse de part en part la caisse de la machine. Le batteur est formé d'un gros rouleau de fer garni d'aspérités*. Les épis, en passant dessus, sont froissés violemment; le grain tombe en dessous et la paille est rejetée de l'autre côté, sur cet assemblage de lattes appelé *secoueur*. Le grain est reçu dans une sorte de *tarare*, où il se débarrasse des balles* et des brins de paille, puis dans une espèce de *cribleur* où le beau blé est séparé du petit et des menues graines. De sorte que nous recueillons ici, comme vous pouvez le constater, deux qualités différentes de grain.

« Tout cela est mis en marche par des roues à *engrenage** qui reçoivent leur mouvement de l'axe du batteur, lequel communique, vous le voyez, à l'aide de cette grosse courroie, avec la *machine à vapeur*.

« Approchons-nous de cette dernière, et n'ayez pas peur de voir la chaudière éclater; j'ai eu soin, selon mon habitude, de veiller ce matin au fonctionnement régulier de toutes les pièces. Vous voyez ici le foyer destiné à chauffer l'eau de la chaudière. La vapeur qui se forme pénètre dans ce cylindre, et donne au piston* qu'il renferme un mouvement de va-et-vient. Par l'intermédiaire d'une bielle*, ce mouvement fait tourner la roue sur laquelle s'applique la courroie qui communique avec la batteuse. Afin d'éviter les dangereuses explosions de la chaudière, la machine est munie d'une soupape* de sûreté qui donne issue à la vapeur*, quand elle se produit en excès.

« Toutes les batteuses ne sont pas mises en mouvement par une machine à vapeur; il y en a qui sont mues par un manége* conduit par des chevaux. »

Les élèves avaient suivi avec un vif intérêt les explications qu'on venait de leur donner. M. Lancelot remercia M. Nipon et le propriétaire de la machine, puis il prépara ses élèves au départ. Un coup de sifflet strident* se fit entendre et la machine se remit à marcher. Les enfants la regardèrent encore un moment et bientôt après se mirent en promenade.

Après avoir suivi quelque temps le chemin vicinal*, ils prirent un sentier qui serpentait dans les vignes et atteignirent bientôt les bords de la rivière dans la vallée. Grossie par les dernières averses, la petite rivière de Sivry coulait à pleins bords, au milieu des champs déserts, et plus bas, dans la direction de la route nationale, étalait largement ses eaux dans l'écluse du moulin.

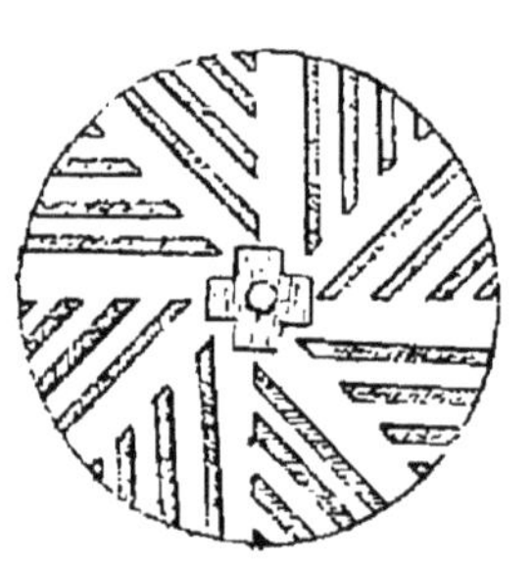

Plan d'une meule de moulin. Diamètre ordinaire : 1m,30.

M. Lancelot profita de l'obligeance de M. François, le meunier, pour expliquer à ses élèves la mouture du blé.

« Les meules, dit-il, sont formées par une pierre dure et poreuse qui porte le nom de meulière ; elles sont cylindriques et accouplées horizontalement par paire. Les surfaces en contact de deux meules ne sont pas unies, mais creusées de rainures, comme vous pouvez le voir sur ces meules, qu'on doit placer dans quelques jours pour ajouter une nouvelle paire au moulin.

« La meule qui est située au-dessous est immobile, mais elle est traversée par un axe* sur lequel tourne

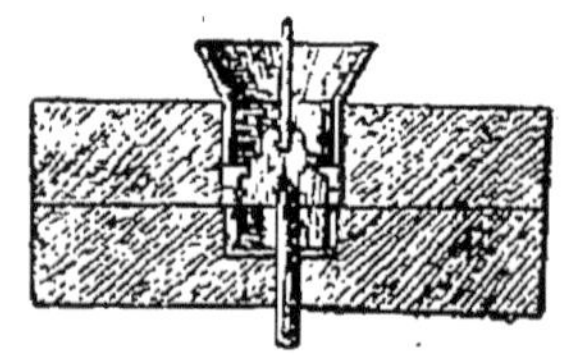

Coupe d'une paire de meules au 1/60, permettant de voir comment le grain est broyé et réduit en farine.

rapidement l'autre meule. Cette dernière est surmontée d'un entonnoir dans lequel on met le blé ; elle est en outre percée d'une ouverture centrale, qui permet au grain

d'arriver entre les deux meules, où il est broyé et réduit
en farine [1].

« Cette farine est rejetée sur les bords, par les rainures,
puis refroidie dans une caisse, où elle est remuée par un
râteau. Pour bien comprendre pourquoi elle est grossière
et jaunâtre, brisez un grain de blé, et examinez-le avec
attention. L'intérieur, blanc et dur, donne seul de la bonne
farine, mais la pellicule* colorée qui l'enveloppe, quand
elle est pulvérisée par le
frottement, fournit le *son*.

« La farine qui est reje-
tée par la meule est donc
un mélange de farine pure
et de son. Pour la sépa-
rer de ce dernier, on la
jette dans ce long tamis
tournant, qu'on appelle
blutoir ; elle passe entre

Blutoir dont on a brisé la caisse et dont la
toile est déchirée pour montrer l'intérieur de
l'instrument.

les mailles, et le son est rejeté à l'une de ses extrémités.

Quand on veut obtenir des farines de plus en plus fines,
on fait passer la farine qui sort de la meule dans une série
de blutoirs à mailles de plus en plus serrées ; après avoir
abandonné le son, les farines grossières traversent les blutoirs les plus grossiers, et c'est plus loin seulement que
passe la farine la plus fine, la *fleur de farine* comme on
dit dans le commerce. Cette dernière donne les pains de
première qualité, mais elle n'est pas plus nutritive que les
autres.

Ces explications terminées, on prit congé de M. François, et on regagna la grande route, après avoir examiné
l'écluse ; elle était pleine en ce moment et alimentait un

---

1. Dans les moulins importants, les meules en pierre sont remplacées par
deux cylindres.

déversoir qui laissait tomber une colonne liquide sur la roue du moulin. Celle-ci tournait, tournait très vite, et dans l'intérieur du bâtiment, on entendait bruisser les meules qu'elle entraînait dans son mouvement.

Et là haut, sur la hauteur, en face de Sivry, le moulin à vent agitait ses grandes ailes, luttant comme un désespéré contre la concurrence désastreuse des meules plus actives [1] du meunier François

Le moulin de M. François et le moulin à vent sur la colline.

[1]. Il existe aussi des moulins à vapeur et ils sont bien plus rapides encore que le moulin à eau.

Les vendanges.

Quand les hottes sont pleines, on vide le raisin dans des tonneaux ouverts, où on le foule, afin de pouvoir en transporter, à la cuve ou au pressoir, une plus grande quantité à la fois.

HUITIÈME LEÇON

Le vin et la conservation des produits agricoles.

MATÉRIEL. — Raisins en fermentation, raisins secs, vin blanc, vin rouge. Échantillon de fruits, de légumes et de graines.

Sucre, levûre de pain ou de bière, vin mousseux, ou, à défaut, de la bière ou de la limonade gazeuse ; eau de chaux.

Quelques allumettes et quelques verres ou mieux quelques flacons.

EXPÉRIENCES. — 1º Introduire une allumette enflammée au dessus des raisins qui fermentent : l'acide carbonique éteint l'allumette.

2º Faire de l'eau sucrée, y ajouter un peu de levûre et maintenir à une douce température.

Au bout de quelques jours, *la* liqueur devient alcoolique, et il *se dégage de l'acide carbonique.*

3º Verser une liqueur mousseuse dans de l'eau de chaux ; *l'eau blanchit* grâce à l'acide carbonique qui fait mousser.

4º Écraser le raisin noir, le jus n'est pas coloré ; mettre un peu d'alcool sur la peau des graius, l'alcool **prendra la couleur** au bout de quelques jours.

LE VIN

1. — Vendanges. — Quand le **raisin est mûr**, on récolte les grappes dans des seaux, des paniers ou des hottes; puis on les porte dans la cuve où l'on écrase les grains, soit avec les pieds, soit enfin avec un disque* en bois emmanché d'un bâton, soit avec un instrument formé de deux cylindres cannelés et appelé *fouloir*.

* Quand on sépare les grains et qu'on rejette le reste de la grappe avant d'écraser le raisin, on obtient des vins moins riches en tannin*, et par conséquent moins acides, mais aussi plus difficiles à conserver.

2. — Fermentation. — Le raisin écrasé et mêlé à son jus reçoit le nom de **vendange** ou de **moût**. Le moût renferme en abondance du sucre de *glucose**, il contient aussi un ferment végétal appelé *levure* *.

Sous l'influence de la levûre, le sucre se transforme en alcool et il se dégage en même temps une énorme quantité d'*acide carbonique*. Cet acide rend les vins qui fermentent pétillants et mousseux.

* 3. — L'acide carbonique étant plus pesant que l'air s'accumule à la surface du moût dans les cuves. C'est un gaz asphyxiant*; aussi ne doit-on pas descendre dans une cuve *si une bougie allumée s'éteint quand on la promène au-dessus du liquide.*

Une bougie s'éteint quand on la met au-dessus des raisins en fermentation.

4. — Dans les années de récolte médiocre, il est bon d'additionner le moût d'un *peu de sucre* : 1 600 grammes de sucre ajoutés à un hectolitre de moût suffisent à relever le vin d'un degré alcoolique[1].

5. — Vin rouge. — Le **vin rouge** se fabrique avec des raisins rouges dont le moût a fermenté. Quand la fermentation est terminée, les

---

1. Les vins ont ordinairement de 8 à 14 degrés.

parties solides du moût se déposent au fond de la cuve et on soutire le vin pour le mettre dans des tonneaux.

6. — Les parties solides qui se sont déposées constituent le marc ; elles renferment une assez grande quantité de vin et sont soumises au pressoir. Après qu'il a perdu son liquide, le marc du pressoir est abandonné dans l'eau et produit une boisson peu alcoolique désignée sous le nom de *piquette*. Beaucoup de vignerons préfèrent le faire distiller pour obtenir de l'*alcool*.

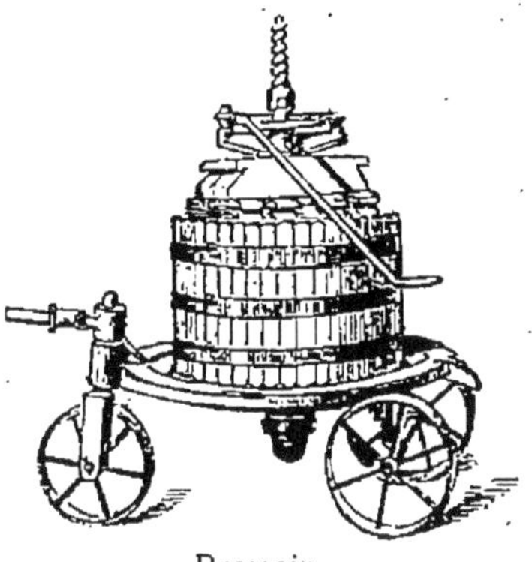

Pressoir.

7. — **Vin blanc.** — Pour faire du vin blanc, le moût est porté au *pressoir* aussitôt après la vendange et le jus sucré seul est soumis à la fermentation. Il se prépare avec certains raisins rouges aussi bien qu'avec des raisins blancs, le jus sucré, dépourvu d'alcool, n'ayant pas la propriété de dissoudre la couleur rouge des raisins.

* Pendant la fermentation, le vin blanc est connu sous le nom de *vin doux* ou de *vin bourru* ; il est gazeux et rejette une espèce de mousse. Après la fermentation *, il s'éclaircit naturellement et laisse déposer sa lie.

8. — Quand le vin blanc a été mis en bouteille et enfermé dans des caves fraîches, la fermentation se continue peu à peu dans la bouteille et il se dégage de l'acide carbonique qui fait sauter le bouchon et rend le *vin mousseux*. C'est à peu près ainsi que se fabrique le vin de Champagne.

9. — **Soins à donner au vin.** — Si le vin ne s'éclaircit pas facilement dans les tonneaux, on y met, par hectolitre, 10 à 15 grammes de *gélatine** dissoute dans 40 fois son poids d'eau, ou trois ou quatre *blancs d'œufs* bien battus. La gélatine ou le blanc d'œuf entraînent au fond du tonneau, en se déposant, toutes les matières qui rendaient le vin trouble.

10. — Au printemps, et par un temps bien sec, *on soutire* tous les vins et on les met dans d'autres tonneaux. Ces tonneaux doivent être parfaitement propres, si l'on veut que le vin se conserve longtemps et sans prendre de mauvais goût.

3.

* Pour avoir des tonneaux en bon état, on les fait égoutter pendant quatre ou cinq jours dès qu'ils sont vides, puis on les bouche complètement avec une bonde* après y avoir renfermé une *mèche de soufre allumée*. Quand on veut s'en servir, on les nettoie à grande eau quatre ou cinq jours auparavant et on les fait égoutter ; puis on y passe un peu d'eau-de-vie et, le lendemain, au moment de s'en servir, on les mèche de nouveau.

Quand on mèche un tonneau, c'est-à-dire quand y brûle une mèche soufrée, la combustion produit un gaz, l'acide sulfureux, qui empêche les moisissures* et les ferments* de se développer.

11. — Les tonneaux doivent être bien remplis ; s'ils renferment une certaine quantité d'air, le vin peut s'aigrir et se *transformer en vinaigre*.

On comprendra aisément, d'après ce qui précède, que les vins mis en bouteille doivent être renfermés dans des bouteilles bien propres, et qu'il est nécessaire d'apporter un soin tout particulier au choix des bouchons.

12. — **Vins de sucre et de raisins secs**. — En ajoutant de l'eau tiède sucrée (15 kilogrammes de sucre par hectolitre) au marc des cuves, et en quantité égale au vin que l'on a retiré, ou bien en faisant fermenter des raisins secs dans l'eau (33 kilogr. par hect.) on obtient des *liqueurs alcooliques* assez employées aujourd'hui. Ces liqueurs, dont on peut assurer la conservation en ajoutant 100 grammes d'acide tartrique par hectolitre, ne sauraient être cependant, sans fraude, vendues pour du vin naturel.

CONSERVATION DES RÉCOLTES

13. — **Des soins particuliers sont nécessaires**. — La pluie, le froid et les animaux nuisibles peuvent porter de graves atteintes au produit des récoltes : la pluie et l'humidité font germer les graines, le froid détruit les racines et les tubercules, enfin les animaux nuisibles s'attaquent à toutes les productions de la terre.

Nous verrons plus loin comment on peut faire la guerre aux animaux nuisibles et il suffira de parler ici de la protection des récoltes contre le froid et l'humidité.

14. — **Fruits**. — Les fruits se conservent dans le *fruitier*. C'est un local sombre et sec où la température ne doit jamais être inférieure à 3 ou 4 degrés centigrades au-dessus de zéro. Des tablettes en bois dur, disposées tout autour de la pièce, servent à recevoir les fruits.

On doit enlever immédiatement les fruits qui commencent à se gâter.

15. — Céréales. — Les **céréales** sont conservées dans des *greniers* carrelés, aérés et assez spacieux pour qu'on puisse aisément remuer le grain et empêcher ainsi, dans la mesure du possible, les insectes de l'attaquer.

16. — **Autres produits.** — Les autres produits du sol sont conservés de différentes façons : les **haricots** se gardent en cosses * dans les greniers ; les **pommes de terre,** les **carottes** et les **navets** se conservent à la cave dans du sable sec ou bien dans des silos.

17. — Pour faire un **silo,** on creuse un fossé dans lequel on place les tubercules ou les racines sur une couche de paille.

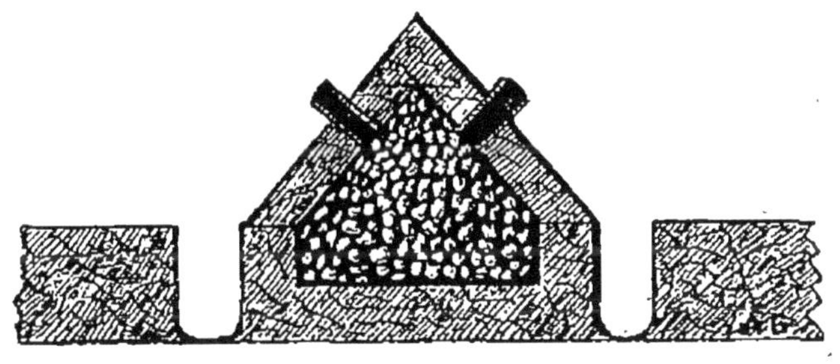

Silo.

On recouvre le tout de terre battue et disposée en pente, puis on place ordinairement, vers la partie supérieure, un ou plusieurs tuyaux d'aération.

18. — Les **petites graines** se conservent en lieu sec dans des courges* ou dans des vases sur lesquels on place des étiquettes portant le nom de la plante et la date de la récolte.

RÉSUMÉ

1. — Lorsque le raisin est mûr on le cueille pour en faire du vin ; c'est ce qu'on appelle la *vendange.*

2. — On foule ensuite les raisins dans une cuve où on les laisse fermenter pendant plusieurs jours et on a le soin de veiller à ce que le marc soit constamment submergé.

3 à 6. — Lorsque la fermentation est achevée, c'est-à-dire quand le *moût,* sous l'influence des *ferments,* s'est transformé en *alcool,*

on retire le vin de la cuve et on presse le marc pour en retirer tout le jus ; c'est ainsi que l'on fabrique le *vin rouge*.

7. — Le *vin blanc* se fait, soit avec des raisins rouges, soit avec des raisins blancs. Les raisins sont portés sous le pressoir aussitôt que la vendange est faite.

8. — Les *vins mousseux*, tels que ceux de Champagne, sont produits par des vins que l'on a mis en bouteille avant l'achèvement de la fermentation et auxquels on a fait subir une préparation particulière.

9. — Le *vin*, au sortir de la cuve ou du pressoir, est enfermé dans des tonneaux bien propres. S'il ne s'éclaircit pas facilement on le *colle*, c'est-à-dire qu'on y ajoute un peu de colle de poisson ou quelques blancs d'œufs bien battus.

10 à 12. — On le *soutire* au printemps dans des fûts fraîchement méchés.

13 et 14. — Les *fruits* se conservent dans un local appelé *fruitier*, sur des tablettes en bois dur.

15. — Les *grains* sont conservés dans des greniers aérés où on les remue souvent.

16 et 17. — Les *légumes-racines* se conservent à la cave dans du sable sec ou au dehors dans des *silos*.

18. — Les *petites graines* doivent être enfermées dans des courges et conservées en lieu sec.

QUESTIONNAIRE. — **1. Comment fait-on la vendange?** — 2. Que se passe-t-il dans la fermentation du raisin ? — 3. L'acide carbonique qui se dégage est-il dangereux ? — 4. Quelle est l'utilité du sucre qu'on ajoute parfois? — 5 et 6. **Comment fabrique-t-on le vin rouge ?** — **7. Comment fabrique-t-on le vin blanc ?** — 8. Qu'est-ce qui rend les vins mousseux. — 9. Comment se fait le collage du vin ? — **10. Quels soins faut-il donner aux tonneaux où l'on renferme le vin ?** — 11. Pourquoi faut-il remplir et bien fermer les tonneaux et les bouteilles ? — 12. Qu'est-ce que les vins de sucre et de raisins secs? — 13. Pourquoi faut-il donner des soins au produit des récoltes ? — **14. Comment conserve-t-on les fruits ?** — **15. Les céréales?** — 16. Les haricots, les pommes de terre, etc.? — 17. Qu'est-ce qu'un silo ? — 18. Comment conserve-t-on les petites graines?

NEUVIÈME LEÇON

Boissons alcooliques : cidre, poiré, bière.

MATÉRIEL. — Cidre, bière, houblon en cônes, malt, levûre de bière, grains d'orge germée, eau de chaux. — Quelques verres.

EXPÉRIENCES. — 1° Faire goûter des grains d'orge germée ; ils ont un goût sucré très sensible.

2° Si on laissait quelques jours ces grains dans l'eau tiède, l'eau deviendrait sucrée.

3° Enfin, en ajoutant de la levûre* de bière dans cette eau, il y aurait fermentation* et *production d'alcool*.

CIDRE ET POIRÉ

1. — Pommes à cidre. — Dans certains pays où le raisin ne mûrit pas, et notamment en Normandie et en Bretagne, on fabrique avec les fruits du pommier une boisson fermentée connue sous le nom de **cidre**.

2. — Il est bon de remarquer que toutes les pommes ne conviennent pas à cet usage. Dans les contrées où la culture du pommier est bien comprise on classe les pommes en trois catégories : les pommes de *première saison*, celles de *seconde saison* et enfin celles de *troisième saison*. Chacune de ces catégories comprend des *fruits demi-doux* et des *fruits amers*.

3. — Fabrication. — Lorsque les pommes sont presque mûres, on les abat avec des gaules * et on les répand en tas peu épais dans des greniers où elles achèvent de mûrir; au bout de quelques semaines, on enlève les pommes pourries et on broie les autres dans une espèce de moulin. La pulpe * ainsi obtenue est mise en tas pendant une journée afin qu'elle

Récolte des pommes à cidre.

puisse fournir un cidre d'un jaune doré; puis elle est soumise à l'action du pressoir. Le jus sucré et doux est versé dans des tonneaux où il fermente comme le vin. Au bout d'un mois, le cidre soutiré est bon à boire.

4. — On ajoute parfois au marc, que l'on soumet à une nouvelle pression, une certaine quantité d'eau afin d'obtenir un cidre de qualité inférieure.

5. — Résidu. — Le résidu * de cette fabrication peut, lorsqu'on a eu soin de le conserver en silo, servir à la nourriture du bétail. Donné en petite quantité et mélangé avec du foin, il devient un aliment économique pour l'hiver. En tous cas, le marc de pommes, jeté sur le fumier de ferme, constitue un excellent engrais.

6. — Poiré. — On fabrique avec les poires communes une boisson analogue au cidre connue sous le nom de **poiré**.

BIÈRE

Orge à deux rangs (moitié grandeur réelle).

Le grain de cette espèce d'orge est particulièrement estimé des brasseurs.

7. — Bière. — **La bière** remplace le vin dans les pays septentrionaux; c'est une boisson alcoolique et nourrissante fabriquée avec de *l'orge* et du *houblon*.

8. — Pour la fabriquer, on commence d'abord par soumettre l'orge à l'opération connue sous le nom de *maltage*. Le grain, préalablement humecté, est répandu en couches minces sur la dalle* d'une vaste salle chauffée à 15° environ au-dessus de zéro. Lorsqu'il est germé, on le fait passer dans une étuve* pour le faire sécher, puis on enlève les germes à l'aide d'un tarare*. L'orge ainsi préparée est connue sous le nom de *malt;* elle renferme un ferment particulier, la diastase, qui s'est développé pendant la germination.

9. — Après avoir grossièrement moulu* le malt, on le met dans de vastes cuves qu'on emplit d'eau tiède et on agite fortement le mélange; c'est ce qu'on appelle le *brassage*. Dans cette opération, la diastase transforme en sucre (*glucose**) l'amidon du grain, et la liqueur devient sucrée.

Cône de houblon au 1/3.

Les cônes de houblon sont employés dans la fabrication de la bière, à cause de la poussière jaune aromatique qui se trouve à la base des écailles.

10. — Au bout de quelques jours, on soutire le jus. On y ajoute du houblon afin de donner au liquide un goût légèrement amer et la faculté de se conserver; puis on fait bouillir le mélange.

11. — On laisse ensuite refroidir et, lorsque la liqueur est à peu près tiède, on y délaie une petite quantité de *levure de bière :* une fermentation active transforme bientôt le sucre en

alcool avec dégagement d'acide carbonique. Quand elle est achevée, on enlève la levûre qui s'est amassée à la partie supérieure, on soutire et on clarifie la bière, puis on la renferme dans des tonneaux.

La *bière de conserve* est logée dans des fûts entourés de glace.

RÉSUMÉ

1 à 5. — Le *cidre* est une boisson obtenue par la pression des pommes que l'on a broyées.

6. — La boisson alcoolique faite avec les poires porte le nom de *poiré*.

7 à 11. — Dans les pays où les raisins ne peuvent mûrir et notamment en Allemagne, en Angleterre et dans les régions du nord et de l'est de la France, on fabrique, avec de l'orge et du houblon, une boisson fermentée connue sous le nom de *bière*.

QUESTIONNAIRE. — **1. Qu'est-ce que le cidre?** — 2. Comment classe-t-on les pommes à cidre? — **3. Parlez de la récolte des pommes et de la fabrication du cidre?** — 4. Comment obtient-on le cidre de qualité inférieure? — **5. Que fait-on du marc de pommes?** — 6. **Qu'est-ce que le poiré?** — 7. **Avec quoi fabrique-t-on la bière?** — 8. Quelle est la première opération que l'on fait subir à l'orge pour en faire de la bière? — 9. Que fait-on du malt? — 10. Que faut-il ajouter au jus de malt? — 11. Qu'ajoute-t-on à la liqueur pour la faire fermenter et que fait-on ensuite?

DIXIÈME LEÇON

Travaux de préparation du sol.

MATÉRIEL. — Un peu de terre argileuse, des cendres, un pot pour les fleurs, des drains ou un vase en terre poreuse, une mèche de coton, une terrine, deux verres, une pelle à feu et de l'eau.

EXPÉRIENCES. — 1° Calciner la terre argileuse sur une pelle à feu, *l'argile* devient rouge, *sèche et très friable*.

2° Placer deux vases côte à côte et les réunir par une mèche de coton qui descend au fond de chacun d'eux, puis mettre de l'eau dans l'un des verres. Cette eau remonte dans les pores de la mèche et **passe lentement dans l'autre vase.**

3° On ferme hermétiquement deux petits drains à l'un des bouts; dans un drain on met de l'eau, tandis qu'on plonge l'autre dans l'eau;

le premier *laisse filtrer son eau* au **dehors**, l'autre **se remplit** *d'eau peu à peu.*

4o Élever la même plante dans deux pots, dont l'un a le fond percé, tandis que l'autre est complètement fermé. La plante *se développe très bien* dans le premier et *très mal* dans le dernier.

1. — Travaux de préparation. — La terre, avant d'être ensemencée, est soumise à différents travaux de préparation qu'il est utile de connaître. Les principaux sont les amendements, l'écobuage, l'épierrement, les défoncements, les labours, le drainage.

On sait déjà ce qu'on entend par amendements.

2. — Écobuage. — L'écobuage est une opération par laquelle on enlève, avec une sorte de houe, la couche superficielle du sol ; les mottes ainsi obtenues sont mises en tas pour être séchées et brûlées ; on répand ensuite

Écobuage.

Quand les mottes de gazon sont sèches, on les dispose en tas pour les faire brûler.

les cendres sur la terre. Ce travail se fait surtout pour transformer les landes* et les bruyères* en terres cultivables. Il transforme le terreau en cendres alcalines* fertilisantes et donne à l'argile une structure sableuse qui rend le sol moins compact.

3. — Épierrement. — L'épierrement se fait dans les terres contenant des pierres en trop grande quantité. Les matériaux recueillis sont utilisés pour l'entretien des routes.

4. — Défoncements. — Les **défoncements** s'exécutent le plus souvent à la bêche et à la pioche ; leur profondeur est ordinairement de 0m80 à 1 mètre. On fait cette opération dans les terres épuisées qui ont un sous-sol propre à la culture. C'est un travail coûteux, mais fort avantageux.

5. — Labours. — Les **labours** ont pour but de détruire les mauvaises herbes, d'enfouir les engrais et d'ameublir le sol afin de permettre à l'air de circuler facilement dans la terre.

Ils ne doivent jamais être effectués par un temps humide, surtout dans les terrains argileux.

6. — Différentes espèces de labours. — On distingue, pour la profondeur, trois sortes de labours : le *labour superficiel* dont la profondeur ne dépasse pas 0^m10 ; le *labour ordinaire* qui se fait communément et dont la profondeur est de 0^m15 à 0^m20, et le *labour profond* qui dépasse 0^m20 ; ce dernier est le meilleur quand la couche arable est suffisamment épaisse.

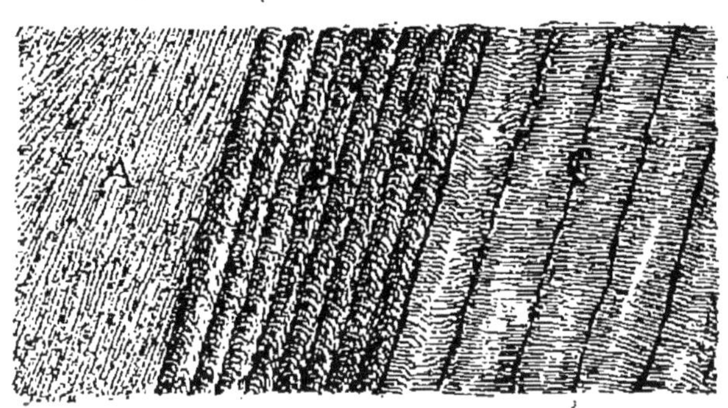

Les trois sortes de labours.
A, labour à plat ; B, labour en billons ; C, labour en planches.

Pour obtenir le *labour à plat*, avec une charrue ordinaire, on commence par tracer, dans la plus grande longueur, un sillon au milieu du terrain, puis on passe à droite et à gauche de ce sillon jusqu'à ce que toute la surface soit labourée. Ce procédé fait perdre beaucoup de temps à cause du déplacement de la charrue aux extrémités du champ ; aussi a-t-on construit des charrues dites *tourne-oreilles* avec lesquelles on peut commencer au bord du terrain. Quand on est rendu au bout de chaque sillon, il suffit de retourner et de renverser la charrue pour tracer un nouveau sillon de manière à toujours rejeter la terre du même côté.

Le *labour en planches* se fait comme le labour à plat avec la charrue ordinaire ; mais au lieu de tracer le premier sillon au milieu du terrain, on le trace au milieu de chaque planche.

Quant au *labour en billons*, on obtient chaque billon en traçant deux sillons de manière à renverser la terre du second sur la terre du premier, ou bien on se sert d'une charrue dite *butloir* qui renverse la terre à droite et à gauche de chaque sillon. Cette sorte de labour laisse, on le comprend, une partie de la terre sans être labourée ; mais lors d'un deuxième labour, on passe la charrue de façon à mettre les billons dans les sillons, et réciproquement, afin d'ameublir tout le sol.

7. — Au point de vue de l'aspect du sol, on distingue aussi trois sortes de labours : le *labour à plat*, le *labour en planches* et le *labour en billons**.

8. — Le *labour à plat* présente une surface à peu près plane.

9. — Dans le *labour en planches*, le terrain est divisé en bandes de terre d'une largeur variable, séparées par des raies plus ou moins profondes.

10. — Le *labour en billons* se fait en ménageant de nombreuses rigoles pour l'écoulement des eaux.

11. — Le **meilleur labour** est assurément le *labour à plat*, parce qu'il permet l'emploi de toutes les machines agricoles et qu'il n'y a aucune perte de terrain, mais il ne peut s'appliquer qu'aux *terres légères* facilement perméables. Le labour en planches et le labour en billons conviennent aux *terres fortes* et aux *terres franches* quand elles sont *humides*.

12. — Drainage. — Le **drainage** est une opération qui consiste à débarrasser la terre de l'eau qu'elle contient en excès. Cette eau empêche l'air de pénétrer dans le sol et fait pourrir les racines.

* Un exemple simple montre bien l'utilité du drainage. Si on cultive une plante dans un pot, percé au fond d'un orifice, les eaux d'arrosage peuvent s'écouler dans le plateau situé au-dessous et la plante se développe parfaitement. Elle jaunit, au contraire et finit par mourir si le pot n'est pas percé ou si son orifice se bouche. Dans le premier cas, le pot est pour ainsi dire *drainé*, il ne l'est pas dans le second.

13. — Les terres qui demandent à être drainées sont les terres à *sous-sol imperméable* *, et particulièrement les terres argileuses et les terres tourbeuses.

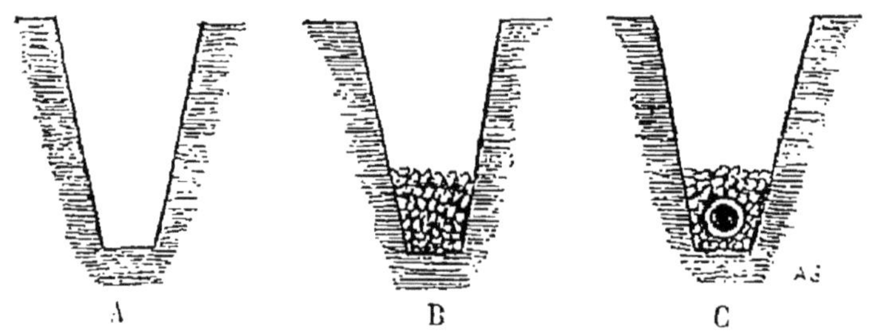

Les trois principaux modes d'assainissement des terres, gravure au 1/10.

A, drainage à ciel ouvert ; B drainage à pierres ; C, drainage proprement dit.

14. — Principaux modes de drainage. — Les principaux modes de drainage ou d'assainissement sont : le *drainage à ciel ouvert*, le *drainage à pierres*, le *drainage à fagots* et le *drainage proprement dit*.

15. — Dans le *drainage à ciel ouvert*, on creuse de larges fossés destinés à faciliter l'écoulement des eaux. Ce procédé a l'in-

convénient de faire perdre beaucoup de terrain et de nuire à l'emploi des principaux instruments de culture.

16. — Quand on met des pierres ou des fagots au fond de ces tranchées et qu'on recouvre de terre, on obtient le *drainage à pierres* ou *à fagots;* mais au bout de quelques années les interstices* qui existent entre les pierres sont bouchés ou bien les fagots sont pourris, et il faut recommencer le travail.

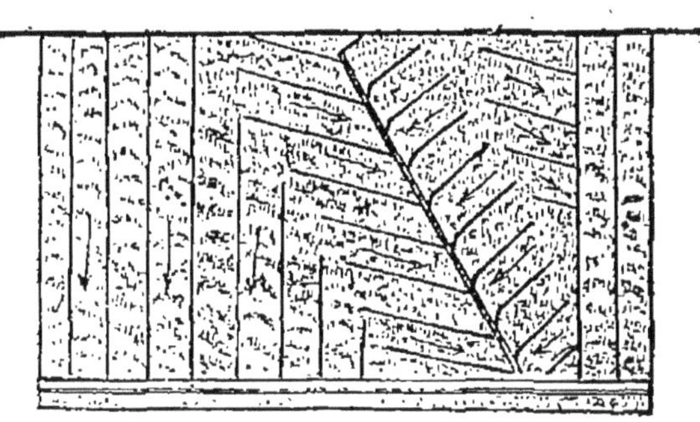

Plan d'un drainage.

17. — Le meilleur mode est le *drainage proprement dit* qui consiste à mettre des tuyaux au fond des fossés.

Quand une terre ne présente pas une surface plane, on établit les tuyaux collecteurs dans les parties les plus basses et on place les lignes de drains en suivant les pentes du terrain.

C'est le procédé le plus coûteux, mais son effet est de longue durée et il est par cela même le plus économique.

* 18. — **Établissement d'un drainage**. — Pour établir un drainage, il faut creuser d'abord, dans les différentes pentes du terrain, de larges fossés communiquant entre eux ou aboutissant à un fossé général; on place ensuite, au fond de ces fossés, et d'après une pente déterminée, des tuyaux dits *collecteurs* de 8 à 10 centimètres de diamètre.

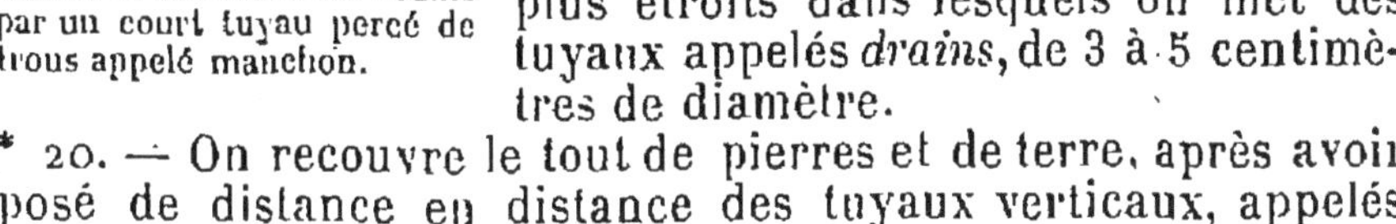

AG

Les drains sont placés bout à bout et sont souvent réunis par un court tuyau percé de trous appelé manchon.

* 19. — Obliquement ou perpendiculairement à ces tranchées, on fait des fossés plus étroits dans lesquels on met des tuyaux appelés *drains*, de 3 à 5 centimètres de diamètre.

* 20. — On recouvre le tout de pierres et de terre, après avoir posé de distance en distance des tuyaux verticaux, appelés *regards*, par lesquels on pourra voir si les eaux ne séjournent pas sous le sol.

* 21. — L'écartement entre deux lignes de drains varie avec la nature des terres, mais il est généralement de 10 à 15 mètres. La profondeur des fossés est de 1 mètre à 1^m,30.

* 22. — Le fossé général, établi à la partie inférieure du terrain

est à ciel ouvert et communique généralement avec un cours d'eau ou une fosse.

* 23. — **Action des tuyaux**. — Les tuyaux de drainage sont poreux et se laissent traverser par l'eau. Les pores agissent comme autant de suçoirs qui aspirent de proche en proche l'eau du sol et font sentir leur action jusqu'à 3 ou 4 mètres de distance. L'eau aspirée par les tuyaux est remplacée par de l'air.

RÉSUMÉ

1. — Pour être ensemencée, la terre a besoin d'être soumise préalablement à différents travaux.

2. — L'*écobuage* est une opération que l'on fait subir aux terres incultes, aux landes et aux bruyères, pour pouvoir les mettre ensuite en culture.

3 à 6. — On distingue plusieurs espèces de labours, selon la profondeur qu'on leur donne : le *labour superficiel* (10 cm.) ; le *labour ordinaire* (15 à 20 cm.) ; le *labour profond* (20 à 35 cm.). Les labours qui dépassent 40 centimètres prennent le nom de *défoncements*.

7 à 11. — Si l'on considère l'aspect du sol labouré, on reconnaît encore trois espèces de labours : le *labour à plat*, le *labour en planches*, le *labour en billons*.

12 à 16. — Le *drainage* est une opération par laquelle on débarrasse le sol de l'eau qu'il contient en excès.

17 à 21. — Pour obtenir ce résultat, on creuse des fossés dans les différentes pentes du terrain et on place des tuyaux appelés *collecteurs* au fond des fossés principaux, et des tuyaux plus petits appelés *drains* au fond des fossés secondaires.

22 et 23. — Un fossé général creusé à la partie inférieure du terrain est destiné à recueillir toutes les eaux que les tuyaux collecteurs lui amènent.

QUESTIONNAIRE. — **1. Quels sont les principaux travaux de préparation du sol?** — **2.** Qu'est-ce que l'écobuage? — **3.** Qu'entendez-vous par l'épierrement? — **4.** En quoi consistent les défoncements? — **5. Quel est le but des labours?** — **6. Combien distingue-t-on de sortes de labours au point de vue de la profondeur du sol?** — **7. Quelles sont les différentes espèces de labours au point de vue de l'aspect du sol?** — **8.** Qu'est-ce que le labour à plat? — **9.** Qu'est-ce que le labour en planches? — **10.** Qu'est-ce que le labour en billons? — **11.** Quel est le meilleur labour? — **12 et 13. Pourquoi le drainage est-il utile?** — **14. Quels sont les principaux modes de drainage ou d'assainissement du sol?** — **15.** Qu'est-ce que le drainage à ciel ouvert? — **16.** Décrivez le drainage à pierres et à fagots. — **17. En quoi consiste le drainage proprement dit?** —

18. Comment fait-on d'abord pour établir un drainage et quelle est la dimension des tuyaux collecteurs? — 19. Quelle est la dimension des drains et comment les dispose-t-on? — 20. Comment termine-t-on l'opération du drainage? — 21. A quelle distance établit-on les lignes de drains? — 22. Quel est le but du fossé établi à la partie inférieure du terrain? — 23. Quel est le rôle des tuyaux employés dans le drainage?

ONZIÈME LEÇON

Machines agricoles et instruments de culture.

1. — Les **instruments agricoles** peuvent se diviser en deux grandes catégories : les *instruments et machines de ferme* et les *instruments de jardinage.*

INSTRUMENTS ET MACHINES DE FERME

2. — Instruments et machines de culture. — Les principaux instruments et machines de culture de

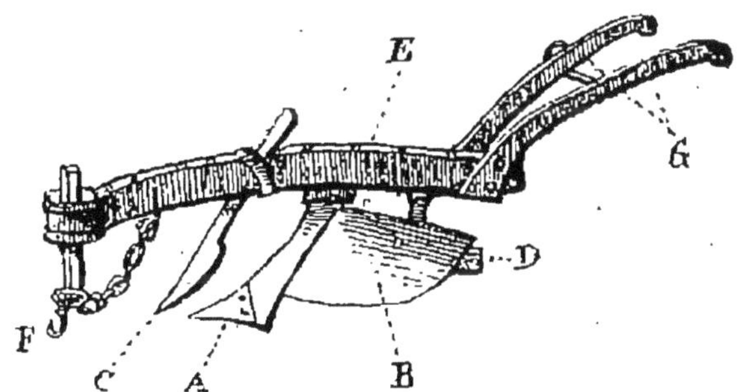

Charrue ordinaire au 1/40. Grandeur réelle, 2 m. environ.

A, soc; B, versoir; C, coutre; D, sep; E, age ou flèche; F, crochet d'attelage; G, mancherons.

la ferme sont : la *charrue*, la *herse*, le *rouleau*, l'*extirpateur*, le *semoir.*

3. — La **charrue** est un instrument qui sert à labourer, c'est-à-dire à remuer profondément le sol. Elle est ordinairement composée :

1° d'un *coutre* ou couteau qui fend la terre verticalement;

2° d'un *soc*, pièce d'acier qui entame la terre horizontalement et la soulève;

3° d'un *versoir* ou *oreille* qui sert à renverser la terre entamée par le soc;

4° d'un *talon* ou *sep*, pièce de fer plate et peu large qui se trouve adaptée au versoir et qui glisse sur le fond du sillon;

5° enfin d'un *age* auquel est fixée la charrue.

L'age est garni en avant d'un anneau servant à attacher les *palonniers** et en arrière de deux poignées en bois ou en fer appelées *mancherons*, lesquels sont destinés à conduire la charrue.

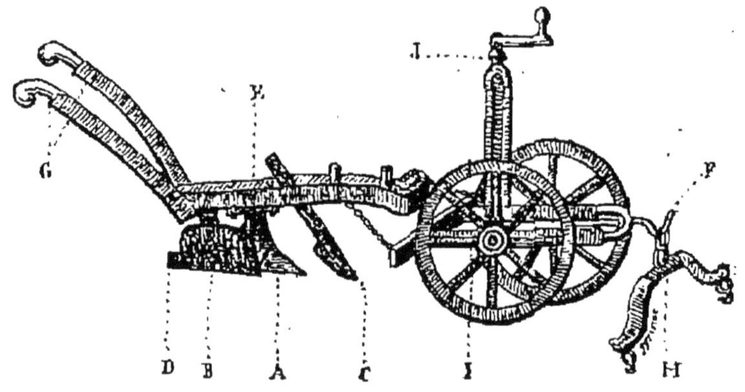

Charrue perfectionnée au 1/50. Longueur totale, 3 m. environ

A, soc; B, oreille; C, coutre; D, talon; E, age; F, crochet d'attelage; G, mancherons; H, palonnier; I, avant-train; J, régulateur.

Un régulateur se compose de deux parties : 1° d'une branche ou d'une vis verticale permettant de monter ou de descendre à volonté le crochet d'attelage ; 2° d'un mécanisme simple permettant de le porter plus ou moins à droite ou à gauche de la charrue. Plus on remonte le point d'attache du palonnier, plus le labour est profond : plus on le reporte du côté de la terre labourée, plus la bande de terre entamée est large.

4. — La charrue simple s'appelle généralement *araire*. Quand elle est pourvue d'un versoir elle est dite *araire perfectionnée*.

5. — Certaines charrues sont munies d'un *avant-train* formé de deux roues et destiné à faciliter la marche de l'instrument ; d'autres sont pourvues d'un *régulateur* qui sert à déterminer la profondeur du sillon et la largeur des bandes de terre labourées.

* 6. — On appelle *charrue fouilleuse* une charrue dépourvue d'oreille et dont le soc est disposé en fer de lance. Elle est

destinée à creuser plus profondément les sillons tracés par la charrue ordinaire.

* Une *charrue-buttoir* est une charrue munie de deux versoirs; elle est employée pour les labours en billons (voir p. 65) et pour le buttage de certaines plantes.

* La *charrue tourne-oreilles* est une charrue double dont les pièces peuvent basculer autour de l'age; son emploi économise beaucoup de temps dans les labours (voir p. 65). Il en est de même de la *charrue à double soc*, dont les pièces tournent autour d'un pivot* vertical.

Charrue à double soc tournant autour d'un pivot vertical.

Quand on tourne les pièces de cette charrue, le soc qui doit soulever la terre s'abaisse tandis que l'autre se relève.

*Dans les grandes exploitations on emploie souvent, pour les labours des terres légères, des charrues qui sont munies de deux ou trois socs, placés parallèlement les uns à la suite des autres, de façon à pouvoir tracer deux ou trois sillons à la fois; ces charrues sont dites *bisoc* ou *trisoc*.

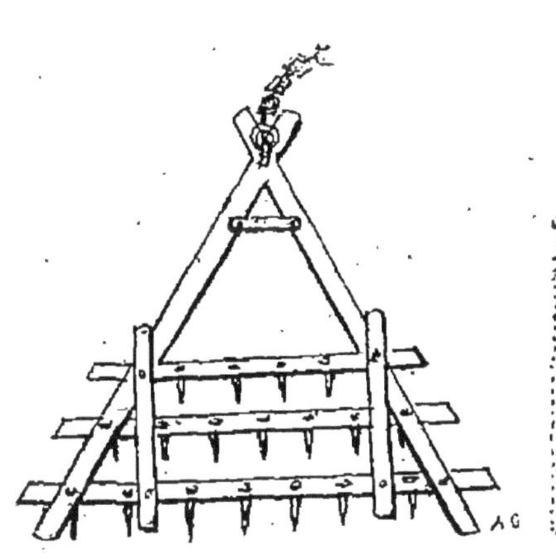

Herse triangulaire au 1/40.
Grandeur réelle, 1m,50 environ.

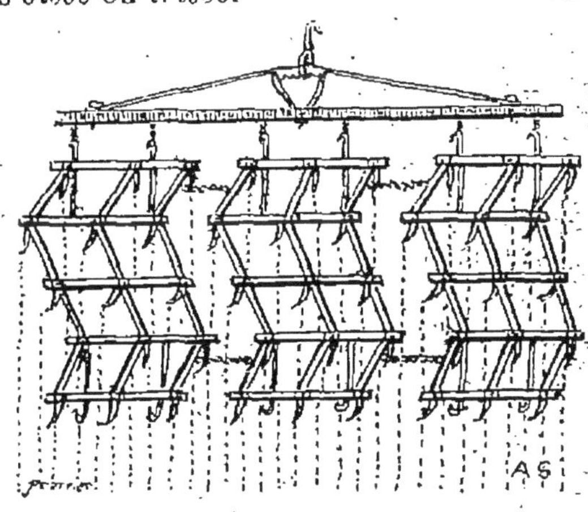

Herse articulée au 1/50.
Largeur ordinaire, 3 m. environ.

7. — La **herse** est un châssis trapézoïde* ou triangulaire, simple ou articulé, armé d'un grand nombre de dents qui

servent à briser les mottes, à enlever les mauvaises herbes
ou à enterrer les semailles. Les *herses articulées* sont les meilleures.

8. — Le **rouleau** sert à écraser les mottes et à faire adhé-
rer les graines au sol en tassant la terre. On en construit en
bois, en fer ou en pierre. L'un des plus estimés est le *rouleau
articulé*, composé de disques* mobiles en fonte.

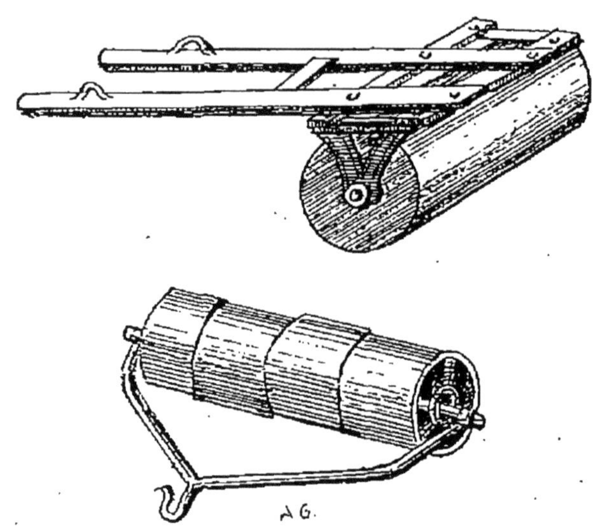

Rouleau ordinaire et *Rouleau articulé.*

Grandeur réelle du cylindre, 1ᵐ,50 à 2 m. de longueur sur 40 à 50cm de diamètre.

Quand le rouleau articulé est formé de disques étroits munis de dents, il est dit rouleau Crosskill, du nom de son inventeur.

9. — **La houe à cheval**, **l'extirpateur**, le **scarificateur**
sont des instruments formés de châssis armés de dents de différentes formes, et qui sont employés pour les labours superfi-
ciels et le binage des plantes semées en lignes.

* La *houe à cheval* est munie de trois ou quatre dents en forme
de socs et est particulièrement destinée au binage des plantes.

* L'*extirpateur* a la même forme que la houe, mais il possède
un plus grand nombre de socs, ce qui permet de l'utiliser pour
ameublir rapidement la couche superficielle d'un sol labouré
depuis quelque temps. On l'emploie aussi pour les travaux con-
nus sous le nom de *déchaumages*, et qui consistent à remuer les
terres couvertes du chaume des céréales aussitôt que la moisson est faite; ces opérations ont pour but de faire naître les
mauvaises herbes, que l'on enfouit par le labour d'automne.

* Le *scarificateur* tient le milieu entre l'extirpateur et la herse;

ses dents sont en forme de coutres. On l'emploie pour détruire les mauvaises herbes et pour préparer les labours dans les terres à défricher.

10. — Le **semoir** (voir p. 142) est une machine composée d'une caisse munie de tubes par lesquels la graine se répand régulièrement dans le sol, au moyen d'un mécanisme spécial mû par les roues de l'instrument.

11. — **Instruments et machines pour les récoltes.** — Les principales *machines destinées aux récoltes* sont la **faucheuse**, la **faneuse** et le **râteau à cheval** pour les prairies, la **moissonneuse** pour les céréales (voir p. 266, 267, 268 et 269).

Ces instruments sont compliqués et chers, mais ils font très rapidement une excellente besogne. Quand on ne peut les

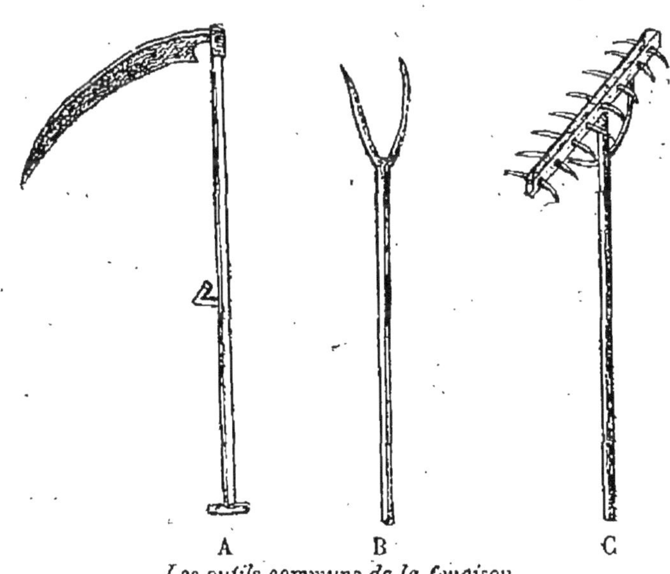

Les outils communs de la fenaison.
A, faux ; B, fourche à faner ; C, râteau.

acheter, il est bon de les prendre en *location*, au moment du besoin, auprès des entrepreneurs spéciaux qui se trouvent dans les campagnes.

12. — Dans les fermes ordinaires, on se sert de la *faux* pour couper l'herbe des prairies, des *fourches* pour faner, du *râteau à fourrage* pour ramasser les foins ; de la *faucille*, de la *faux* ou de la *sape* pour couper les céréales.

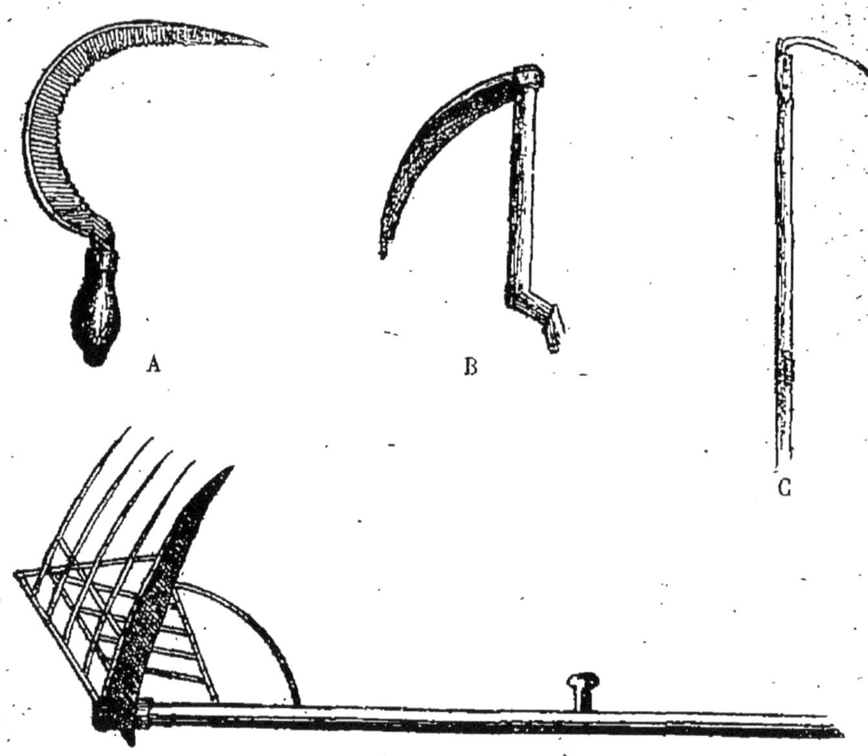

Les instruments ordinaires de la moisson.
A, faucille ; B, sape ; C, crochet de la sape ; D, faux armée pour la récolte de l'avoine et de l'orge.

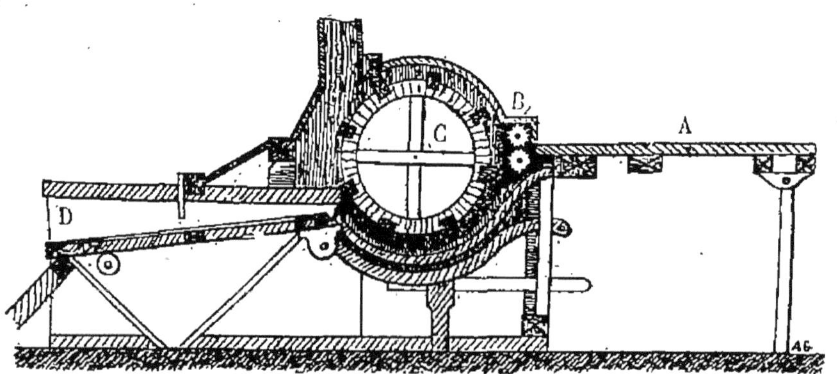

Coupe théorique de la machine à battre.
Les céréales, placées sur la plate-forme A, sont entraînées par les cylindres cannelés B sur le batteur C armé de lames de fer, puis conduites sur un assemblage de lattes D où la paille se sépare du grain ; la paille est repoussée au dehors et le grain tombe dans la trémie E d'un tarare.

13. — **La machine à battre** (voir p. 49) destinée à séparer les grains de la paille, le *tarare* qui remplace le *van* pour le

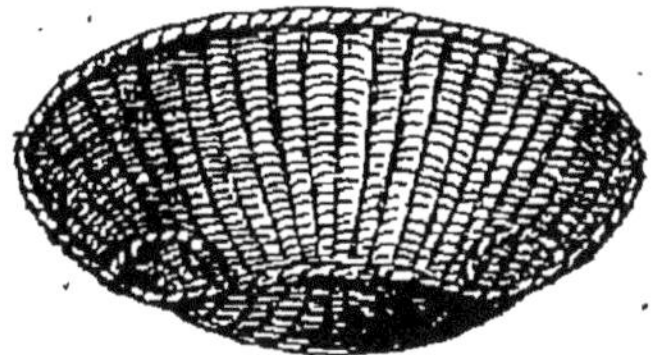

Van au 1/30.

Pour vanner, c'est-à-dire pour nettoyer les graines, on dépose celles-ci dans le van, puis on se place dans un courant d'air et on fait sauter le grain : les balles et la poussière sont entraînées par le vent, tandis que le bon grain reste dans la corbeille.

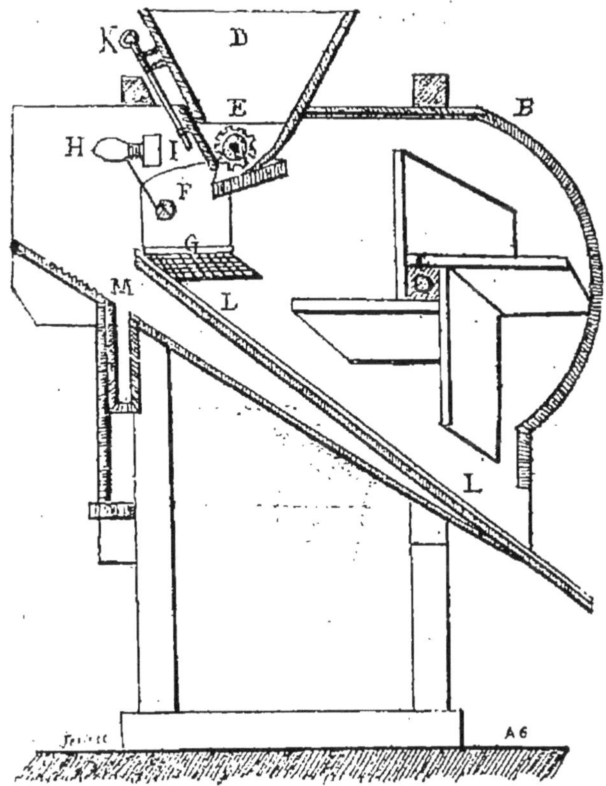

Vue intérieure d'un tarare. Hauteur réelle, 2 m. environ.

Le grain versé dans la trémie D est entraîné par le cylindre cannelé E vers une ouverture rendue plus ou moins grande à l'aide de la coulisse I qu'une vis K peut monter ou descendre. Le grain tombe sur la grille G animée d'un mouvement continuel. Le volant C, placé sous le tambour B, établit un courant d'air intense ; les balles sont chassées au dehors, les petites graines tombent en M et le grain parfaitement nettoyé glisse sur le plan incliné L.

nettoyage des grains et le *crible-trieur* avec lequel on sépare les bonnes graines des mauvaises, peuvent aussi être classés parmi les machines destinées aux récoltes.

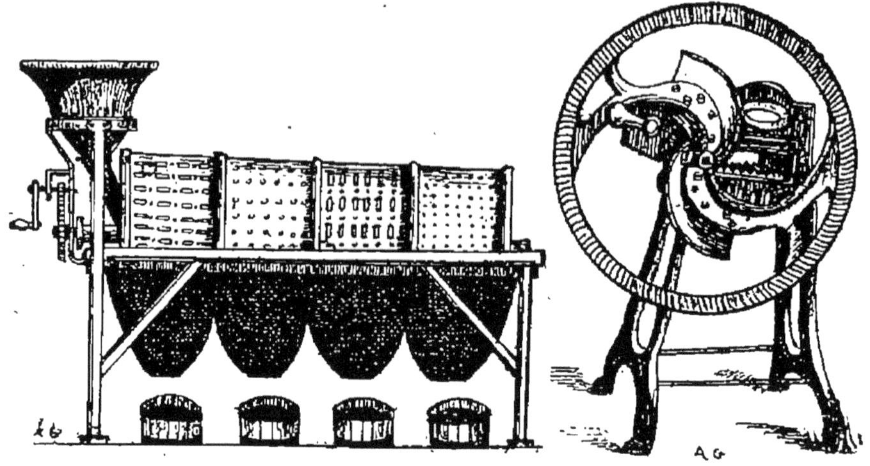

Crible-trieur. *Hache-paille.*

Le grain versé dans la trémie * du crible, passe dans la première partie, percée de trous ronds et de fentes rectangulaires, où il se débarrasse des toutes petites graines et de la poussière ; puis dans la seconde, percée de petits trous ronds, où il perd les graines de nielles et le blé avarié ; puis dans la troisième partie, percée de trous plus grands, où passe le blé de seconde qualité ; et enfin dans la quatrième, percée de trous assez grands pour laisser passer le beau grain. Les pierres sont rejetées à l'extrémité du crible qui peut, d'ailleurs, être placé plus ou moins horizontalement à l'aide d'un mécanisme peu compliqué.

Le hache-paille est un instrument dont les pièces principales sont des couteaux qui, mus par un volant *, viennent alternativement couper la paille que l'on fait glisser sur une espèce de plate-forme.

Charrette avec ridelles, longueur réelle, 5 m. environ.

14. — Instruments de transport. — Les principaux instruments de transport employés dans les fermes sont la **charrette** munie de *ridelles** pour le charroi des fourrages, des céréales, etc., et le **tombereau** pour le transport des fumiers, des terres et des racines.

15. — Matériel des étables et des écuries. — Le *matériel* des étables et des écuries comprend le *hache-paille*, le *lave-racines*, le *coupe-racines*, le *concasseur de tourteaux* et la *bascule**.

INSTRUMENTS DE JARDINAGE

16. — Instruments de culture. — Les instruments de culture employés dans les jardins sont : la *bêche*

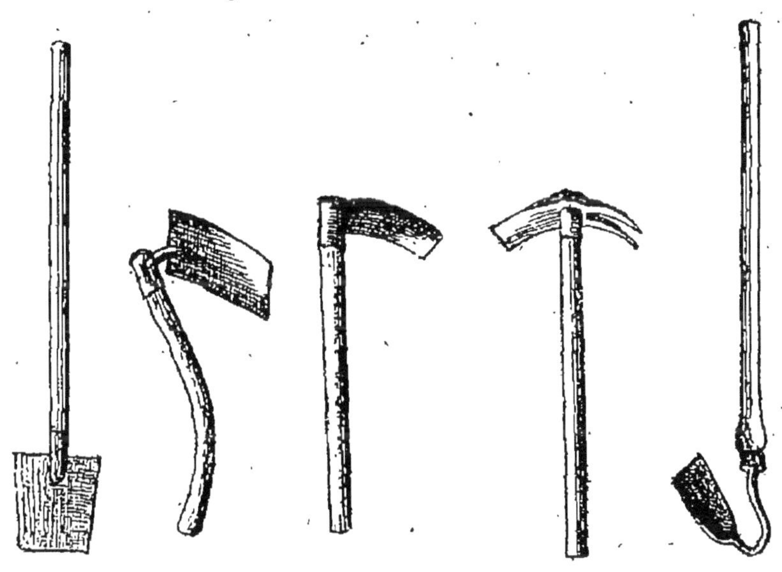

qui sert aux labours et dont on connaît trois types spéciaux: là *bêche ordinaire* pour les terres franches, la *bêche à fer arrondi* pour les terrains rocailleux, la *bêche à fer évidé* pour les terres légères ; la *houe*, le *hoyau* simple, le *hoyau à deux dents*, la *binette* et la *serfouette*, employés pour les travaux de binage et de buttage; la *râtissoire* qui sert à nettoyer les allées; le *plantoir* et le *cordeau* utilisés pour la mise en place des jeunes plants ; le *râteau* dont on se sert pour niveler le sol, enterrer les petites graines et enlever les mauvaises herbes ;

les *fourches* qui sont destinées au chargement et à l'écartement des fumiers.

17. — Autres instruments. — Les instruments de transport utilisés dans les jardins sont la *brouette**, la *hotte** et la *claie**.

Les principaux instruments de taille.

A, serpette ;   B, sécateur ;   C, scie à main ; D, greffoir.

18. — Les instruments d'arrosement sont l'*arrosoir à pomme*, l'*arrosoir à brise-jet* et la *seringue**.

19. — Les **instruments de taille** sont le *croissant*, les *cisailles**, le *sécateur*, la *serpette*, le *greffoir*, la *scie à main*, l'*échenilloir** et la *gouge**.

RÉSUMÉ

1. — On emploie en agriculture et en horticulture un grand nombre de machines et d'instruments.

2 à 10 et 16. — Les principaux instruments employés pour les travaux de préparation du sol et d'ensemencement sont la *charrue*, la *herse*, le *rouleau*, l'*extirpateur*, le *semoir*, la *bêche*, les *fourches*, la *houe*, la *binette*, le *plantoir*, le *râteau*.

11 à 13. — Les principales machines et instruments destinés aux récoltes sont : la *faucheuse*, la *faneuse*, le *râteau à cheval*, les *fourches à faner*, le *râteau à fourrages*, la *faux*, la *faucille*, la *sape*, la *moissonneuse*, la *machine à battre* et le *tarare*.

14 et 17. — Les principaux instruments de transport sont : la *charrette*, le *tombereau*, la *brouette*, la *hotte*.

15. — Le matériel de la ferme, des étables et des écuries comprend le *hache-paille*, le *lave-racines*, le *coupe-racines*, le *concasseur de tourteaux*, la *bascule*.

18. — Les instruments d'arrosage sont l'*arrosoir* et la *seringue*.

19. — Les principaux instruments de taille sont le *sécateur*, la *serpette*, le *greffoir*, la *scie à main*, la *gouge*.

QUESTIONNAIRE. — **1. Comment peut-on classer les instruments agricoles?** — **2. Quels sont les instruments de culture de la ferme?** — **3. Dites ce que vous savez de la charrue** — **4. Qu'est-ce que l'araire ?** — **5.** Qu'entend-on par avant-train et régulateur? — **6.** Qu'est-ce qu'une charrue fouilleuse, une charrue-buttoir, une charrue tourne-oreilles, une charrue à double soc tournante? etc. —

7. **Parlez de la herse.** — 8. **Du rouleau.** — 9. Qu'est-ce qu'une houe à cheval, un extirpateur, un scarificateur? — 10. Parlez du semoir. — 11. Quelles sont les principales machines destinées aux récoltes et comment fait-on pour se les procurer quand on n'a pas le moyen de les acheter? — 12. **Par quoi remplace-t-on, dans la petite culture, la faucheuse, la faneuse, le râteau à cheval, la moissonneuse?** — 13. Quelles sont les autres machines qu'on peut encore classer dans les instruments de récolte? — 14. **Quels sont les instruments de transport employés dans la ferme?** — 15. Quelles sont les machines employées dans les étables et les écuries? — 16. Citez les principaux instruments de culture du jardin. — 17. Quels sont les instruments de transport employés dans les jardins? — 18. Quels sont les instruments d'arrosement? — 19. Quels sont les instruments de taille?

MOIS DE DÉCEMBRE

Agriculture pratique.

Travaux principaux à faire exécuter pendant le mois de décembre.
CHAMP DE DÉMONSTRATION. — 1º Enfouir le trèfle.
2º Labourer le terrain dans lequel se trouvait le froment.
3º Labourer le terrain dans lequel se trouvaient les navets.
VIGNE. — Tailler la vigne. Préparer les fosses pour les marcottes.
JARDIN. — Labourer les carrés libres après les avoir fumés, s'il y a lieu.
ARBRES FRUITIERS. — Continuer la taille des arbres à fruits à pépins.

Promenade scolaire

(LECTURE)

La ferme de M. Nipon est située à quelques minutes du village, sur le bord du chemin qui conduit vers la vallée.

Quand M. Nipon la fit construire, il ne négligea rien pour obtenir les meilleures dispositions et il consulta des architectes experts en constructions rurales; c'est ainsi qu'il avait exposé la façade de la maison d'habitation au sud-est et établi le niveau du rez-de-chaussée à $0^m,40$ au-dessus de la cour. Afin d'avoir des chambres à coucher saines et exemptes d'humidité, M. Nipon

avait fait élever un premier étage, au-dessus duquel se
trouvait en outre un grenier propre à la conservation
des céréales et des légumes secs.

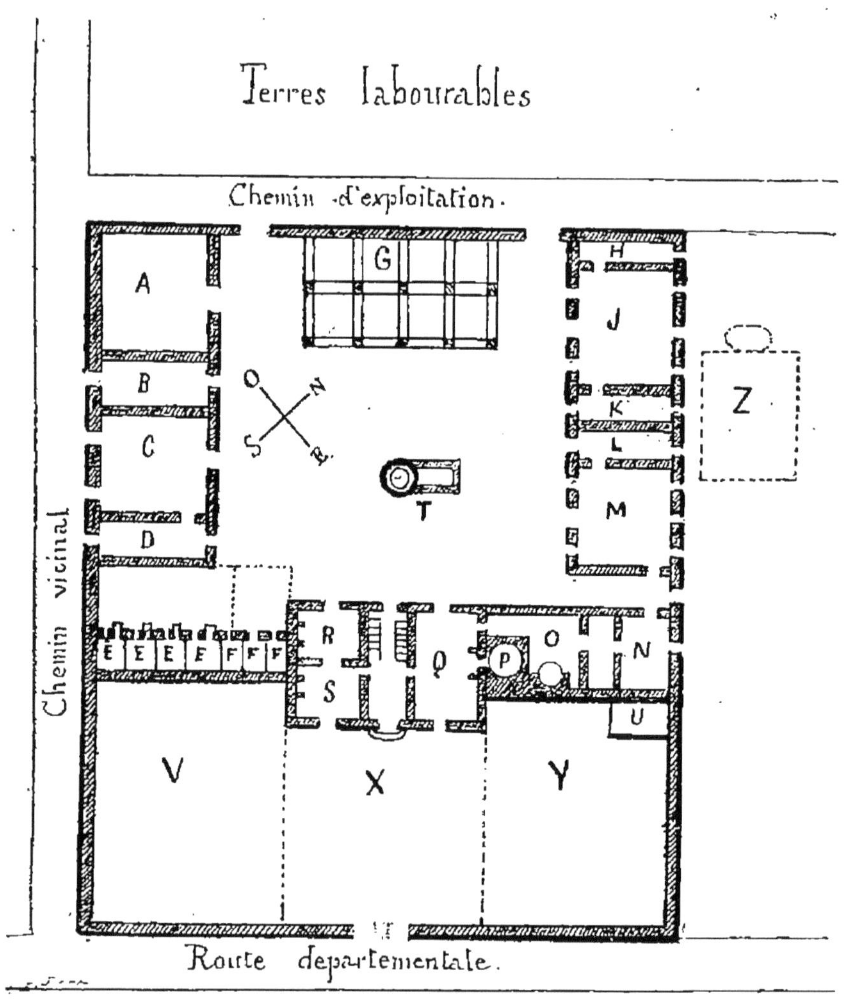

Plan de la ferme de M. Nipon.

A, grange ; B, atelier ; C, bergerie ; D, petite bergerie ; E, porcherie ; F, poulailler ;
G, hangar ; H, sellerie ; J, écurie ; K, petite écurie ; L, petite étable ; M, grande étable ;
N, laiterie ; O, fournil ; P, four ; Q, grande cuisine ; R et S, chambres ; T, puits et
auge ; U, citerne ; V, jardin potager ; X, jardin d'agrément ; Y, jardin potager ; Z, aire
à fumier et fosse à purin.

En cultivateur soucieux de sa santé et de son bien-être,
il avait ménagé de larges fenêtres dans toutes les pièces et

veillait à ce qu'elles fussent fréquemment ouvertes, sachant que l'air pur et fréquemment renoúvelé contribue, pour une bonne part, à l'entretien de la santé.

M. Nipon avait fait construire les murs en *moellons* avec *encoignures* en *pierre de taille;* la pierre choisie était dure et peu poreuse, les pierres tendres ayant le défaut d'attirer trop facilement l'humidité. Dans les constructions accessoires de la ferme, il avait employé des briques résistantes et bien cuites; les murs isolés avaient l'épaisseur d'une *brique* entière et les cloisons de séparation d'une *demi-brique* seulement.

Toutes les autres constructions de la ferme étaient aménagées avec un égal soin, et un coup d'œil jeté sur leur ensemble suffisait pour se rendre compte du sens droit, du bon goût et des connaissances sérieuses du propriétaire.

M. Lancelot voulait montrer à ses élèves, comme un modèle à imiter, la ferme de M. Nipon, et ce dernier lui avait obligeamment permis de la visiter.

On choisit pour cette promenade un bel après-midi de décembre et en arrivant dans la cour avec ses élèves, l'instituteur rencontra, sur le seuil de la porte, M. Nipon qui les attendait.

Après les salutations d'usage, le bon fermier conduisit les élèves devant sa maison d'habitation; il montra la girouette sur le toit, le baromètre et le thermomètre dans l'embrasure d'une croisée :

« Voilà, leur dit-il, trois bons et honnêtes conseillers que je consulte souvent, surtout pendant la saison des récoltes ; la *girouette* suit exactement les impulsions que lui communique l'air, et sa pointe indique toujours le côté d'où vient le vent *; le *baromètre** m'annonce d'une manière assez sûre le beau ou le mauvais temps : si le mercure* qu'il renferme monte lentement ou se maintient à un niveau élevé, on peut compter sur un beau temps; s'il descend, on doit s'attendre à la pluie, et s'il subit des variations trop brusques, à de violentes averses ou à des orages. Quant au *thermomètre**, il donne exactement la température du lieu où il se trouve et je m'en sers principalement dans la maison d'habitation, dans les étables et surtout dans la fruiterie. »

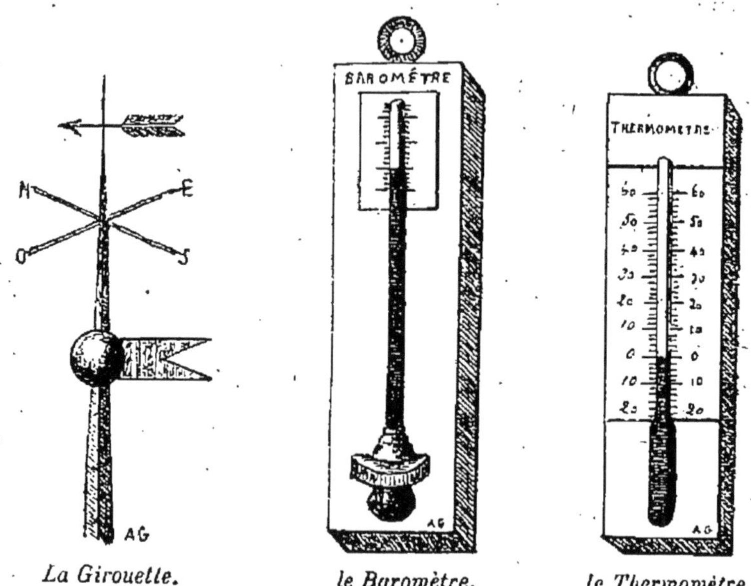

La Girouette.   le Baromètre.   le Thermomètre.

Voilà trois bons et honnêtes conseillers que je consulte souvent.

M. Nipon conduisit ensuite son jeune auditoire dans les différentes parties de la ferme, et, chemin faisant, il en expliquait l'ordonnancement* et l'utilité.

Dans l'*écurie* et dans l'*étable*, chaque animal avait sa case spéciale et pouvait disposer d'une surface de 3ᵐ sur 2 ; un espace de 1ᵐ50 de largeur formait une allée par derrière, et, en avant, chacune des cases était munie d'une *mangeoire* et d'un *râtelier*.

Au-dessus des râteliers se trouvaient des *trappes* pour laisser tomber le fourrage ; dans l'*étable*, en face de chaque animal, la cloison se trouvait en outre percée d'une petite porte utilisée par les femmes de service pour nettoyer les crèches et pour donner aux vaches et aux bœufs les racines cuites destinées à leur nourriture.

L'étable et l'écurie étaient dallées *en pente* afin de permettre aux urines de s'écouler par une rigole dans la fosse à purin ; enfin, au-dessus de l'allée, on voyait un certain nombre d'ouvertures qui facilitaient l'aération et permettaient aux gaz malsains de s'échapper.

L'Écurie.

L'écurie doit être dallée en pente pour permettre l'écoulement de l'urine.

« Vous voyez, au niveau du sol, dit M. Nipon, des portes qui peuvent s'ouvrir en dehors ; c'est par là qu'on attire le fumier une fois par semaine, pour le déposer sur le tas. Tous les soirs, on ajoute de la *paille fraîche* afin que les animaux puissent se coucher sur une litière bien propre.

« A côté de ma grande étable se trouve en outre une étable plus petite et plus sombre destinée aux bœufs que je fais engraisser ; de même, à côté de la grande écurie, se trouve un local plus petit qui est uniquement affecté aux juments poulinières. »

M. Nipon se dirigea ensuite vers la portion de la cour destinée à la *bergerie* et à la *porcherie*.

« Les porcs se promènent actuellement dans leur *cour grillée*, dit-il. Cette cour est dallée comme une écurie et est occupée au fond par le petit local que nous appelons *toit à porcs*. A côté de la porte du toit se trouve l'*auge* recouverte d'une trappe inclinée et mobile ; c'est par là qu'on donne à manger aux porcs quand ils sont rentrés. Madame Nipon veut avec raison que les auges soient nettoyées chaque jour à l'eau chaude.

« Voici maintenant la *grande bergerie*. Ses dimensions ont été calculées à raison de 80 décimètres carrés par tête pour les moutons de petite taille et de 1 mètre carré pour les moutons de forte race. A l'intérieur, j'ai fait installer des crèches pour que la nourriture ne soit point gaspillée ni mélangée à la litière.

« Les moutons à l'engrais occupent un compartiment séparé ; les brebis et leurs agneaux se trouvent à côté dans la petite bergerie. »

Un peu plus loin, M. Nipon montra successivement aux élèves, le *pigeonnier*, la *grange*, le *fournil*, le *hangar* et l'*atelier*.

Le *pigeonnier* occupait une tour ronde munie d'un toit en pente douce sur lequel les pigeons pouvaient se poser.

La *grange* renfermait tous les instruments employés à l'intérieur de la ferme ainsi que les récoltes non battues ; quant aux foins, ils se trouvaient dans le grenier au-dessus de l'écurie et des étables.

Le *fournil* était un local assez vaste qui contenait le four, le pétrin, les accessoires d'une boulangerie et un fourneau muni d'une grande chaudière, pour faire la lessive.

Enfin les instruments aratoires se trouvaient sous un

hangar très simple, fermé par un mur, du côté des vents pluvieux.

Madame Nipon avait voulu se charger de faire les honneurs de sa *laiterie* et de son *poulailler*. On trouva l'aimable fermière dans la salle dallée, munie d'étagères, et éclairée par le nord, qui servait de laiterie. M. Lan-

La Laiterie.

La laiterie doit être exposée au nord pour conserver toujours sa fraîcheur.

celot lui présenta ses remerciements et ses excuses, mais madame Nipon lui répondit, avec un franc sourire, qu'elle était enchantée d'être agréable aux gentils élèves qui venaient lui faire visite, et elle pria l'instituteur d'accepter pour eux et pour lui quelques jattes de lait, fraîchement tiré. Les enfants ne se firent pas prier, et ils adressèrent mille remerciements à leurs excellents hôtes.

La dernière tasse avalée, madame Nipon découvrit de grandes cuvettes en fer-blanc qui occupaient le dernier rayon des étagères : « Voici, dit-elle, le lait tiré hier au soir ; la couche jaunâtre que vous voyez au-dessus est la *crème*. »

Elle prit une espèce de tube recourbé, et plongea l'une de ses extrémités au fond du vase ; elle aspira par un tube latéral, et on vit sortir à l'autre extrémité du siphon* un liquide blanchâtre ; c'était du lait dépourvu de la plus grande partie de sa crème. « Avec ce lait, je ferai du fromage de seconde qualité. Il caillera, je le ferai égoutter dans ces moules, et j'obtiendrai ainsi des fromages que je ferai sécher sur ces étagères garnies de paille de seigle.

« Quand je veux avoir des fromages gras de première qualité, je n'écrème point le lait. Je le fais cailler immédiatement en ajoutant un peu de présure*, puis je le mets dans les moules, et j'obtiens d'excellents fromages que je place sur ces autres étagères, garnies également de paille de seigle. Tous les jours, je change la paille, et lorsque les fromages sont suffisamment *faits*, comme on dit, je les porte au marché.

« Avec la crème qui reste dans les écrémeuses dont j'ai retiré le lait, je fais le beurre*.

« Je verse la crème dans cet instrument appelé *baratte normande*, que j'ai le soin de laver toujours avec de l'eau tiède, avant et après chaque opération. Je fais tourner la baratte sans interruption, pendant une heure environ, et je recueille, avec ces palettes, le beurre qui s'est formé. Je le lave et je le mets ensuite en pains pour le vendre. Tout cela, vous le voyez, demande assez de travail et exige une très grande propreté. Mais j'ai le plaisir de constater que les profits de ma laiterie sont véritablement importants. Joints aux bénéfices que je réalise sur le poulailler, ils figurent tous les ans, pour une bonne somme, au chapitre des recettes de la ferme.

« — Mais, ajouta madame Nipon, en s'adressant

à M. Lancelot, ne voudriez-vous pas visiter aussi la basse-cour? — J'accepterais volontiers, Madame, dit l'instituteur, mais je crains d'abuser de votre complaisance. — Non, ne craignez pas de me déranger, dit-elle, je suis trop heureuse de vous être agréable. » Et elle conduisit les visiteurs dans une vaste cour sablée, entourée de grillages. Les poules, effrayées de voir tant de monde, se sauvèrent dans le poulailler.

Madame Nipon fit entrer les enfants dans une petite pièce où se trouvait une espèce de boîte cubique. « Voici, dit-elle, ma mère poule. »

Elle leva un couvercle, et chacun put examiner l'intérieur de la *couveuse artificielle*. «Ici, l'on met les œufs, ajouta-t-elle,

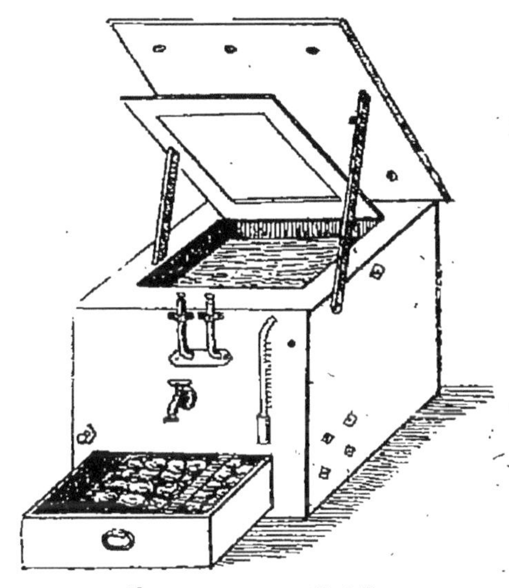

Une couveuse artificielle.

en montrant des casiers; on peut ainsi en placer une cinquantaine. L'intérieur de la caisse est muni d'un réservoir dans lequel on met de l'eau chaude, de manière à obtenir une chaleur constante de 35 à 40 degrés, ce que le thermomètre permet de constater. Lorsque les poussins sont éclos, ils se réfugient sous la couveuse, et on leur donne la nourriture qui leur convient. Au printemps, si vous voulez bien me faire le plaisir de revenir, vous pourrez constater qu'on peut parfaitement se passer de poules pour faire couver les œufs. »

Monsieur Lancelot remercia vivement madame et monsieur Nipon de leur excellente réception. Les élèves saluèrent respectueusement, et les visiteurs se retirèrent.

Monsieur Lancelot regarda sa montre, en sortant, et après avoir constaté qu'il restait encore quelques instants à dépenser, il fit faire une petite promenade à ses élèves, qui profitèrent de l'occasion pour se livrer à une bonne partie de balle * au chasseur; après quoi, on rentra à l'école.

DOUZIÈME LEÇON

La vie des animaux domestiques.

MATÉRIEL. — Se procurer chez le boucher un cœur de bœuf et un morceau de poumon, une trachée-artère, un cerveau de mouton, un foie.

EXPÉRIENCES. — 1° Couper en travers, en haut et en bas, le cœur de bœuf pour montrer *ses quatre cavités*.

2° Les cavités du poumon sont des prolongements de la trachée.

1. — Définition. — On désigne sous le nom d'**animaux domestiques**, les animaux que l'homme élève pour son profit.

Les animaux domestiques de la ferme sont une des richesses principales du cultivateur : le **cheval** lui donne son *travail*, la **vache** son *lait*, la **poule** ses *œufs;* tous produisent en outre du *fumier* et la plupart alimentent nos tables après leur mort.

Pour donner des soins convenables aux animaux domestiques, il est important de connaître leur vie et leur organisation.

ORGANISATION ET VIE DES ANIMAUX DOMESTIQUES

2. — Les mouvements. — Chez la plupart des animaux domestiques, le corps est soutenu par une charpente solide désignée sous le nom de **squelette** * et ordinairement formée par des *os*. Des **muscles** s'attachent sur cette charpente et la font *mouvoir;* la *peau* recouvre les muscles et protège le corps.

Les *muscles* constituent la chair des animaux: ce sont eux qui donnent au corps toute sa force, mais un excès de travail les fatigue et *l'animal s'affaiblit*.

Dans le corps sont contenus de nombreux *organes* qui accomplissent les *fonctions* nécessaires à la vie.

3. — La digestion — La fonction digestive s'effectue dans un canal qui s'ouvre en avant par la *bouche*, en arrière par l'*anus*, et qui présente sur son trajet un renflement appelé *estomac*. On désigne sous le nom d'*œsophage* * la partie du canal digestif qui relie la bouche à l'estomac et sous le nom d'*intestin* celle qui part de l'estomac pour aboutir à l'anus.

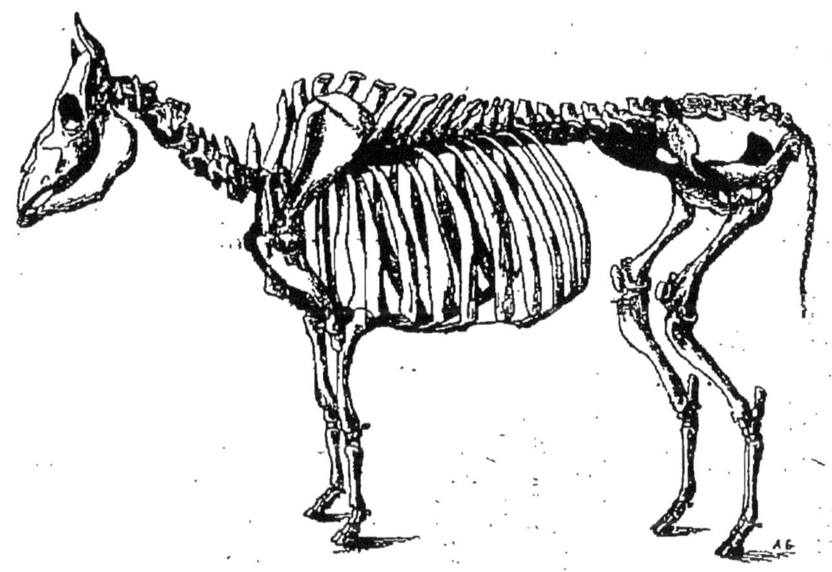

Squelette d'une vache domestique.

4. — Les aliments sont saisis par la bouche ; ils s'accumulent dans l'estomac et *sont* **digérés**, dans les parois de l'intestin.

Pour être digérés, c'est-à-dire *mélangés au sang*, les aliments doivent presque tous être transformés en substances solubles. Cette transformation a lieu, grâce à certains liquides sécrétés par des glandes * (glandes salivaires *, follicules * gastriques, foie *, pancréas *) en relation avec le tube digestif.

* 5. — Quand ces glandes ne fonctionnent pas régulièrement, la digestion se fait mal, les animaux tombent malades et il faut ordinairement avoir recours au vétérinaire. En général, un animal est malade dès qu'il perd son appétit.

6. — Respiration et circulation. — Les *organes de la* **respiration**, chez la plupart des animaux domestiques, comme chez l'homme, sont représentés par les *poumons*.

Les *poumons* sont au nombre de deux ; ils sont creusés de

cavités innombrables qui communiquent avec la bouche, et par conséquent avec l'air extérieur, par l'intermédiaire d'un conduit appelé *trachée-artère**.

Les poumons sont logés dans la poitrine et séparés de l'estomac et de l'intestin par un voile musculaire mobile appelé *diaphragme*. Quand l'animal fait entrer de l'air dans ses poumons (*inspiration*), le diaphragme s'abaisse vers l'estomac et la poitrine se soulève; quand il veut chasser l'air (*expiration*), le diaphragme et la poitrine reprennent leur position.

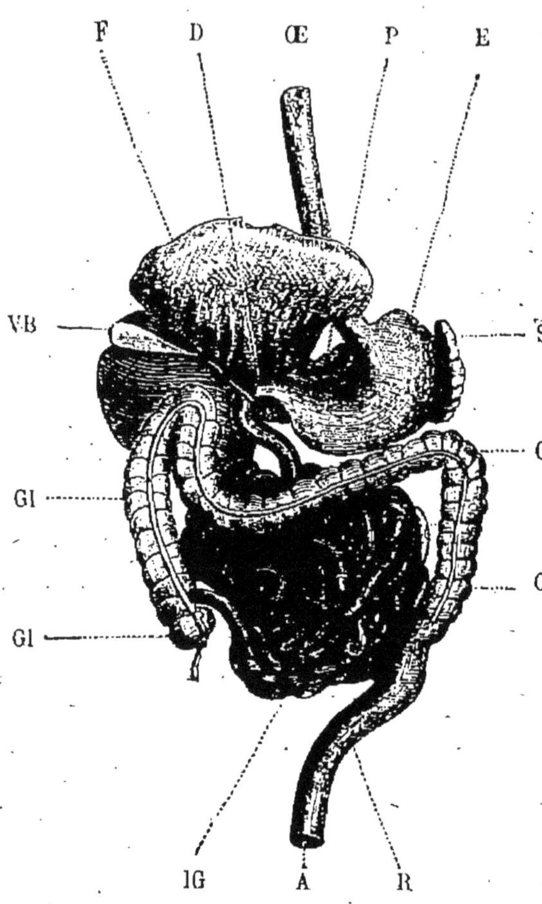

L'appareil digestif.

Œ, œsophage ; E, estomac, dont les parois sont tapissées des follicules gastriques ; F, foie qui sécrète la bile contenue dans la vésicule biliaire VB ; P, pancréas ; S, rate ; D, duodénum, première partie de l'intestin grêle ; IG, intestin grêle ; GI, gros intestin ; R, rectum, dernière partie du gros intestin ; A, anus.

7. — Les *organes de la* **circulation** renferment tous un liquide nourricier connu sous le nom de *sang*. Le *cœur* met le sang en mouvement, les *artères* conduisent dans toutes les parties du corps le sang chassé par le cœur, et les *veines* ramènent le sang au cœur.

* **8.** — Quand le sang est chassé par les battements du cœur, les artères se dilatent et produisent un battement désigné sous le nom de *pouls*.

Les battements du pouls se perçoivent à la main ou au doigt sur les rares artères qui courent au-dessous de la peau.

Dans une minute, le nombre de ces battements varie très peu chez un animal en bonne santé; il est de 36 à 40 chez le cheval, de 45 à 50 chez le bœuf. (Chez l'homme le pouls bat de 60 à 75 fois par minute.)

Si le nombre des battements devient plus considérable, l'animal a la fièvre; s'il est plus faible, la gravité de son état est plus grande encore, et il faut recourir au vétérinaire comme dans le premier cas.

9. — Avant de revenir dans les artères, le sang des veines passe dans les poumons; il se charge d'*oxygène* emprunté à l'air inspiré et échange sa couleur foncée contre une couleur rouge et vermeil.

Les artères emportent le *sang rouge* dans toutes les parties du corps et l'oxygène se combine peu à peu avec les éléments des organes et notamment avec le carbone qu'ils contiennent.

10. — Cette combinaison* produit de l'acide carbonique et donne naissance à

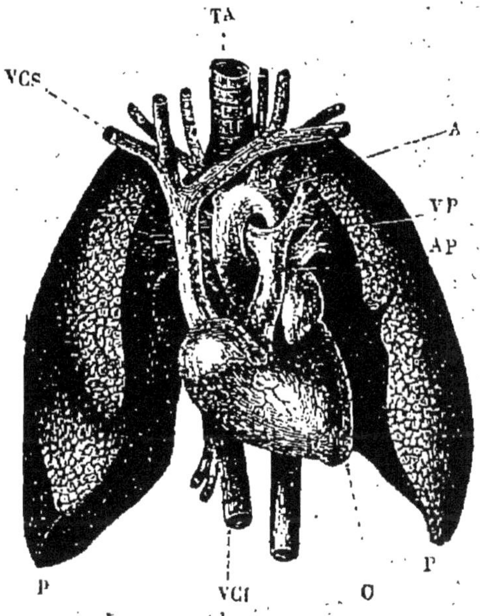

Le cœur et les poumons.

TA, trachée-artère; PP, poumons; C, cœur; VCS, VCI, veines caves qui amènent le sang au cœur; AP, artère qui mène le sang aux poumons; VP, veines qui ramènent le sang au cœur; A, artère-aorte qui distribue le sang dans le corps.

la *chaleur* de l'animal. Cette chaleur entretient une température qui est toujours la même quand l'animal est en bonne santé, mais qui augmente ou diminue dès qu'il est malade. On apprécie cette température en appliquant la main sur le museau.

11. — L'acide carbonique produit par la combinaison du carbone avec l'oxygène est entraîné par le sang veineux; arrivé dans les poumons il se dégage avec l'air expiré et une nouvelle quantité d'oxygène prend sa place.

---

* L'acide carbonique n'entretient pas la respiration et provoque l'asphyxie, c'est-à-dire la mort par manque d'air. Il faut par conséquent donner de l'air *pur* en abondance aux animaux domestiques; ils dépérissent et tombent malades dans des locaux *sales ou mal aérés*.

Formation des races par l'élevage : le coq de combat. (Coq de Bankiva).

A, ce qu'il était autrefois : B, ce qu'il est aujourd'hui. Dans certaines contrées on a le cruel plaisir de mettre en spectacle des coqs qui se battent entre eux, et on s'est même évertué à créer, par des sélections calculées, des races spéciales pour ce genre de distraction.

12. — Excrétions. — Outre les excréments ou résidus inutiles de la digestion, les animaux rejettent constamment d'autres produits qu'ils ne sauraient conserver sans danger ; ces produits sont des excrétions.

La *sueur* et l'*urine* sont des produits d'excrétion ; elles renferment des éléments azotés et carbonés et une quantité très considérable d'eau.

13. — Le système nerveux. — Tous les organes et tous les mouvements sont placés sous la dépendance du **système*nerveux** ; c'est le système nerveux qui fait fonctionner tout l'organisme.

Le système nerveux se compose : 1° d'une *moelle épinière* cylindrique qui occupe la région dorsale du corps et se renfle dans la tête pour former le *cerveau ;* 2° de cordons blanchâtres ou *nerfs* qui partent de la moelle et se rendent aux organes.

14. — Ce sont les nerfs qui *font agir les différents muscles* avec ou sans l'ordre du cerveau : ils transmettent également au cerveau, par les *organes des sens*, les impressions du dehors, et *donnent ainsi à l'animal* sa sensibilité.

15. — Les animaux sont très sensibles aux **bons traitements**; par intelligence ou par instinct ils s'attachent et obéissent au maître qui les ménage, mais ils regimbent parfois et font toujours un mauvais travail quand on les traite avec brutalité.

16. — **Hérédité et amélioration des animaux**. — Les animaux comme les plantes transmettent à leurs descendants les qualités et les défauts qu'ils ont acquis; c'est ce qu'on appelle l'**hérédité**.

* Les qualités se développent chez les animaux par les *soins judicieux* et par une *bonne nourriture*.

Il faut donc *choisir*, pour reproducteurs, des animaux bien nourris et bien traités; il faut bien traiter et bien nourrir les jeunes auxquels ils donnent naissance.

Si on veut obtenir le développement d'une *qualité spéciale*, on doit *choisir* comme reproducteurs des animaux où cette qualité est déjà très développée.

C'est par ce procédé, désigné sous le nom de **sélection**, qu'ont été créées les **races** *, c'est-à-dire les variétés d'animaux qui possèdent à un très haut degré certaines qualités héréditaires.

RÉSUMÉ

1 à 11. — Chez la plupart des *animaux domestiques*, le corps est soutenu par des os et mû par des muscles; les aliments sont pris, modifiés par le tube digestif, et leurs parties nutritives sont emportées par le sang qui nourrit les organes et qui se charge d'oxygène dans les poumons.

12 à 15. — Les animaux rejettent de la sueur et de l'urine; ils ont en outre un système nerveux qui donne l'impulsion aux mouvements et à l'animal son intelligence et sa sensibilité. Ils se transmettent par *hérédité* les qualités qu'ils ont acquises.

QUESTIONNAIRE. — **1. Qu'entendez-vous par animal domestique? — 2. Quels sont les organes du mouvement chez les animaux et que contient leur corps?** — 3. **Quels sont les organes de la digestion?** — 4. Où et comment les aliments sont-ils digérés? — 5. Que devient l'animal quand la digestion se fait mal? — **6. Quels sont les organes de la respiration? — 7. Quels sont les organes de la circulation?** — 8. Que savez-vous sur le pouls? — 9. Que devient le sang dans les poumons? — 10. Comment se produit la chaleur animale? — 11. Que devient l'acide carbonique qui se produit? — **12. Que savez-vous sur l'excrétion? — 13. Quelles sont les différentes parties du système nerveux?** — 14. Quel est le rôle du système nerveux? — **15. Pourquoi faut-il traiter les animaux avec ménagement?** 16. Comment obtient-on l'amélioration des races d'animaux?

TREIZIÈME LEÇON

Alimentation des animaux.

MATÉRIEL. — Pâte de farine de blé, une terrine et de l'eau.

EXPÉRIENCE. — Pétrir sous un filet d'eau la pâte de farine. Il reste entre les mains une matière solide et gluante qui est le *gluten; l'amidon* a été entraîné *par l'eau* et se dépose au fond de la terrine. C'est le *gluten* qui donne de la consistance à la pâte.

1. — Nécessité des aliments. — Nous venons de voir que les animaux perdent continuellement de l'acide carbonique, de la sueur et des urines, sans compter les excréments qu'ils rejettent au dehors.

Des **aliments** sont nécessaires pour réparer ces *pertes;* sans cela l'animal consomme sa propre substance et maigrit.

Une alimentation *supplémentaire* est d'ailleurs nécessaire à tous les animaux en croissance, à ceux qui nous donnent des produits ou aux parents qui élèvent des jeunes. Dans ces divers cas, il faut non seulement réparer les pertes, mais fournir à la croissance ou aux besoins plus compliqués de l'organisme.

2. — Les différents aliments. — Les aliments sont *solides* ou *liquides*.

Les *aliments liquides* se désignent sous le nom de **boissons**, et renferment surtout de *l'eau* quand ils ne sont pas constitués par de l'eau pure.

* 3. — Les *aliments solides* comprennent les *aliments azotés*, les *aliments respiratoires* et les *aliments salins*.

Les *aliments azotés* jouent le rôle principal dans la formation des chairs et autres organes azotés du corps. La viande, le blanc d'œuf, les graines des légumineuses* et le gluten du blé sont des aliments azotés.

Les *aliments respiratoires* fournissent au corps sa matière grasse, et aux organes, le carbone et l'hydrogène qui se combinent avec l'oxygène puisé dans l'air pendant la respiration. La fécule de pomme de terre, l'amidon du blé, le sucre et les corps gras sont des aliments respiratoires.

Les *aliments salins* excitent l'appétit et facilitent la digestion comme le sel marin, ou bien servent à former les os comme le carbonate et le phosphate de chaux. Ces derniers sels se trouvent naturellement dans les eaux ou dans les autres aliments.

4. — Ration alimentaire. — On appelle **ration** la quantité d'aliments qu'on doit donner chaque jour à un animal.

La *ration d'entretien* sert simplement à réparer les pertes d'un animal auquel on ne demande aucun produit en dehors de ses déjections. La *ration de production* est le supplément qu'on doit ajouter à la ration d'entretien quand l'animal nourrit ses petits, ou donne des produits tels que son travail, son lait, sa graisse, etc.

5. — La ration d'entretien se calcule à raison de 1 kilog. 5 à 2 kilog.,5 de foin par 100 kilogrammes du poids de l'animal pour le gros bétail, et de 4 à 5 pour le petit ; la ration de production est variable suivant les produits donnés par l'animal.

Ainsi, un cheval du poids de 500 kilog. réclame pour sa ration d'entretien 10 kilog. de foin et pour sa ration de production 1 kilog. par heure de travail ordinaire. En tout 20 kilogrammes de foin pour une journée de travail de 10 heures.

Les gros animaux subissent proportionnellement moins de perte que les petits ; ils réclament, par conséquent, une ration relativement moins forte que ces derniers.

6. — Substitution d'aliments. — Le foin a servi de base au calcul précédent, mais on peut le remplacer par une quantité **équivalente**, c'est-à-dire **également nutritive** de tout autre aliment, *à la condition que cet aliment soit goûté par l'animal.*

7. — L'élément azoté joue le rôle essentiel dans les aliments qu'on donne aux animaux domestiques, et l'on dit qu'un aliment est riche ou pauvre suivant qu'il renferme plus ou moins d'azote.

* Au point de vue de l'élément azoté, 32 kilog. de tourteau de colza ou 61 kilog. d'avoine équivalent à 100 kilog. de foin, tandis qu'il faut 383 kilog. de paille de blé, 605 kilog. de paille de maïs ou 500 à 600 kilog. de racines (betteraves, carottes, navets, etc.) pour obtenir la valeur nutritive de 100 kilog. de foin.

D'un autre côté, on a remarqué que plus un aliment était azoté, plus *sa digestibilité* était augmentée ; c'est ainsi que les animaux s'assimilent les 8 dixièmes de l'azote contenu dans le tourteau, tandis qu'ils n'absorbent que les 7 dixièmes de l'azote contenu dans le foin.

Quant aux aliments salins et respiratoires, ils se trouvent en quantité variable dans les divers aliments. Le cultivateur intelligent connaît bien vite par expérience dans quelle proportion doivent être mélangés les aliments pour servir à la nourriture des animaux.

8. — L'eau doit être donnée à discrétion, chaque animal sachant limiter à ses besoins la quantité qu'il en doit prendre. Comme les aliments, l'eau doit toujours être de bonne qualité.

RÉSUMÉ

1 à 3. — Les *aliments* servent à réparer les pertes des animaux et à former les produits qu'ils nous donnent ; les *aliments liquides* sont aussi appelés boissons ; les *aliments solides* se divisent d'après leur rôle en aliments azotés, en aliments respiratoires et en aliments salins.

4 et 5. — La *ration* est la quantité d'aliment qu'on donne chaque jour à un animal ; la *ration d'entretien* sert seulement à réparer les pertes de l'animal ; quand celui-ci donne des produits on lui donne un supplément de nourriture qui constitue la *ration de production.*

6 et 7. — Le foin sert de base à la nourriture de beaucoup d'animaux domestiques, mais on peut lui substituer des matières également nutritives.

8. — L'eau que l'on donne aux animaux de la ferme doit être de bonne qualité.

QUESTIONNAIRE. — **1. A quoi servent les aliments?** — **2. Quels sont les différents aliments?** — 3. Que savez-vous sur les aliments solides? — **4. Qu'appelez-vous ration d'entretien et ration de production?** — 5. Comment se calcule la ration ? — 6. A quelle condition peut-on substituer d'autres aliments au foin? — 7. Quel est le rôle de l'azote dans la substitution? — **8. Comment faut-il donner l'eau dans l'alimentation ?**

QUATORZIÈME LEÇON

Les animaux de la ferme.

MATÉRIEL. — Caillette de veau, présure, lait, cuir, corne, saindoux.

CONSEILS. — Pour faire de la *présure*, on prend de la caillette sèche et on la met quelques jours dans de l'eau ou du petit lait avec un peu de sel.

EXPÉRIENCES. — 1° Mettre la présure dans du lait ; le lait **caille** bientôt. La partie solide est la **caséine** ou élément azoté du lait.

2° Enlever la crème sur du lait qui a reposé, la crème **est grasse et tache le papier.**

3° On fera examiner aux élèves, quand l'occasion s'en présentera, la dentition de la vache et celle du cheval.

1. — Les animaux domestiques. — Les divers animaux domestiques peuvent se distribuer en deux groupes :

1° Les animaux de la ferme, bœuf, mouton, chèvre, cheval, porcs, etc. ;

2° Les animaux de basse-cour, lapin, poule, oie, dindon, etc.

Les animaux qui sont employés pour les travaux, comme le cheval, l'âne, le bœuf, sont appelés bêtes de trait ou de somme ; ceux qui sont élevés exclusivement en vue de leurs produits, comme la vache, le porc, la poule, etc., sont dits bêtes de rente.

LES ANIMAUX DE LA FERME

2. — Les animaux de la ferme se divisent en deux groupes suivant qu'ils ruminent ou ne ruminent pas. *Ruminer,* c'est ramener dans la bouche, pour les broyer, les aliments accumulés dans l'estomac.

Les animaux *ruminants* de la ferme sont le *bœuf,* le *mouton* et la *chèvre.* Ceux *qui ne ruminent pas* sont le *cheval,* l'âne, le *mulet* et le *porc.*

LES RUMINANTS DE LA FERME

* 3. — **Organisation.** — Les animaux de la ferme ont leur bouche armées de dents. Ces dents peuvent se diviser en trois catégories, les *incisives,* les *canines* et les *molaires.*

Les *incisives* sont situées sur le bord antérieur de la bouche, elles servent à prendre et à couper les aliments. Les *molaires* sont rejetées en arrière et broient les matières solides comme des meules ; les *canines* sont intercalées entre les incisives et les molaires, et servent à déchirer les aliments ; il y en a une seulement de chaque côté, aussi bien sur la mâchoire * supérieure que sur la mâchoire inférieure.

Chez les ruminants, les canines n'existent pas, les incisives sont seulement représentées sur la mâchoire inférieure et sont séparées des molaires par un intervalle libre désigné sous le nom de *barre.*

5

4. — Les Ruminants recherchent les aliments peu nourrissants tels que l'herbe et le foin; ils doivent en absorber des quantités très considérables, aussi leur estomac est-il très vaste et leur intestin démesurément long.

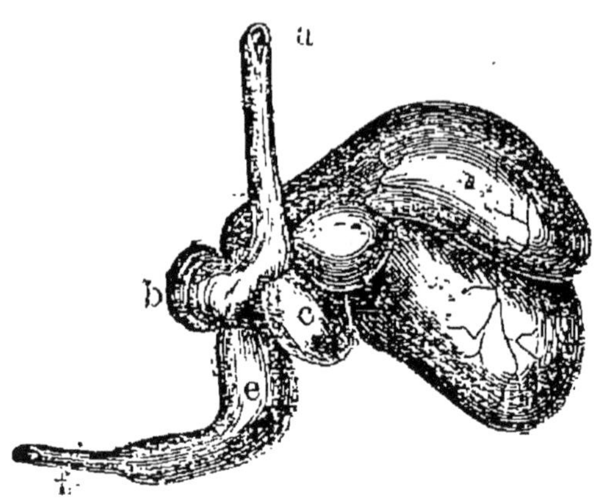

Estomac d'un ruminant.

a, œsophage; d, panse; c, bonnet; b, feuillet; e, caillette ; f, commencement de l'intestin.

tent, puis, par l'œsophage, reviennent dans la bouche où elles sont broyées, c'est-à-dire ruminées. Quand elles sont réduites en bouillie, elles retournent par l'œsophage dans le feuillet et de là passent dans la caillette où elles s'imprègnent du suc des glandes stomacales.

* L'estomac des ruminants se compose de quatre compartiments : la *panse*, le *bonnet*, le *feuillet* et la *caillette*. Les herbes avalées s'accumulent d'abord dans la panse; elles remontent ensuite dans le bonnet où elles s'humec-

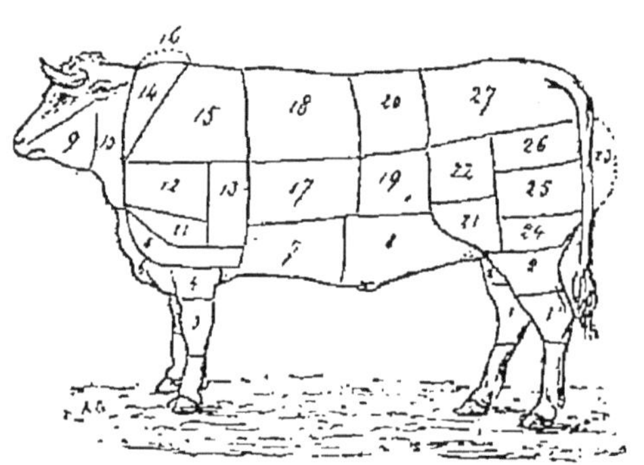

Hauteur moyenne sur le dos, 1 m. 50.

Débit du bœuf à l'étal.

Viande de 1re *catégorie* : 20, aloyau avec filet : 21, pièce ronde; 22, tranche grasse; 23, quasi; 24, derrière de gîte à la noix ; 25, milieu de gîte à la noix ; 26, tranche au petit os : 27, culotte. — 2e *catégorie* : 6, gros bout de poitrine ; 11, boîte à moelle ; 12, milieu de macreuse dans le paleron ; 13, bout de macreuse dans le paleron ; 14. talon de collier ; 15, derrière de paleron ; 17, plates côtes ; 18, côtes couvertes ; 19, bavette d'aloyau. — 3e *catégorie* : 1, crosse du gîte de derrière ; 2, gîte de derrière ; 3, crosse du gîte de devant ; 4, gîte de devant ; 5, queue de gîte ; 7, milieu de poitrine ; 8, flanchet ; 10, collier. — 4e *catégorie* : 9, plat de joue ; 16, surlonge.

Tous les animaux ruminants de la ferme ont un goût prononcé pour la nourriture en pâturage.

5. — Produits. — Tous les ruminants nous donnent du *fumier* pendant leur vie, de la *viande* estimée et de la *peau* qu'on transforme en *cuir* après leur mort. Les femelles nous donnent en outre du *lait*.

* **6.** — Le lait est une émulsion * de *matière grasse* dans de

l'eau un peu *sucrée* et chargée d'un élément azoté qu'on appelle la *caséine*.

Quand on laisse reposer le lait, la graisse monte à la surface et forme la crème. Quand on met dans le lait un acide ou de la caillette de veau (*présure*), la caséine *se prend* en une matière solide qui sert à fabriquer le fromage.

Quand on a enlevé le fromage et la crème, il reste un liquide clair, un peu purgatif, qui renferme du sucre de lait. Ce liquide est employé avantageusement dans l'alimentation des porcs.

7. — Météorisation. — Tous les animaux ruminants, mais surtout le bœuf et le mouton, peuvent être atteints par la **météorisation**, quand ils ont mangé en excès des légumineuses vertes, telles que le trèfle et la luzerne.

* Ces plantes fermentent, et l'acide carbonique, produit par la fermentation, fait *gonfler* l'estomac et par suite l'animal.

En attendant le vétérinaire, on frictionnera la bête malade sur les flancs et sur le ventre ; on l'empêchera de se coucher et on lui fera prendre une cuillerée d'alcali volatil mêlée à un litre d'eau. A défaut d'alcali, on peut employer l'eau de savon ou l'eau de cendres qui se combinent facilement, comme l'alcali, avec l'acide carbonique de l'estomac.

Espèce bovine.

8. — Le bœuf. — Le *bœuf* (en latin *bos*) est le représen-

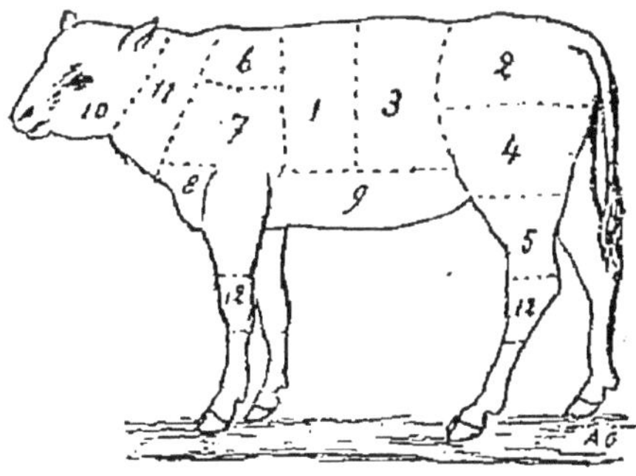

Débit du veau à l'étal. Grandeur réelle, 50 cm. environ.

Viande de 1re *catégorie* : 1, carré ; 2, quasi ; 3, rognon et longe ; 4, rouelle. — 2e *catégorie* : 5, talon de rouelle ; 6, bas de carré ; 7, épaule ; 8, grosse poitrine ; 9, poitrine ; 10, tête. — 3e *catégorie* : 11, collet ; 12, crosse.

tant mâle de l'espèce **bovine** ; sa femelle est la *vache* et ses petits sont appelés *veaux*.

Le bœuf et la vache portent sur la tête deux cornes recourbées ; les cornes n'existent pas encore chez les veaux tout
jeunes.

9. — Les jeunes veaux se nourrissent avec le lait de la

Bœuf charolais au 1/50. Grandeur réelle, 1 m. 50.

La race charolaise, au pelage clair, fournit des bœufs de travail et de boucherie fort
estimés ; les vaches ne sont pas bonnes laitières.

mère, pendant deux ou trois semaines ; on mélange ensuite
de la farine avec du lait et l'on arrive progressivement à leur
donner de l'herbe.

10. — La *ration d'entretien* d'un bœuf de 500 kil. est de 8 kil.
de foin ; sa ration de production est de 700 gr. par heure de

Taureau Durham au 1/55. Grandeur réelle, 1 m. 45.

La race de Durham est une race anglaise aux formes puissantes qui s'engraisse très
facilement. On l'a introduite en France pour améliorer nos races de boucherie.

travail. Pour une vache qui donne son lait, la ration totale
est le *double* de la ration d'entretien.

Pour le bœuf à l'engrais, on ajoute, comme supplément, une quantité plus ou moins considérable de matière azotée, c'est-à-dire des tourteaux ou des graines de céréales.

La ration d'un gros bœuf à l'engrais peut s'élever à 33 kilo-

Vache flamande au 1/50. Grandeur réelle, 1 m. 35.

La vache de race flamande est excellente laitière ; sa couleur est d'un rouge brun.

grammes de foin, dont 10 pour la ration d'entretien et 23 pour la ration d'engraissement.

On emploie le plus souvent la substitution dans l'alimentation des bœufs. Ainsi la ration de 33 kilog., pour un bœuf à l'en-

Vache bretonne au 1/15. Grandeur réelle, 1 m. 30.

Les vaches de la petite race bretonne, de couleur noire tachetée de blanc, sont très sobres, donnent beaucoup de lait et fournissent une viande avantageuse à cause de la petitesse de leurs os.

graissement, peut être remplacée par 20 kilog. de betteraves, 5 de paille, 5 de foin, 3 de tourteaux et 6 de farine d'orge.

11. — Les races principales de l'espèce bovine sont : 1° pour la production du lait, les races flamande, hollandaise, bretonne et normande; 2° pour la production de la viande de boucherie et du lait, les races suisses de Schwytz et de Fribourg; 3° pour la production de la viande de boucherie, la race anglaise de Durham ; 4° pour la production du travail ou du lait, les races garonnaise et limousine; 5° enfin pour la production du travail, la race auvergnate de Salers.

12. — Une bonne vache laitière a la peau souple et mince, la mamelle* volumineuse, le poil luisant, les veines du ventre saillantes, la charpente osseuse bien développée et un large écusson.

On entend par *écusson* l'ensemble des poils fins qui se dirigent de bas en haut et qui recouvrent la peau depuis les mamelles jusqu'à la naissance de la queue.

Espèce ovine.

13. — Le mouton. — Les *moutons* (en latin *oves*) sont les représentants mâles de l'**espèce ovine.** Les femelles sont les *brebis*, les jeunes sont les *agneaux*.

Les animaux de l'espèce ovine ont fréquemment des cornes enroulées sur la tête.

14. — La brebis nourrit d'abord l'agneau de son lait; au bout de six semaines, on donne au jeune mouton du grain concassé et progressivement ensuite de la luzerne et du foin.

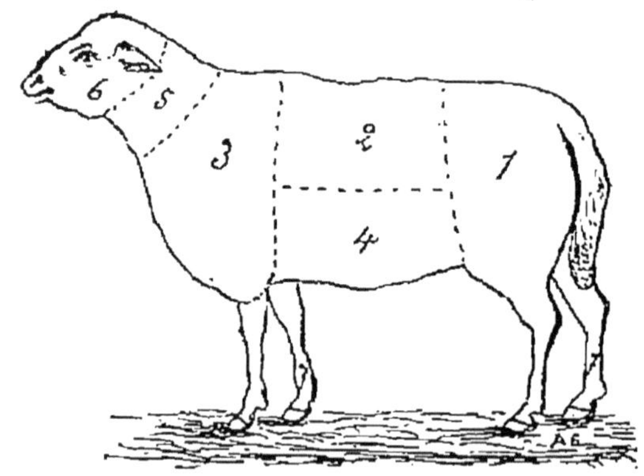

Débit du mouton à l'étal. Grandeur réelle, 60 cm.

1re *catégorie :* 1, gigot; 2, carré. — 2° *catégorie :* 3, épaule; 6, tête. — 3e *catégorie :* 4, poitrine ; 5, collet ; 7, pattes.

* 15. — La *ration d'entretien* d'un mouton de 40 kilogrammes est de 2 kilog. de foin. On peut substituer au foin les mêmes aliments que pour le bœuf; la ration supplémentaire d'engraissement peut varier légèrement et se compose surtout de tourteaux, de féverolles, de son et d'avoine.

Au pâturage, le mouton est très frugal et se contente des prairies très pauvres, des terres moissonnées, ou même des prairies déjà visitées par les bœufs.

16. — Les moutons et les brebis nous donnent leur *laine;* les individus de bonne race et bien nourris peuvent produire par année de 2 à 3 kilog. de laine brute.

17. — Les moutons à laine fine sont les mérinos et les moutons provençaux ; les moutons à laine longue appartiennent à la race anglaise de Dishley. Ces derniers donnent aussi de bons produits à la boucherie. Les brebis du Larzac, dans l'Aveyron, donnent un lait abondant avec lequel on prépare les fromages de Roquefort.

18. — Les moutons aiment les étables propres et très aérées, les vastes pâturages et redoutent l'humidité. Quand ils séjournent dans les terrains humides ou dans la boue, les moutons peuvent être facilement atteints par les maladies connues sous

Mouton de Southdown au 1/25. Grandeur réelle, 60 cm. environ.

Ce mouton, de race anglaise, est excellent pour la boucherie ; mais sa laine est courte. On l'a introduit en France pour améliorer la race berrichonne destinée à la production de la viande.

les noms de **piétin** et de **pourriture**. Ils sont aussi exposés à une maladie épidémique désignée sous le nom de **charbon**, lorsqu'on n'a pas la précaution de les vacciner d'après la méthode découverte par M. Pasteur*.

19. — **La chèvre.** — La *chèvre* a, en grande partie, les habitudes et les goûts du mouton, mais elle est plus rustique et aussi plus capricieuse. Elle donne plus de lait, mais sa chair est moins estimée.

Les chèvres du *Thibet*, en Asie, ont un poil long et soyeux avec lequel on fabrique les étoffes de *cachemire*.

LES ANIMAUX DE LA FERME QUI NE RUMINENT PAS

20. — **Différentes espèces.** — Les animaux élevés dans la ferme et qui ne ruminent pas ont un estomac plus

simple que celui des ruminants. Ils réclament par conséquent une nourriture plus riche et moins embarrassante. (Voir l'appareil digestif p. 90.)

Ils ont tous des incisives, des canines et des molaires.

On les distribue dans deux espèces distinctes : **l'espèce chevaline** représentée par le *cheval*, l'*âne* et le *mulet* ; **l'espèce porcine** par le *porc*.

Espèce chevaline.

21. — **Organisation et soins.** — Les animaux de l'espèce chevaline ont des canines très réduites, fréquemment absentes chez la femelle, et désignées sous le nom de *crochets*.

La *barre* est très large et sert à placer le *mors* avec lequel on dirige l'animal.

22. — La base de l'alimentation se compose de *foin*, de

Désignation des principales parties du cheval. Hauteur réelle, 1 m. 60.

A, naseaux ; B, encolure ; C, poitrail ; D, canon ; E, boulet ; H, paturon ; I, couronne ; K, sabot ; L, crinière ; M, garrot ; N, croupe.

Le cheval pris comme modèle est un cheval percheron ; il a le corps bien proportionné, la tête mince et allongée, les membres bien musclés ; il convient particulièrement comme cheval de diligence. On l'emploie aussi pour les labours et les charrois, mais il ne supporte pas la fatigue comme le cheval boulonnais.

paille et d'*avoine*. Les tubercules, les racines et la pâture dans les prés leur conviennent peu comme nourriture exclusive, car cette alimentation n'est guère nutritive et charge trop l'estomac.

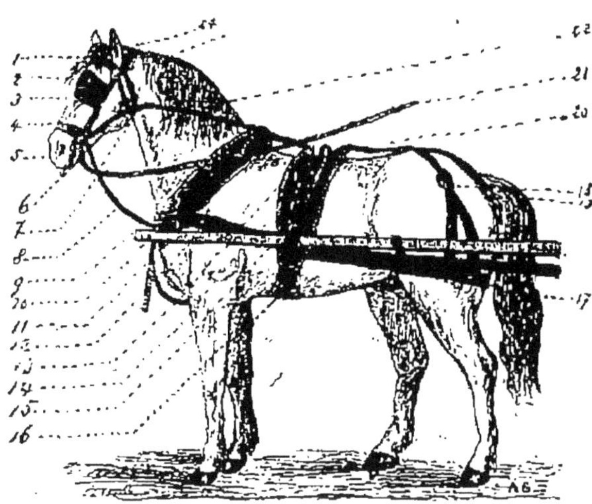

Harnais du cheval pour carriole.

1, frontal; 2, œillère; 3, bride; 4, muserolle; 5, mors; 6, gourmette; 7, sous-gorge; 8, martingale; 9, attelle; 10, collier; 11, fausse martingale; 12, trait; 13, sellette; 14, dossière; 15, porte-brancard; 16, sous-ventrière; 17, reculement; 18, barre à fourche de reculement; 19, culeron; 20, croupière; 21, guide; 22, fausse rêne; 23, cocarde; 24, têtière.

Des substitutions intelligentes conviennent particulièrement

Cheval boulonnais au 1/30. Hauteur réelle, 1 m. 65.

Le cheval boulonnais a le corps trapu, la tête grosse, le poitrail très large, le garrot épais, la croupe fortement charnue. Il est très fort et malgré son poids excessif, il peut trotter facilement.

à ces animaux; ainsi un mélange d'avoine, de carottes et de son est fort goûté du cheval.

* 23. — **La colique** de l'espèce chevaline a pour cause un trouble dans les phénomènes ou dans les organes de la digestion. L'animal tombe, se roule, se relève brusquement et manifeste tous les signes de la plus violente douleur.

En attendant le vétérinaire, on doit frictionner* l'animal

Cheval arabe au 1/40. Hauteur réelle, 1 m. 40.

Le cheval arabe a le ventre peu développé, la partie inférieure de la tête très fine, les jambes minces, les cuisses larges et musclées ; il est vigoureux et sobre et a tous les caractères d'un cheval aux allures rapides.

avec du vinaigre, et pratiquer même une saignée* dans le cas où il tarderait à venir.

Les animaux de l'espèce chevaline aiment beaucoup la propreté et réclament de fréquents pansages'. On peut ajouter que ces pansages sont utiles à la plupart des animaux domestiques et notamment aux animaux ruminants.

24. — Tous les animaux domestiques de l'espèce chevaline sont des *animaux de travail* utilisés, soit pour le trait, soit pour la course, soit pour la selle. On ne consomme leur chair que dans un petit nombre de villes.

25. — **Le cheval.** — Le *cheval* est le représentant principal de l'espèce chevaline : le mâle s'appelle *étalon* ou simplement *cheval ;* la femelle, *jument ;* et le jeune, *poulain.*

26. — Le *poulain* tète pendant les trois premiers mois ; on

le sèvre, ensuite peu à peu en lui donnant du bon foin, et on l'habitue progressivement à l'avoine dans le courant de la deuxième année.

Mulet au 1/45. Hauteur réelle, 1 m. 60.

27. — Les soins à donner au cheval sont ceux qui conviennent

Ane au 1/45. Grandeur réelle, 1 m. 35.

à l'espèce chevaline (voir n° 23). Un cheval qui travaille réclame par jour 5 kilog. de foin, autant d'avoine et autant de paille.

28. — Le cheval boulonnais est, en France, le principal type du cheval de gros trait ; le cheval breton et le percheron sont des chevaux de trait léger, l'anglo-normand et le cheval arabe sont des chevaux de course et de selle.

29. — **L'âne, le mulet et le bardot.** — L'âne, le *mulet* et le *bardot* sont plus rustiques et craignent moins les variations de température et les courants d'air que le cheval. Le *mulet* a le pied très sûr et présente de grands avantages dans les pays montagneux. Le *bardot* a beaucoup moins de qualités que le mulet.

L'*âne* réclame de bons traitements ; il devient méchant et entêté quand on le brutalise. Les ânes du Poitou et de la Gascogne sont les plus estimés.

Espèce porcine.

30. — **Le porc.** — Le porc ou *cochon* est l'unique représentant domestique de l'**espèce porcine** : c'est un sanglier domestique, mais il a des canines moins développées que ce dernier ; sa femelle s'appelle *truie* et ses petits, *gorets*.

31. — Les *gorets*, au nombre de dix à douze, sont sevrés à

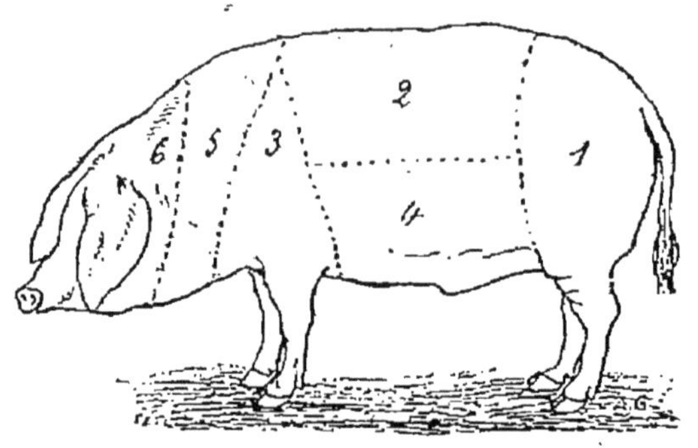

Débit du porc à l'étal.

1. jambon ; 2, côtelettes ; 3, épaule ; 4, poitrine ; 5, collet ; 6, tête.

deux mois ; on leur donne ensuite un mélange de pommes de terre cuites, de farine de seigle ou d'orge et de lait écrémé et caillé. On supprime peu à peu la farine et le lait en augmentant la pomme de terre.

32. — Le porc peut manger toutes sortes d'aliments, il ne dédaigne même pas le sang, les résidus de boucherie et les cadavres des petits animaux. On l'engraisse surtout avec des

aliments cuits et délayés dans l'eau ordinaire ou dans les eaux de laiterie ; les racines et les tubercules cuits, le son,

Porc craonnais au 1/30. Grandeur réelle, 75 c.

les farines et notamment les grains de maïs broyés lui servent de nourriture favorite avec les restes de la cuisine. Il est bon de le mener au pâturage dans une prairie.

Le porc *aime la propreté* et réclame des soins d'entretien qu'on lui refuse souvent par un *préjugé ridicule*.

33. — Il donne pour produit sa chair dont la partie grasse est désignée sous le nom de *lard* et sert à faire le saindoux.

Porc anglais au 1/30. Grandeur réelle, 70 c.

La **trichine** est un ver parasite qui vit dans la chair du porc et se communique facilement à l'homme, chez qui il produit une maladie mortelle. Le seul moyen de se préserver de ce danger, c'est de soumettre toute viande de porc suspecte à une *cuisson énergique*.

34. — Les principales races de porcs sont le craonnais, le normand et le cochon anglais. Ce dernier s'engraisse très rapidement.

RÉSUMÉ

1 à 7. — Les *animaux ruminants* de la ferme ont la propriété de ramener dans la bouche, pour les broyer, les aliments déjà avalés ; ils n'ont pas d'incisives à la mâchoire supérieure, et leur estomac, divisé en quatre compartiments, se gonfle souvent quand ils ont mangé trop de fourrages verts.

8 à 19. — Le *bœuf* nous donne son travail, la vache son lait ; tous deux nous donnent en outre de la viande, du fumier et de la peau pour faire du cuir. Le *mouton* et la *chèvre* donnent les mêmes produits, mais on ne les fait pas travailler.

20. — Les animaux de la ferme *qui ne ruminent pas* appartiennent à l'*espèce chevaline* et à l'*espèce porcine* ; ils ont des incisives aux deux mâchoires.

21 à 29. — Le *cheval* et l'*âne* sont les représentants de l'espèce chevaline. Le *mulet* et le *bardot* sont de la même famille. Tous ces animaux donnent du travail, du fumier et du cuir.

30 à 34. — Le *porc* nous donne sa chair ; c'est un animal qui s'engraisse facilement.

QUESTIONNAIRE. — **1. Quels sont les divers animaux domestiques ? — 2. Comment divise-t-on les animaux de la ferme ?** — 3. Que savez-vous sur la dentition des ruminants ? — 4. sur leur estomac ? — **5. Quels sont les produits fournis par les ruminants ?** — 6. Parlez du lait. — 7. de la météorisation. — **8. Quels sont les animaux de la race bovine ?** — 9. Quels soins donne-t-on aux jeunes veaux ? — 10. Parlez des soins à donner au bœuf et à la vache. — 11. Quelles sont les races principales de l'espèce bovine ? — **12. Comment reconnaît-on une bonne vache laitière ?** — 13. **Quels sont les animaux de la race ovine ?** — 14. Quels soins donne-t-on aux jeunes moutons ? — 15. 16. 18. Parlez des soins à donner aux moutons et de leurs produits. — 17. Quelles sont les principales races de moutons ? — 19. Que savez-vous sur la chèvre ? — 20. Parlez des animaux de la ferme qui ne ruminent pas. — 21. Quelle est la dentition des animaux de l'espèce chevaline ? — 22. Quels soins faut-il leur donner ? — 23. Parlez de la colique. — **24. Quelle est l'utilité des animaux de l'espèce chevaline ?** — 25 et 27. Que savez-vous sur le cheval et sur les soins à lui donner ? — 26. Comment élève-t-on les poulains ? — 28. Quelles sont les principales races de chevaux ? — 29. Que savez-vous sur l'âne, le mulet et le bardot ? — 30 et 32. Que savez-vous sur le porc et sur les soins à lui donner ? — 31. Comment élève-t-on les gorets ? — 33. **Quels sont les produits du porc ? Parlez de la trichine.** — 34. Quelles sont les principales races de porcs ?

QUINZIÈME LEÇON

Animaux de la basse-cour.

MATÉRIEL. — Poils de lapin, plumes d'oiseaux, un lapin mort, tube digestif d'une poule, un œuf.

EXPÉRIENCES. — 1° Montrer sur le lapin les incisives, les molaires en rape et la barre.

2° Montrer le jabot, l'estomac et le gésier de la poule ; couper celui-ci en travers pour faire voir son épaisseur.

3° Casser avec précaution l'œuf par le gros bout, **on voit la membrane coquillière et la chambre à air** ; le casser davantage et verser avec précaution : le jaune reste arrondi, enveloppé dans sa membrane. On distingue ordinairement sur un des côtés du jaune une petite tache qui est le germe du jeune poussin.

1. Définition. — Dans la *cour* de la ferme, une partie est attribuée aux petits animaux domestiques et reçoit le nom de *basse-cour*.

Les **animaux de la basse-cour** se composent de petits *mammifères* et notamment du *lapin*, et d'un certain nombre d'*oiseaux* parmi lesquels il faut citer la *poule*, la *pintade*, le *dindon*, le *pigeon*, le *canard* et l'*oie*.

2. — Ces animaux, pour la plupart, ne dédaignent pas les déchets de la ferme et donnent d'excellents produits ; leur élevage, très économique, ne doit pas être négligé par le cultivateur.

LES MAMMIFÈRES DE LA BASSE-COUR

3. — Le lapin. — Les mammifères de la basse-cour sont très peu nombreux ; le plus important est le **lapin**, rongeur de la même famille que le lièvre.

Comme tous les rongeurs, il se nourrit d'herbe et de matières végétales qu'il entame avec ses incisives et broie avec ses molaires. Les rongeurs n'ont pas de canines.

Le lapin s'élève, à l'état demi-sauvage, dans des parcs appelés *garennes* où il se creuse des terriers. Il s'élève à l'état domestique dans des cabanes à claire-voie désignées sous le nom de *clapiers*.

4. — La chair du lapin de clapier est blanche et fade, celle

du lapin de garenne est un peu noire et beaucoup plus savoureuse. Le poil est employé dans la fabrication des chapeaux.

Quand on veut obtenir des lapins bien gras, on leur donne, pendant une quinzaine de jours, des racines cuites mélangées avec du son, et chaque jour une poignée d'avoine.

Lapin domestique au 1/10. Longueur réelle, 50 cm.

5. — Les lapins sont sujets à plusieurs maladies qui enlèvent parfois tous les animaux d'un clapier.

On prévient le mal en donnant aux lapins des aliments dépourvus d'humidité et une litière sèche, en variant leur nourriture et en évitant l'abus des plantes vertes.

LES OISEAUX DE LA BASSE-COUR

6. — Les volailles, leur organisation, leurs produits. — On désigne sous le nom de volailles tous les oiseaux de la basse-cour. Tous nous donnent une chair excellente, des œufs, des plumes, et un fumier très riche en matière azotée.

* 7. — L'estomac des oiseaux se compose de deux parties : la première a des parois minces, un volume peu considérable et sécrète une partie des sucs nécessaires à la digestion; la seconde est charnue, grande, épaisse, cornée à l'intérieur et a pour rôle essentiel de broyer les aliments. Cette seconde partie est connue sous le nom de *gésier*.

Un peu au-dessus du premier estomac on trouve, sur l'œsophage, chez beaucoup d'oiseaux (poule, pigeon, etc.), une dilatation appelée *jabot*. C'est dans le jabot que s'entassent les graines avant de passer dans l'estomac.

Tous les oiseaux domestiques aiment beaucoup les graines;

ils les saisissent avec leur bec et les renvoient dans l'estomac où elles sont broyées par le gésier.

8. — La poule. — La **poule** est le principal oiseau de la basse-cour ; le mâle est désigné sous le nom de *coq* et les petits s'appellent *poussins*.

9. — Le *poulailler* se compose d'une pièce ou d'une petite construction, plutôt chaude que froide, bien aérée, parfaitement crépie et blanchie à la chaux ; il ne doit guère renfermer plus de quarante poules. Des paniers destinés à recevoir les œufs et quelques juchoirs* sont établis contre les murs ; une petite auge, remplie d'eau pure, est disposée sur le sol.

10. — La poule se nourrit de toutes les graines de la ferme quand elles ne sont pas trop grosses, des balayures des écuries et de la grange, de son humecté avec les eaux de cuisine. Quand on la laisse en liberté, elle mange aussi de nombreux insectes dans les champs.

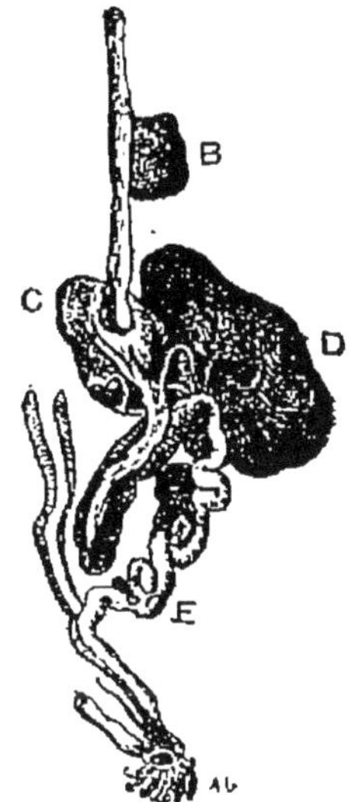

Tube digestif d'une poule.

A, œsophage ; B, jabot ; C, gésier ; D, foie ; E, intestin.

11. — Les volailles à l'engrais sont enfermées en lieu sombre,

Poule et coq de Houdan au 1/12. Hauteur réelle sur le dos, 25 à 30 c.

abondamment pourvues de grains et de pâtée et gorgées deux fois par jour avec des boulettes de farine mêlée de lait.

12. — Les poules pondent surtout pendant la belle saison et produisent en moyenne *cent œufs* par année, depuis deux ans jusqu'à cinq ans.

Au bout de peu de temps, les poussins prennent leur part de la nourriture donnée aux autres volailles.

Pour donner des poussins, les œufs doivent être soumis à

Oie.   Dindon.   Pintade.   Canards.

l'incubation, c'est-à-dire couvés par la mère. La poule qui veut couver se reconnaît à ses gloussements* répétés; on lui donne 15 ou 20 œufs de bonne race et en bon état qu'elle couve, réchauffe et protège sous ses ailes. (Voir couveuse artificielle p. 87.)

L'incubation dure 21 jours. Le poussin brise la coquille avec son bec et peut courir dès qu'il est sorti. Il ne mange rien le premier jour, mais les jours suivants on lui donne une pâtée formée de farine d'orge et d'avoine, de pain trempé et d'œuf mollet. Au bout de huit jours on commence à l'accoutumer aux criblures et aux petites graines.

13. — Les principales races sont la poule commune et les poules de Houdan, de Crèvecœur et de La Flèche. La poule commune est facile à élever, bonne pondeuse, mais s'engraisse difficilement; les poules des trois autres races sont plus délicates, mais elles pondent bien, s'en-

Pigeon bisel au 1/5.
Longueur réelle, 20 à 25 cm.

Paon au 1/20.

Cygne au 1/15.

Le cygne et le paon sont des oiseaux de parc. Le cygne a une chair noirâtre et dure, sa peau, garnie de duvet d'une grande finesse, est employée comme fourrure. Quant au paon, dont le cri est désagréable, il n'a de valeur que par son beau plumage; il ne constitue une bonne nourriture que lorsqu'il a de un à deux ans.

graissent avec facilité et donnent une chair excellente.

14. — Les principales maladies de la poule sont la *pépie*, la *diarrhée* et le *choléra*. La **pépie** se manifeste par une peau jaunâtre qui enveloppe l'extrémité de la langue; on doit enlever cette peau, tenir plus proprement le poulailler et donner à l'animal de l'eau pure. La **diarrhée** se *prévient* en évitant l'abus des aliments mouillés, et le **choléra** *des poules* en vaccinant* l'animal suivant la méthode de M. Pasteur*.

15. — Autres oiseaux de basse-cour. — La **pintade** et le **dindon** ont à peu près les mêmes habitudes et les mêmes goûts que la poule. Les dindonneaux sont très sensibles au froid et à l'humidité jusqu'à ce qu'ils aient pris le rouge*.

16. — Les **pigeons** sont des oiseaux à demi sauvages qui donnent un bon profit si on les nourrit convenablement. Le *colombier* qu'ils habitent réclame à peu près les mêmes soins que le poulailler. La chair des jeunes est très délicate.

17. — Le **canard** s'élève au voisinage d'une mare ou d'un cours d'eau.

18. — L'**oie** est un oiseau herbivore qu'on doit conduire au pâturage.

RÉSUMÉ

1 et 2. — Les animaux de la basse-cour se nourrissent à peu de frais et sont d'un bon produit pour la ferme.

3 à 5. — Le lapin est le principal mammifère de la basse-cour; il s'élève en *garenne* ou en *clapier*; on doit éviter de lui donner de l'herbe mouillée.

6 et 7. — Les *volailles* sont pourvues d'un jabot dans lequel elles entassent le grain et d'un *gésier* dans lequel elles le broient.

8 à 14. — La *poule* est la meilleure de toutes les volailles; elle donne une centaine d'œufs par an et fournit une chair excellente.

15 à 18. — Les autres oiseaux de la basse-cour sont la *pintade*, le *dindon*, l'*oie*, le *canard* et les *pigeons*.

QUESTIONNAIRE. — **1. Qu'entendez-vous par animal de basse-cour?** — **2.** Quelle est l'utilité des animaux de la basse-cour? — **3. Où et comment élève-t-on le lapin?** — 4. Comment engraisse-t-on le lapin? — 5. Comment prévient-on les maladies du lapin? — **6 Qu'entend-on par volaille?** — 7. Que savez-vous du canal digestif des oiseaux. — **8 et 10. Que savez-vous sur la poule et les soins à lui donner?** — 9. Parlez du poulailler. — 11. Comment engraisse-t-on les volailles? — 12. Parlez de la ponte et de l'incubation. — 13. Quelles sont les principales races de poules? — 14. Dites quelles sont les maladies de la poule. — **15. Que savez-vous sur la pintade et sur le dindon?** — **16. Sur les pigeons?** — 17. Sur le canard? — **18. Sur l'oie?**

MOIS DE JANVIER

Vue du château des Cartes
du côté du jardin potager.

Agriculture pratique.

Travaux principaux à faire exécuter pendant le mois de janvier.

CHAMP DE DÉMONSTRATION. — Exécuter les mêmes travaux qu'en décembre, si le temps n'a pas permis de les faire.

VIGNE. — Continuer la taille de la vigne et faire les marcottes. Donner un labour.

JARDIN. — Préparer les couches pour semis si le temps est doux.

ARBRES FRUITIERS. — Continuer la taille des arbres.

Promenade scolaire.

Le château des Cartes est à trois kilomètres de Sivry ; il a un beau jardin, une vaste pépinière et des serres magni-

fiques entretenues avec un soin jaloux par le jardinier,
M. Jérôme.

Le propriétaire du château avait accordé à M. Lancelot, l'autorisation de visiter le domaine avec tous ses
élèves, et un beau jour de janvier, ensoleillé et sec, avait
été choisi pour cette promenade.

En arrivant près du château, les élèves rencontrèrent
M. Jérôme qui se rendait au jardin potager. M. Lancelot
lui serra la main, les enfants saluèrent et le jardinier
emmena les visiteurs dans un immense *jardin* entouré
de murs. Tout autour se trouvaient de beaux arbres fruitiers : pommiers, poiriers, pêchers, etc., dont les formes
diverses ornaient les murs de dessins variés.

Des ouvriers, armés de gros et longs pinceaux, badigeonnaient les arbres et les murs avec de la chaux claire qu'on
faisait éteindre* dans de grands baquets.

« Que font donc ces ouvriers avec leurs bâtons, demanda
Auguste, toujours curieux et observateur, et qui s'était placé près du jardinier pour mieux entendre ses explications.

« — Ce badigeonnage, répondit-il, a pour but de détruire
les mousses et les œufs des insectes ; mais il ne sert pas
qu'à cela. J'ai acquis la certitude que les espaliers placés
contre des murs blancs fournissaient des produits de bien
meilleure qualité que les autres. La chaleur est absolument
indispensable pour la bonne maturité des fruits, et j'ai
lu quelque part que la couleur blanche avait la propriété de réfléchir les rayons solaires. Me basant sur ce
principe, j'ai tenté il y a quelques années l'expérience
dont vous êtes témoins et les résultats ayant été magnifiques, je renouvelle chaque année l'opération.

« La *chaleur*, mes enfants, c'est la meilleure amie du
jardinier. Quand nous ne pouvons profiter de celle que
nous fournit le soleil*, nous produisons de la chaleur au
moyen des *couches*.

« Voyez ici ces grandes fosses rectangulaires, nous les remplirons de fumier et de terreau, nous les couvrirons de châssis vitrés, et nous pourrons y cultiver des plantes que la mauvaise saison ne nous permettrait pas d'obtenir. Regardez ces petits radis qui commencent à lever, ajouta M. Jérôme en soulevant un paillasson qui recouvrait une grande boîte vitrée ; ils seront bons à manger dans quel-

Le jardin fruitier du château des Cartes.

A gauche, des ouvriers badigeonnent les arbres. Au centre, se trouvent quelques carrés de légumes. A droite, la serre tempérée à côté de laquelle sont des couches couvertes de châssis. Au fond est la pépinière et plus loin le verger proprement dit. La serre chaude qui se trouve près du château, derrière un massif de lilas, ne se voit pas d'ici.

ques semaines. Croyez-vous qu'ils pousseraient en plein air par les temps froids de janvier ?

« — Oh ! non, dit le petit Georges qui écoutait avec une grande attention. Ces châssis, M. Jérôme, remplissent le même but que les cloches, n'est-ce pas ? Papa en a beaucoup à la maison et il s'en sert pour couvrir les jeunes plantes au moment de la *lune* *rousse*, vous savez, cette mauvaise lune qui fait geler les plantes au printemps. »

M. Jérôme se mit à sourire. — « Pauvre lune ! reprit

M. Lancelot, on l'accuse de bien des méfaits. Il ne faut pas croire, mes enfants, tout ce que vous entendez raconter à ce sujet. La lune n'a rien à voir dans les gelées qui se font souvent sentir au printemps.

« Voici ce qui se passe à cette époque de l'année. C'est lorsque les nuits sont claires que les gelées printanières sont à craindre. La chaleur, absorbée pendant le jour par la terre, tend à s'échapper pendant la nuit et il en résulte un abaissement considérable de température vers le matin ; de sorte que les jeunes plantes et les bourgeons sont atteints par la gelée et paraissent roussis. Pour éviter cette perte, on recouvre les jeunes plantes de cloches en verre, le verre ayant la propriété de retenir la chaleur rayonnée* par la terre ; ou bien on allume, dans les jardins fruitiers et les vignes, de grands feux de goudron pendant la nuit. La fumée intense de ces feux forme comme un nuage épais qui arrête le rayonnement* terrestre. »

Tout en écoutant M. Lancelot, les élèves se trouvèrent entraînés dans un vaste terrain planté d'une grande quantité d'arbres.

« Voici la *pépinière*, dit M. Jérôme, et plus loin le verger. J'ai créé cette pépinière il y a cinq ans. Le terrain a été défoncé profondément et a reçu une forte fumure. Je l'ai partagé, comme vous le voyez, en plusieurs carrés. Dans celui-ci, j'ai semé l'année dernière des amandes, des noyaux de prunes, de cerises, de pêches ; des pépins de pommes, de coings, etc. Quand les petits arbres produits par ces semis seront assez forts, je les grefferai pour leur faire produire des fruits d'excellente qualité. Mais jusque-là, je surveillerai avec soin leur végétation ; il faudra retrancher les branches inutiles, redresser les arbres qui se courbent et les maintenir bien droits à l'aide de tuteurs, comme vous le voyez dans ce carré dont les arbres sont bons à être greffés.

« Si vous voulez bien me suivre, ajouta M. Jérôme, je vais maintenant vous faire visiter nos serres...

« Voici d'abord la *serre tempérée*. C'est dans celle-ci que nous plaçons, en ce moment, toutes les plantes qui craignent les gelées. Nous les avons enlevées à l'automne pour les renfermer ici pendant toute la mauvaise saison. Nous commençons maintenant à faire des boutures et des semis

La serre.

de plantes semblables pour regarnir, dès les premiers beaux jours, les massifs de nos pelouses*. Il ne fait pas froid ici ; une chaleur douce y est maintenue à l'aide de ces tuyaux remplis de vapeur d'eau. Le calorifère a son ouverture au dehors ; on le tient constamment allumé en cette saison, car la température doit toujours rester la même dans la serre et les thermomètres servent précisément à indiquer si l'on arrive à ce résultat. De temps en temps, lorsqu'il fait beau, comme aujourd'hui, nous relevons une partie des paillassons qui recouvrent les vitres, et nous ouvrons même un peu les châssis.

« Venez maintenant dans l'autre *serre*. — Comme il

fait chaud ici, s'écrièrent les enfants dès qu'ils furent entrés. — C'est que, reprit M. Jérôme, nous rendons visite à des frileuses. La plupart des plantes que vous voyez ici passent leur vie entière dans cette serre. Elles ne sauraient s'accommoder de la température, même des jours les plus chauds de l'été, et c'est bien rarement que nous ouvrons ces châssis pour renouveler l'air. Dans cette saison, nous ne relevons jamais les paillassons qui recouvrent le vitrage ; et nous bourrons le calorifère, de façon à obtenir, nuit et jour, une chaleur uniforme de 30 à 40 degrés* centigrades.

« Nous avons ici tout ce qu'il faut pour soigner nos dorlotées. Voilà de grandes caisses pleines de bonne terre où nous plantons nos arbustes ; voici des plates-bandes garnies de terreau où nous faisons les semis et les boutures; au milieu, un grand bassin où nous puisons l'eau nécessaire pour arroser. C'est comme dans un jardin. »

Les élèves étaient enchantés et ne se lassaient pas d'admirer les magnifiques plantes dont quelques-unes étaient en pleine floraison. M. Lancelot leur fit remarquer qu'il ne fallait pas abuser plus longtemps de la complaisance de M. Jérôme. Il remercia vivement celui-ci, les élèves sortirent et reprirent le chemin de l'école tout en se livrant à une partie de saute-mouton*.

SEIZIÈME LEÇON

Plantation et taille de la vigne.

MATÉRIEL. — Une bouture de vigne et des échantillons de sarments taillés à long bois et à court bois.

1. — La vigne et les principaux cépages. — La vigne est un arbrisseau sarmenteux et noueux dont les fruits, appelés raisins, servent à la fabrication du vin ou sont mangés comme dessert.

2. — Chaque *variété* ou *cépage* a son usage particulier: le *chasselas* donne des raisins de table; la *clairette*, le *grenache*, la *folle blanche*, le *pineau*, le *gamay* et l'*épinette*, des vins blancs; le *carbenet*, le *picpoule*, le *verdot*, le *teint*, le *gamay*, le *pinèau noir*, le *côt*, des vins rouges.

3. **Vignes américaines**. — Depuis quelques années, le phylloxéra ayant détruit une grande partie de nos vignobles du Midi et du Centre, on a dû avoir recours, pour les reconstituer, à des cépages de *production américaine*, cépages qui ont la propriété de résister aux attaques du terrible puceron.

Les principaux **cépages américains** ou issus d'américains sont, comme producteurs directs, le *Jacquez* et l'*Othello* pour le vin rouge, le *Noah* pour le vin blanc.

* 4. — Mais on admet généralement qu'il vaut mieux greffer (voir comment on greffe la vigne, p. 197) sur les sujets américains les cépages estimés de notre pays, et choisir des plants résistants comme le *Riparia* et le *Vialla* qu'on recommande d'employer dans les terres légères et profondes; le *Jacquez* et le *Taylor*, dans les terres fortes, un peu humides; le *Solonis* et l'*York*, dans les terres calcaires; le *Rupestris* et l'*Herbemont*, dans les terres argilo-calcaires.

5. — Sol. — Les terres qui conviennent le mieux à la vigne sont les terres argilo-calcaires à sous-sol perméable*, situées sur les coteaux ou dans des plaines à l'abri des vents humides.

6. — Il est bon de ne pas planter indifféremment tel ou tel cépage dans les diverses terres. Les vignes blanches et les vignes rouges destinées à la production du vin

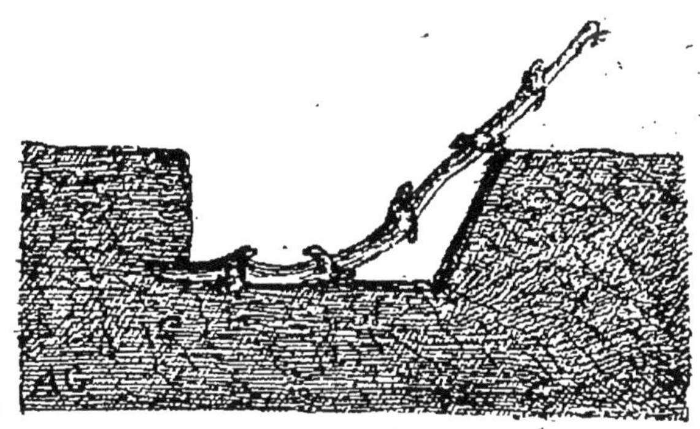

Bouture de vigne mise en place pour former du chevelu.

blanc donnent de meilleurs produits dans les terrains contenant beaucoup de calcaire.

7. — Plantation. — Quand on veut constituer un vignoble, on creuse d'abord, à un mètre et demi environ de distance, des fossés de 40 à 50 centimètres de profondeur que l'on emplit à moitié de broussailles, de cendres et de fumier, puis on les comble avec la terre bien ameublie* que l'on avait retirée.

8. — Sur le dos des billons* ainsi obtenus et vers la fin de janvier ou le mois de février, on plante, à 30 centimètres de profondeur, à l'aide de la houe ou d'un gros piquet servant de plantoir, et à un mètre et demi de distance, soit des **boutures** ou **crossettes**, c'est-à-dire des brins de sarments munis d'un petit crochet; soit des **chevelus**, c'est-à-dire des plants provenant de boutures mises en pépinière l'année précédente; soit enfin des **plants** assez forts provenant de semis sur couches.

9. — **Taille**. — Tous les jeunes plants sont coupés à un œil* au-dessus de terre; c'est la première taille.

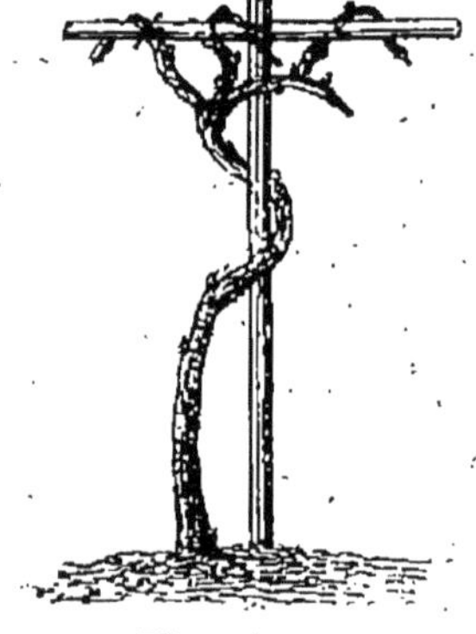

Vigne haute.

Vigne basse qu'on vient de détacher de son échalas.

Vigne basse taillée à court bois.

Souvent on laisse développer sur le vieux bois une branche que l'on taille ensuite à un œil et qui sert à rajeunir le cep, c'est-à-dire à le tailler l'année suivante plus près de terre; c'est ce qu'on peut voir dans les gravures ci-dessus.

10. — L'année suivante, on ne laisse qu'un rameau que l'on taille à deux yeux au-dessus de son point de départ.

11. — La deuxième et la troisième année, on en fait autant,

en *augmentant d'un œil* à chaque taille, et on a soin de supprimer tous les bourgeons inférieurs à mesure qu'ils paraissent; on force ainsi le cep à prendre un fort développement.

12. — La quatrième année et les années suivantes, on taille la vigne selon les habitudes du pays et d'après la méthode que l'on croit préférable.

13. — Divers procédés de taille. — On emploie, en effet, un grand nombre de procédés pour la taille de la vigne.

Ces procédés peuvent se classer en deux catégories : la taille en *vignes hautes* et la taille en *vignes basses*.

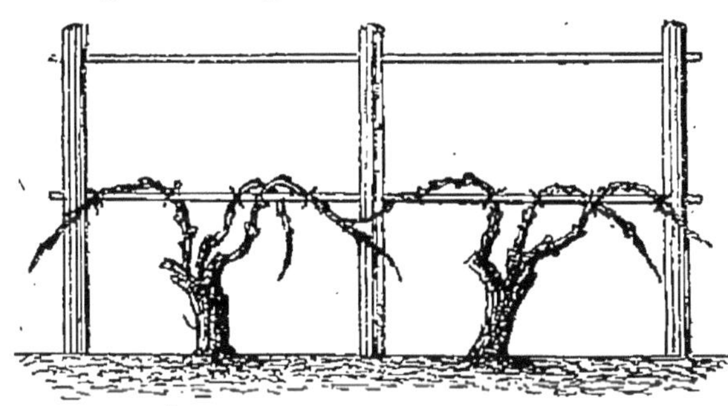
Vigne basse taillée à long bois et palissée.

14. — Les **vignes hautes** sont celles dont le pied dépasse deux mètres de hauteur. Les **vignes basses** sont celles dont le pied ne dépasse pas quarante centimètres.

15. — Les vignes sont généralement palissées ou attachées à des échalas; mais dans certains pays on laisse les vignes basses étendre librement leurs rameaux sur le sol.

16. — Les vignes dont les branches ne sont pas soutenues sont généralement taillées **à court bois**, c'est-à-dire à deux ou trois yeux seulement. Les vignes dont les branches sont palissées sont généralement taillées à **long bois**, c'est-à-dire à cinq, six yeux ou plus. Les vignes échalassées sont souvent taillées à court bois.

17. — Dans tous les cas, quelle que soit la méthode adoptée, il est nécessaire que le *courson*, c'est-à-dire la petite branche taillée, ait sa naissance sur du bois de l'année précédente.

18. — **Provignage.** — Pour combler les vides qui peuvent se produire dans les vignes, on a recours à

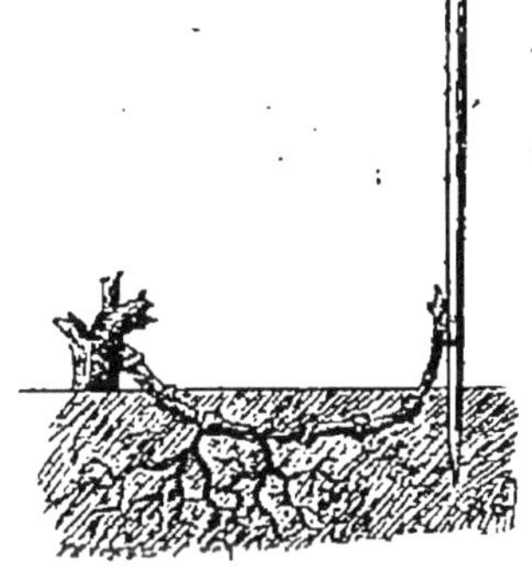
Marcotte de vigne.

un procédé connu sous le nom de **marcottage** ou de pro-

vignage. A proximité du cep qu'on veut remplacer, on choisit sur un plant vigoureux un long et assez fort sarment; on l'enterre dans une fosse garnie de fumier, en laissant sortir son extrémité de terre; on le taille comme un jeune plant, et quand il a suffisamment de racines pour végéter seul, c'est-à-dire au bout de trois ans, on sépare le **provin** du pied mère. Le provignage se fait surtout à l'entrée de l'hiver.

RÉSUMÉ

1 et 2. — La *vigne* est un arbrisseau dont les fruits servent surtout à la fabrication du vin. Les principaux cépages français sont, pour le vin blanc, le *grenache*, le *pineau*, le *gamay*; pour le vin rouge, l'*aramon*, le *pineau*, le *teint*.

3 et 4. — Depuis quelques années, on reconstitue les vignobles français en employant des plants américains, tels que le *Riparia*, le *Jacquez*, le *Solonis*, le *Rupestris*, sur lesquels on greffe les cépages de nos pays.

5 à 8. — La vigne veut être plantée dans un sol parfaitement défoncé et profondément fumé. On la plante en ligne à un mètre et demi environ en tout sens afin de faciliter les travaux d'entretien.

9 à 17. — La *taille* de la vigne est bien différente selon les contrées; mais on peut ramener à deux types principaux les méthodes employées, la taille *à long bois* et la taille *à court bois*. On dit que les vignes sont *hautes* quand elles ont plus de 2 mètres de hauteur et qu'elles sont *basses* quand elles ne dépassent pas 40 centimètres.

18. — Pour combler les vides qui peuvent se produire dans les vignes, on emploie le *marcottage*.

QUESTIONNAIRE. — **1. Qu'est-ce que la vigne? — 2. Quels sont les principaux cépages?** — 3. Comment fait-on, dans les pays atteints du phylloxéra, pour reconstituer les vignobles et quels sont les principaux cépages américains employés comme producteurs directs? — 4. Quels sont les principaux cépages américains employés comme porte-greffes? — **5. Quelles sont les terres qui conviennent le mieux à la vigne?** — 6. Dans quel sol se plaisent les vignes destinées à la production du vin blanc? — **7. Quelle est la première opération à faire quand on veut constituer une vigne? — 8. Parlez de la plantation de la vigne.** — 9. En quoi consiste la première taille de la vigne? — 10. Que fait-on l'année suivante? — 11. Quelle taille fait-on subir à la vigne à la fin de la deuxième et de la troisième année? — 12. Comment taille-t-on la quatrième année et les années suivantes? — **13. Quels sont les deux principaux modes de taille de la vigne?** — 14. Qu'entend-on par vignes hautes et par vignes basses? — 15. Sous quelle forme cultive-t-on généralement la vigne? — **16. Qu'est-ce que la taille à long bois, la taille à court bois?** — 17. Citez la règle générale adoptée pour la taille de la vigne. — 18. Parlez du provignage.

DIX-SEPTIÈME LEÇON

Plantation et taille des arbres fruitiers.

PLANTATION

1. — Époque de la plantation. — La plantation des arbres fruitiers s'effectue quand la sève est en repos, c'est-à-dire *depuis l'automne* après la chute des feuilles, *jusqu'au printemps* avant la reprise de la végétation.

La saison la plus favorable est l'**automne** avant les grandes gelées, mais il est utile de retarder jusqu'au printemps si le sol est argileux et surtout s'il est sujet aux inondations de l'hiver qui pourraient faire pourrir les racines.

2. — On arrache les sujets qu'on veut planter par un temps doux et couvert et on les conserve en *jauge**, dans une terre meuble, quand on ne les plante pas immédiatement. Ces sujets sont presque toujours des arbres greffés en pépinière.

* 3. — **Préparation du sol**. — A moins qu'il ne soit *très sableux* et fort perméable, le sol doit être soigneusement *défoncé et épierré*, au moins quelques semaines avant la plantation. On lui donne ensuite une fumure de composts à décomposition très avancée. Les engrais susceptibles de fermentation, les fumiers, par conséquent, doivent être soigneusement éloignés des racines.

* 4. — **Plantation**. — Pour recevoir les racines des arbres, on creuse des trous circulaires dans le sol, à des distances qui varient suivant les dimensions que les arbres pourront atteindre. En faisant les trous, on fait *trois tas séparés*, un de la terre superficielle, le second de la terre du milieu, le troisième de celle du fond.

Les trous ont au maximum un mètre de profondeur et la moitié en plus de largeur. On met au fond une partie de la terre du milieu qu'on élève en butte* vers le centre. On introduit l'arbre en faisant poser ses racines sur la butte, on recouvre avec la terre de la surface, puis on ajoute successivement le reste de la terre du milieu et tout en haut la terre de fond.

Il est nécessaire de bien faire pénétrer la terre entre les racines, de tasser un peu avec le pied quand la plantation est faite, enfin de laisser au-dessus du sol le collet de l'arbre et à plus forte raison sa greffe.

* 5. — On mélange ordinairement à la terre, des engrais bien décomposés, et avant de planter, on a soin de **rhabiller** les plants, c'est-à-dire de couper les racines trop longues et les radicelles fatiguées.

* 6. — On laboure ensuite et on fume chaque année jusqu'au développement convenable de l'arbre. Si l'on s'aperçoit que certains sujets ne poussent pas avec toute la vigueur désirable, on les arrose avec une dissolution de *sulfate de fer* (200 grammes dans 15 litres d'eau).

TAILLE

7. — Forme des arbres fruitiers. — Les arbres dont les branches croissent et s'étalent librement dans l'air sont appelés **arbres à haute tige** ; ceux qu'on taille pour leur donner une forme déterminée reçoivent le nom d'**arbres à basse tige**.

Ces derniers peuvent se développer en **plein vent**, en **contre-espalier** ou en **espalier**. Dans les arbres en plein vent, les branches sont libres ; dans les arbres en contre-espalier, elles sont attachées à des fils de fer galvanisé ou à des tiges de bois fixées à des poteaux ; dans les arbres en espalier, elles s'étalent contre un mur sur lequel on les *palisse* soit directement, soit par l'intermédiaire de fils de fer ou de baguettes de bois.

8. — Taille. — **Tailler** un arbre, c'est supprimer avec le sécateur les parties inutiles ou nuisibles à la régularité de la production et de la forme ainsi qu'à la beauté des fruits. *Bien tailler* doit être la première science d'un bon arboriculteur.

On taille les arbres pendant la mauvaise saison, quand la sève *ne circule plus ou ne circule pas encore*.

9. — Forme des arbres à basse tige. — Tout arbre fruitier, soumis à une taille et à une direction méthodiques, accepte assez facilement les formes qu'on lui impose. Les principales sont : la *pyramide ou cône*, les *palmettes*, les *cordons* et quelques formes accessoires telles que le *vase*, le *buisson* et la *boule*. Les *palmettes* s'emploient en espalier et en contre-espalier.

PRODUCTIONS FRUITIÈRES ET SOINS A LEUR DONNER

10. — Productions fruitières. — Les principales productions fruitières sont la *lambourde*, la *bourse* et le *dard*.

Le *bouton à fleurs et son support* constituent une **lambourde**. A l'extrémité de la lambourde se trouve souvent une **bourse**, c'est-à-dire une portion renflée située à la base d'un fruit précédemment cueilli.

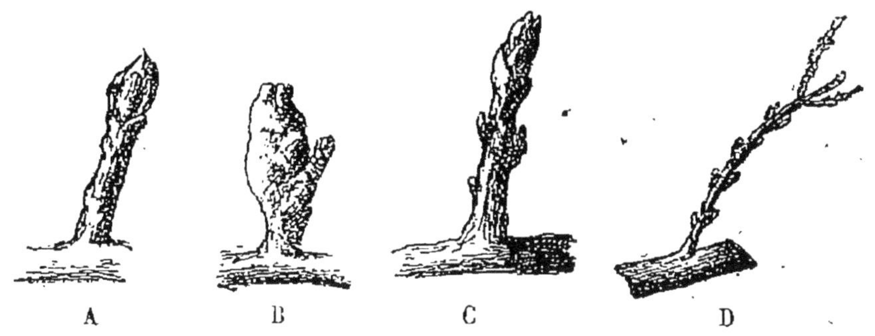

Les productions fruitières.

A, lambourde; B, bourse; C, dard; D, brindille que l'on a cassée pour la transformer en branche à fruits.

Le **dard** et la **brindille** sont de petits rameaux terminés par des *boutons à feuilles*; le dard ressemble un peu à une épine; la brindille est plus longue et plus mince.

11. — **Soins à donner.** — Quand il se trouve sur un arbre des agglomérations de bourses et de lambourdes, on doit en supprimer une partie afin de favoriser la fructification des autres boutons à fleurs.

12. — On transforme les dards et les brindilles en branches fructifères en **arquant** les rameaux, en *taillant* à **long bois**, c'est-à-dire très loin de la base, ou même en arrachant l'arbre pour le planter ailleurs. Toutes ces opérations ralentissent la circulation de la sève et entravent la production du bois et du feuillage.

13. — On peut aussi faire un **cran**, c'est-à-dire faire une entaille dans l'écorce, *au-dessous* du dard qu'on veut transformer.

Si le cran était *au-dessus*, la végétation du dard deviendrait au contraire plus active.

14. — Enfin, pendant la période de pleine végétation, on *pince*, on *tord* ou on *taille en vert* pour accumuler la sève dans les parties inférieures, fructifères ou autres. **Pincer**, c'est enlever à la main l'extrémité des rameaux; **tailler en vert** c'est couper à l'aide du sécateur ou de la serpette les rameaux inutiles.

PRINCIPAUX ARBRES FRUITIERS

* 15. — **Poirier**. — Les variétés de **poiriers** sont très nombreuses : le *doyenné de juillet* mûrit en juillet, la *bergamote d'été* en août, le *beurré d'Angleterre* et le *bon chrétien de Bruxelles* en septembre, la *duchesse d'Angoulême* en octobre, le *Thompson* en novembre, le *doyenné d'hiver* de décembre au mois d'avril, etc.

16. — Les formes principales qui conviennent au poirier sont la *pyramide*, la *palmette* et le *cordon*.

* 17. Pour faire une **pyramide**, on coupe la jeune tige à 40 centimètres au-dessus du sol et on fait un cran *au-dessus* des yeux qui donneront la couronne de branches de la base. L'année suivante, on coupe l'axe central, désigné sous le nom de flèche, à 35 centimètres au-dessus du point précédent, on taille les rameaux de l'année précédente de façon à commencer la forme conique, enfin on pratique de faibles crans *au-dessus* des yeux qui devront donner la seconde couronne. On continue ainsi tous les ans, en observant chaque fois les règles suivantes : 1º la flèche doit

Pyramide.

être coupée sur un œil opposé à celui de l'année précédente et, chaque année, à une distance de plus en plus faible de ce dernier ; 2º le bourgeon situé au-dessous de l'œil qui devra prolonger la flèche est éborgné* ; 3º enfin, les rameaux des couronnes, qui deviennent chaque année de moins en moins nombreux, sont taillés de plus en plus à court bois.

* 18. — Pour tailler en **palmette**, on coupe la tige, une année après la plantation, à 30 centimètres du sol et au-dessus de trois yeux dont le supérieur sera situé en avant ; ce dernier donnera la flèche, les deux autres produiront les deux ailes latérales du premier étage. L'année suivante, on coupera la flèche à 30 centimètres au-dessus du premier point, et les deux ailes latérales aux deux tiers de leur longueur. On continuera de la même manière les années suivantes. De plus, on incline les ailes à 45º, ce qui donne une *palmette oblique* qu'on peut cou-

duire à la *palmette horizontale* en augmentant progressivement
l'angle d'inclinaison.

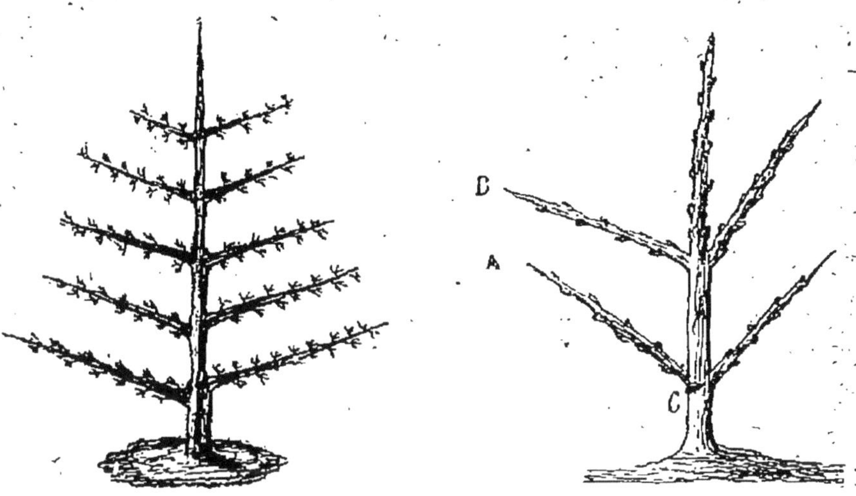

Palmette simple.

Quand des branches A et B sont plus fortes que les autres on les incline davantage
vers le sol, comme la branche B, ou bien on fait un cran C, à l'aide d'une scie, sur
le tronc, au-dessous de la branche.

* 19. — Dans la forme en **cordon**, on taille long l'axe de
l'aile, on taille très court, on pince et on casse les brindilles

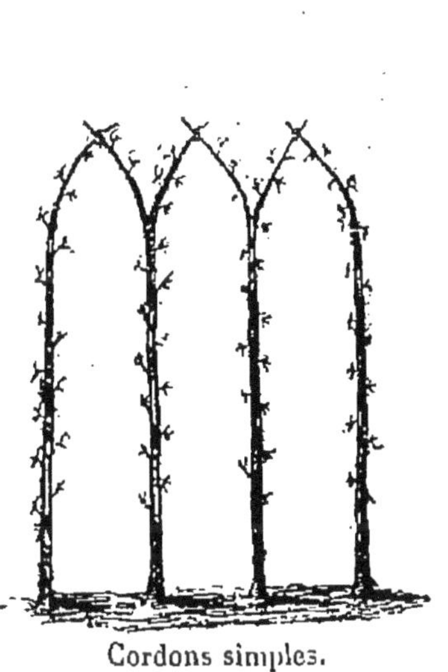

Cordons simples.

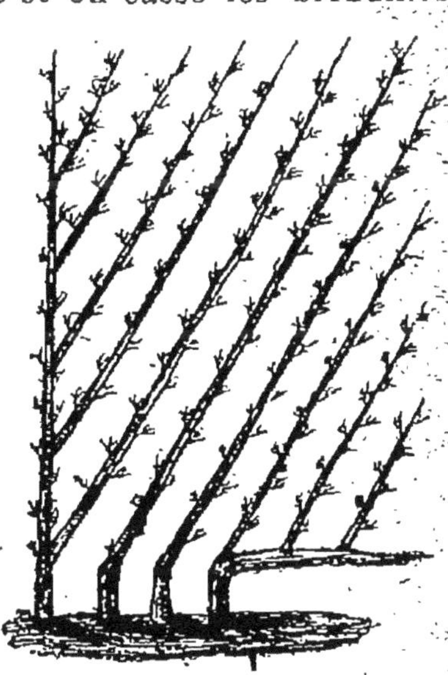

Cordons obliques.

latérales. On choisit pour cette forme les arbres les moins
vigoureux.

*** 20. — Pommier.** — Parmi les meilleures variétés de pommiers, nous citerons le *calville rouge d'automne*, le *calville rouge d'hiver*, et la *reinette de Canada*, également d'hiver.

Pommier en cordon horizontal bilatéral.

Le pommier se cultive en *cordon* et surtout en cordon horizontal ; la forme en *vase* lui convient mieux qu'au poirier, mais on lui donne plus rarement la forme en palmette.

21. — Pêcher. — Le pêcher se cultive surtout en **palmette** et en **espalier**, mais il ne produit des fruits que sur les rameaux d'un an, et exige par conséquent une taille particulière

* On choisit, pour la production des fruits, les rameaux sur lesquels se trouvent mêlés, aux boutons à fleurs, d'assez nombreux bourgeons à bois ; on supprime ceux qui ne portent guère que des fleurs (*rameaux chiffon, bouquets de mai*). On taille les rameaux conservés au-dessus d'un bourgeon à bois, de manière à ne laisser qu'une ou deux fleurs à chacun ; les bourgeons à bois de la base se développent beaucoup, mais on les supprime tous à l'exception d'un seul qui deviendra le rameau fructifère * de l'année suivante. Ce dernier sera pincé l'année même ; au printemps suivant, on coupera le rameau fructifère sur lequel il est né et on lui donnera la taille indiquée ci-dessus.

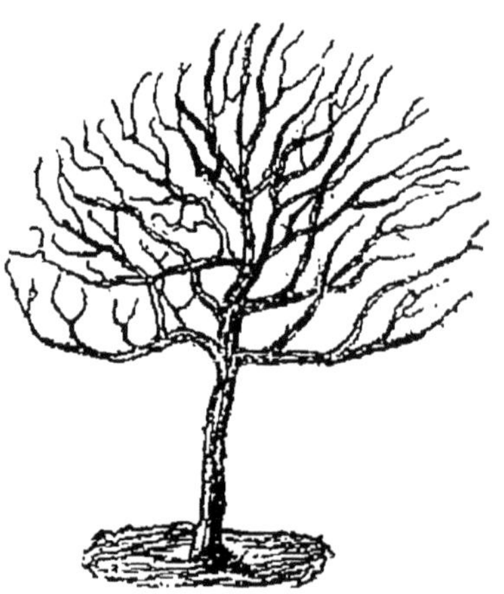

Boule à haute tige.

22. — Abricotier, cerisier et prunier. — Ces arbres, surtout l'abricotier, sont parfois cultivés en espalier et taillés en *palmette*; mais on les cultive plus fréquemment en plein vent et à haute tige.

23. — Groseillier et framboisier. — Le groseillier et le framboisier sont des arbrisseaux très rustiques ;

le premier se taille ordinairement en *buisson* ou en *boule*, le second pousse en *buisson* et on se contente de supprimer au printemps les branches mortes de l'année précédente.

24. — Autres arbres fruitiers. — Le figuier pousse en pleine terre dans le midi de la France ; aux environs de Cherbourg, on se contente de l'abriter contre les murs ; dans le centre et aux environs de Paris, on doit l'abriter pendant l'hiver.

Pistachier.

Jujubier.

L'**oranger**, le **pistachier** et le **jujubier** se cultivent dans le midi de la France.

25. — Arbres à haute tige. — Tous les arbres précédents, ainsi que le *cognassier*, l'*amandier* et le *néflier*, peuvent se cultiver à **haute tige**. Ils ne réclament qu'une terre profonde, un peu d'engrais à leur pied au printemps et une exposition à l'abri des vents dominants. Quand ils sont jeunes, on coupe leur greffe à quelques décimètres au-dessus du sujet pour amener le développement des rameaux.

Fruit du Cognassier.
(7 fois plus petit que nature).

Fruit du néflier.
(5 fois plus petit que nature).

Ces arbres sont très productifs et sont fréquemment réunis dans un *verger*.

RÉSUMÉ

1 à 6. — Les jeunes arbres se plantent pendant l'arrêt de la végétation ; on doit éviter de mettre du fumier en contact avec leurs racines.

7 à 9. — Les arbres sont cultivés à *haute* et à *basse tige*. Les arbres à basse tige sont soumis à la taille et reçoivent différentes formes.

10. — Leurs productions fruitières sont le *bouton à fleur*, la *bourse*, la *lambourde*, le *dard* et la *brindille*.

11 à 14. — On doit ébourgeonner, arquer, faire des crans, pincer, tordre et tailler les rameaux en vert pour régulariser la marche de la sève et faciliter la fructification.

15 à 25. — Le poirier se taille en *pyramide*, en *palmette* et en *cordon*, le pommier en *cordon* et en *vase*, le pêcher en *palmette*.

Les autres arbres fruitiers comme l'abricotier, le cerisier, le prunier et le figuier se cultivent généralement *à haute tige*.

QUESTIONNAIRE. — **1. A quelle époque fait on les plantations?** — 2. Quand arrache-t-on les jeunes plants? — 3. Comment faut-il préparer le sol? — 4 et 5. Parlez de la plantation. — 6. Quels soins faut-il donner après la plantation? — **7. Sous quelle forme cultive-t-on les arbres fruitiers? — 8. Quand et pourquoi fait-on la taille?** — 9. Quelle forme peut-on donner aux arbres à basse tige? — **10. Quelles sont les principales productions fruitières?** — 11. Comment pratique-t-on l'ébourgeonnement. — 12. Qu'est-ce que l'arcure et l'arrachage? — 13. le cran? — 14. Qu'est-ce que le pinçage et la taille en vert? — 15. Quelles sont les principales variétés de poiriers? — 16. Quelles formes donne-t-on au poirier? — 17. Parlez de la taille en pyramide. — 18. en palmette. — 19. en cordon. — 20. Dites ce que vous savez du pommier. — 21. de la taille du pêcher. — 22. Que savez-vous sur l'abricotier, le cerisier et le prunier? — 23. sur le groseillier et le framboisier? — 24. sur le figuier? — 25. Parlez de la culture des arbres à haute tige.

DIX-HUITIÈME LEÇON

Assolements.

MATÉRIEL. — Racines de blé et de luzerne pour montrer la différence qui existe entre elles : l'une prend la nourriture de la plante à la surface du sol; l'autre à une grande profondeur.

1. — Plantes épuisantes et plantes améliorantes. — Certains agriculteurs classent les plantes en deux catégories : les *plantes épuisantes*, comme le blé, les racines; et les *plantes améliorantes*, comme les plantes légumineuses, trèfle, sainfoin, etc.

2. — Toutes les cultures sont **épuisantes**, c'est-à-dire qu'elles enlèvent au sol une quantité assez considérable de matières nutritives communes à toutes les plantes, telles que l'*azote*, l'*acide phosphorique*, la *potasse*, la *chaux* ; mais elles n'en enlèvent pas toutes la même quantité. (Voir tableau p. 46.)

3. — Quand on dit qu'une plante est **améliorante**, on veut tout simplement exprimer qu'elle laisse au sol plus de débris que les autres ou qu'elle a la faculté de puiser profondément dans le sol les aliments que les eaux pluviales y ont entraînés.

4. — Tout le monde sait que l'on ne peut demander aux terres de fournir chaque année la même récolte. Les engrais qu'on ajouterait au sol pour remplacer les éléments enlevés ne suffiraient pas pour favoriser le développement de plantes semblables pendant deux années successives.

5. — Assolements. — Il faut donc partager les terres d'une ferme en plusieurs portions destinées à produire des récoltes différentes, et avoir soin d'alterner les récoltes chaque année de manière à ne pas les placer dans le même sol pendant deux années consécutives ; c'est là le but des **assolements**.

6. — L'art des assolements est basé sur trois règles bien déterminées : 1° remplacer les plantes qui ne gênent pas le développement des herbes inutiles par d'autres plantes qui couvrent tout le sol ou qui ont besoin de binages* fréquents ; 2° faire succéder une plante à racines profondes à une plante à courtes racines, de manière à prendre les principes nutritifs dans les diverses couches du sol ; 3° faire succéder une plante qui prend au sol *certains éléments* à une autre plante qui exige des *éléments différents*.

7. — On a la mauvaise habitude de croire que la terre a besoin de se reposer, comme on dit, et on laisse souvent une portion de terre arable en **jachère** ; les cultivateurs intelligents remplacent aujourd'hui la jachère par une **culture en vert** que l'on enfouit par un labour.

8. — Les divers assolements. — L'assolement le plus commun est l'assolement triennal, assolement dans lequel la même plante est cultivée tous les trois ans dans le même sol.

9. — Voici un modèle d'assolement de ce genre. On partage l'étendue des terres cultivables en **trois portions** égales.

La première année, on cultive des céréales.

La deuxième année, on cultive l'avoine ou une plante
sarclée.

La troisième année, on cultive en jachère verte.

Dans la première, on fait des céréales; dans la seconde, on cultive de l'avoine ou une plante sarclée : betterave ou pomme de terre, et on laisse la troisième portion en jachère verte, c'est-à-dire qu'on y cultive des fourrages artificiels qu'on a pu semer en même temps que l'avoine. La deuxième année on met l'avoine ou la plante sarclée à la place du froment; la prairie artificielle à la place de l'avoine ou de la plante sarclée et le froment à la place de la jachère. Et ainsi de suite pour les années suivantes.

10. — On peut fumer tous les ans à raison de 10 000 kilogrammes de fumier par hectare, ou donner en une seule fois 30 000 kilogrammes de fumier au froment ou à la betterave.

11.— Le procédé qui convient le mieux pour les

fermes peu importantes est l'**assolement quadriennal**, c'est-à-dire celui dans lequel une même plante revient tous les quatre ans dans la même terre.

12. — Voici un modèle d'assolement de ce genre. On partage l'étendue des terres en quatre portions égales; dans la première on met moitié pommes de terre et moitié betteraves; dans la deuxième du froment; dans la troisième du trèfle; dans la quatrième de l'avoine.

13. — Dans les grandes exploitations, on adopte des assolements de plus longue durée et souvent on ne répand du fumier que tous les deux ou trois ans. Des engrais chimiques, donnés chaque année aux différentes récoltes complètent les éléments fertilisants des fumures ordinaires.

14. — Souvent on cultive, entre deux récoltes principales, des plantes qui n'occupent le sol que pendant quelques semaines; telles sont les navets et quelques plantes fourragères comme les vesces et le sarrasin; ce sont des **cultures dérobées.**

RÉSUMÉ

1 à 5. — On entend par *assolement* l'art d'alterner les plantes sur un sol de manière à lui faire produire les plus belles récoltes possible.

6 et 7. — On sait, en effet, qu'il n'est pas avantageux de cultiver la même plante deux années de suite dans le même terrain et qu'il est bon de faire succéder une plante à racines courtes à une plante à racines profondes.

8 à 14. — L'assolement le plus rationnel est *l'assolement quadriennal* dans lequel une plante revient tous les quatre ans dans la même terre. Exemple : première année : betteraves; deuxième année : froment; troisième année : trèfle; quatrième année : avoine; cinquième année : betteraves; et ainsi de suite.

Questionnaire. — **1. Comment classe-t-on les plantes cultivées?** — **2.** Quels sont les éléments enlevés du sol par les plantes? — 3. Que veut-on dire quand on dit qu'une plante est améliorante? — **4. Une terre peut-elle produire deux années de suite une récolte semblable?** — **5. Qu'entend-on par assolements ?** — 6. Sur quelles règles est basé l'art des assolements? — 7. Que pensez-vous de la jachère? — **8. Quel est l'assolement le plus commun?** — 9. Donnez un modèle d'assolement triennal. — 10. Quelle est la quantité du fumier à répandre à l'hectare? — **11. Quel est l'assolement qu'il convient surtout d'adopter dans les fermes peu importantes?** — **12. Donnez un modèle d'assolement quadriennal.** — 13. Comment fait-on souvent dans les grandes exploitations? — **14. Qu'entend-on par des cultures dérobées?**

DIX-NEUVIÈME LEÇON

Le jardin potager.

MATÉRIEL. — Une petite boîte sombre ou noircie et une lame de verre pour la couvrir; un thermomètre.

EXPÉRIENCE. — Couvrir la boîte avec la lame de verre après y avoir introduit le thermomètre, et exposer la face vitrée au soleil. La chaleur se concentre à l'intérieur de la boîte et fait **monter le mercure du thermomètre.**

1. — Définition. — On désigne sous le nom de **jardin potager**, ou simplement de **potager**, la portion du jardin consacrée à la culture des légumes.

2. — Le jardin, son sol, ses engrais, sa clôture.—Toutes les *terres franches* peuvent être employées à la culture des légumes; les **terres riches en humus** sont les **meilleures.**

Quand on veut transformer un terrain en **jardin**, on doit le défoncer profondément, l'épierrer avec soin et le dessécher s'il est humide.

3. — La fumure doit toujours être donnée largement; on choisit de préférence les engrais qui agissent vite et notamment les engrais liquides, les fumiers très décomposés et le terreau.

4. — Le *jardin potager* s'établit, autant que possible, à proximité de la ferme. Sa **clôture** se compose d'un mur haut de deux mètres, bien crépi et propre à la culture des espaliers. Les haies vives ne valent rien, car elles servent de refuge à une foule d'animaux nuisibles.

5. — Semis. — Pour faire les semis, on choisit des graines bien mûres, provenant de belles plantes, et en pleine possession de leurs **propriétés germinatives.**

* Toutes les plantes ne les conservent pas, en effet, pendant le même temps : les graines de salsifis ne sont bonnes que pendant un an; celles de cerfeuil, de persil, de haricots, de poireaux, de fèves, de pois, de navets, d'oignons, pendant deux ans; celles de laitues, de mâches, d'épinard, de céleri, pendant deux ou trois ans; celles de carottes et de radis pendant trois à quatre ans; celles de choux et de chicorées pendant

quatre à cinq ans: les graines de melon, de citrouille, de cornichon conservent leurs propriétés germinatives pendant six ou sept ans.

6. — On sème en *ligne* ou à la *volée*. Pour les **semis en ligne**, on trace dans la terre des sillons parallèles en s'aidant du cordeau et on dépose les graines au fond de ces sillons, que l'on fait d'autant moins profonds que les graines sont plus petites.

Pour les **semis à la volée**, on répand les graines avec la main et on les enterre par un coup de râteau, ou bien on tasse légèrement le sol avec le plat de la bêche s'il s'agit de toutes petites graines.

Une cloche.

7. — **Cultures hâtives et forcées.** — Plusieurs procédés sont en usage pour obtenir des produits avant l'époque ordinaire de la récolte; ces procédés sont employés dans la *culture hâtive* et dans la *culture forcée;* ils consistent tous à donner **plus de chaleur** aux plantes.

8. — On active beaucoup le développement des plantes en

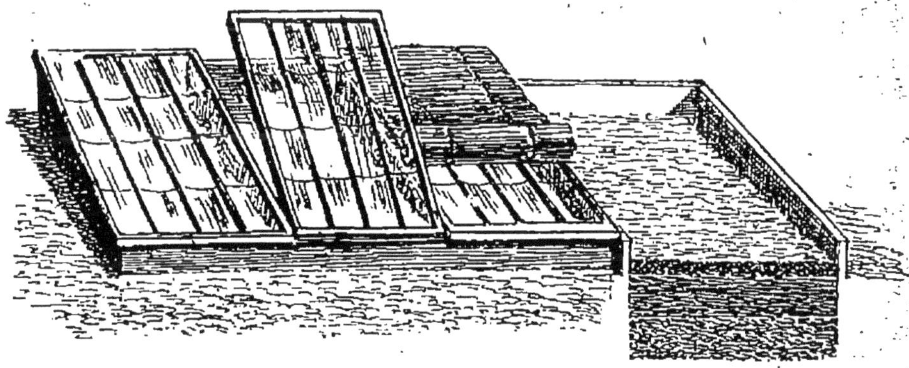

Couches sous châssis.

Le premier châssis à gauche est baissé; le second est relevé; sur le troisième est enroulé un paillasson. Le quatrième laisse voir comment sont superposés le fumier et le terreau.

semant sur **ados**, c'est-à-dire sur des plates-bandes inclinées vers le soleil et, autant que possible, adossées contre un mur.

9. — Mais on favorise encore plus la végétation en recouvrant les plantes de **cloches** en verre ou de **châssis vitrés**. La chaleur du soleil traverse le verre, échauffe le sol et reste emprisonnée sous la cloche ou sous le châssis.

10. — On obtient des résultats encore plus avantageux en cultivant sur couche. Pour faire une **couche**, on creuse, à l'abri d'un mur, exposé au sud ou au sud-est, un fossé rectangulaire qu'on remplit de fumier chaud bien tassé, puis on met par dessus une couche de bon terreau.

La fermentation du fumier développe d'abord une grande quantité de chaleur; c'est ce qu'on appelle le **coup de feu**. Quand la chaleur commence à diminuer, on fait rapidement les semis.

11. — Les couches sont recouvertes d'un châssis vitré. On ouvre le châssis quand il fait trop chaud dans la couche, et souvent même on le recouvre d'un *paillasson* quand le soleil est trop brûlant. Le paillasson sert aussi à protéger les plantes contre le froid pendant la nuit, ou pendant le jour quand la température est trop basse.

12. — Soins généraux. — Les plantes qui proviennent des semis restent parfois en place jusqu'à la récolte ; on se contente alors d'**éclaircir**, c'est-à-dire d'arracher les plants les moins vigoureux pour laisser de la place aux autres.

Mais le plus souvent, les semis donnent de jeunes plants qu'on **repique** dans leur terrain définitif dès qu'ils sont assez forts. Pour repiquer, on fait un trou dans le sol avec un *plantoir*, on met le jeune plant dans le trou et on tasse la terre autour de ses racines.

Dans l'un et l'autre cas, on doit donner aux plantes des binages et des sarclages multipliés. Ces deux opérations s'effectuent commodément quand on a repiqué ou semé en lignes.

13. — **Assolement**. — La culture des plantes du jardin potager doit être soumise aux règles d'un **assolement rationnel**; il est bon de remplacer les légumes cultivés pour leurs racines par des plantes cultivées pour leurs feuilles; de faire succéder une plante à racines profondes à une plante pourvue de petites racines; de remplacer les plantes qui demandent de fortes fumures, comme le chou, la citrouille, par des plantes qui ne veulent pas être cultivées sur un sol fraîchement fumé, comme les carottes et les plantes à cosses.

---

* Voici, entre autres, un exemple d'assolement pour le jardin potager : Carré 1 : choux d'hiver suivis de laitues. —

Carré 2 : poireaux suivis de petits pois. — Carré 3 : épinards suivis de haricots. — Carré 4 : ail et échalotes suivis de chicorées. — Carré 5 : céleri et citrouilles suivis de pommes de terre. — Carré 6 : laitues d'hiver suivies de carottes. — Carré 7 : mâches suivies d'oignons. — Carré 8 : choux pommés. — Carré 9 : melons et divers : tomates, radis, fèves, cresson alénois, estragon, etc. — Carré 10 : semis divers et salsifis. — (Le carré 2 devenant le carré 1 pour l'année suivante, et le carré 1, le carré 10.) — Carrés permanents : fraisiers, artichauts, asperges. — Bordures : oseille, ciboulettes, cerfeuil, persil, chicorée sauvage, etc.

14. — **Arrosages.** — Il faut arroser légèrement les semis et plus copieusement les plants repiqués; de fréquents arrosements sont ensuite nécessaires pendant toute la durée de la végétation. (Voir p. 257.)

L'eau employée aux arrosages ne doit pas être plus froide que l'air. Les arrosages se font le soir pendant l'été, et le matin en toute autre saison.

RÉSUMÉ

1 à 4. — Le *jardin potager* est consacré à la culture des légumes. Il doit être défoncé, bien fumé et entouré d'un mur bien crépi.

5 à 11. — Les semis se font en *ligne* ou *à la volée*; on hâte le développement des plantes en cultivant sur ados, ou mieux encore *sous cloche* et sur *couche sous châssis*.

12 à 14. — On repique ordinairement les plantes, on les sarcle, on les bine et on les arrose avec de l'eau *qui a séjourné à l'air dans des bassins*.

QUESTIONNAIRE. — **1. Qu'est-ce que le jardin potager?** — 2. Comment faut-il choisir et préparer le sol du jardin? — 3. **Quelle fumure faut-il donner au sol?** — 4. Quelle est l'utilité d'une bonne clôture? — **5 et 6. Comment fait-on les semis?** — 7. Qu'entendez-vous par culture hâtive? — 8. Parlez des ados. — 9. des cloches. — 10. des couches. — 11. des châssis et des paillassons. — **12. Quels sont les soins généraux à donner aux plantes des jardins?** — 13. Comment doit-on comprendre l'assolement du jardin potager? — 14. Quelles sont les précautions à prendre pour faire de bons arrosages?

MOIS DE FÉVRIER

Au lieu de semer à la volée, je préfère
employer le semoir mécanique.

Agriculture pratique.

Travaux principaux à faire exécuter pendant le mois de février.

CHAMP DE DÉMONSTRATION. — 1° Fumer à raison de 100 kilogrammes de fumier de ferme à l'are le terrain dans lequel se trouvait le trèfle et donner un deuxième labour.

2° Fumer et labourer une deuxième fois le terrain dans lequel se trouvait le froment.

3° Fumer et labourer une deuxième fois le terrain dans lequel se trouvaient les navets.

VIGNE. — Planter les vignes, les provigner ; continuer la taille.

JARDIN. — Faire les semis sur couches. Semer le poireau, les radis, les carottes, les romaines, les petits pois si le temps est beau.

ARBRES FRUITIERS. — Tailler les arbres à fruits à noyau. Enlever les mousses et le gui. Chauler les arbres.

Promenade scolaire.

(LECTURE)

Malgré le temps sombre et une averse menaçante, les élèves de M. Lancelot gravissaient gaillardement, un

mardi de février, le chemin assez rapide qui conduit de
Sivry au village des Chardons. On allait assister aux
semailles faites par M. Nipon, et nul n'aurait voulu manquer au rendez-vous donné par l'excellent cultivateur.

Quand la jeune troupe arriva sur le plateau, M. Nipon
était occupé à mettre du blé dans son semoir et il interrompit sa besogne pour donner quelques explications sur
la culture.

Il avait fait, disait-il, analyser la terre des Chardons par
le laboratoire départemental avant d'y planter des betteraves, et voyant que le sol et le fumier ne contenaient pas
assez de potasse pour la plante, il avait ajouté à la fumure
ordinaire une quantité convenable de chlorure de potassium.

« Cette année, ajouta t-il, je remplace les betteraves par
du froment; et, d'après les calculs que j'ai faits, j'ai
constaté qu'après fumure, la terre doit encore manquer
d'azote; c'est pourquoi je répands, en même temps que le
grain, cette matière qui ressemble à du sel ordinaire et
qu'on appelle du nitrate de soude. J'espère par ce procédé
obtenir une récolte satisfaisante, malgré les semailles
tardives que les mauvais temps de l'automne m'obligent
à faire en ce moment. »

M. Nipon montra aux élèves les trois espèces de blé :
blé bleu, *blé de Bordeaux* et *blé Chiddam*, qu'il mélangeait
afin d'obtenir un rendement plus fort. Les grains étaient
beaux, fermes, lourds et gros, et ils avaient été imprégnés
d'une dissolution de *sulfate de cuivre* avant d'être apportés
aux Chardons pour les semailles.

M. Nipon donna ensuite des ordres au conducteur du
semoir mécanique et l'appareil se mit à fonctionner,
traçant dans la terre ameublie des sillons au fond desquels
tombait la semence.

« Au lieu de semer à la volée, ajouta le cultivateur, je

préfère employer le semoir mécanique; les grains sont répandus plus également, il m'en faut une moins grande quantité et comme ils sont semés en lignes, j'économise beaucoup de temps au moment du sarclage. »

Quand on fut arrivé au bout du champ, les élèves prirent congé de M. Nipon, et ils profitèrent d'une éclaircie imprévue pour faire un coude vers le taillis voisin. Chemin faisant, ils admiraient les connaissances sérieuses de l'intelligent cultivateur et ils disaient entre eux qu'il avait dû faire de bien grandes études quand il était jeune.

« Ma foi non, dit M. Lancelot, M. Nipon n'a jamais fréquenté que l'école primaire. Mais c'était un élève très studieux; il lisait beaucoup et cherchait surtout à bien comprendre ce qu'il étudiait. Aussi son père songeait-il à lui faire prendre une profession libérale*. Mais l'enfant, habitué de bonne heure aux travaux de la campagne, ne voulut jamais quitter la maison paternelle. Et il fit bien, car M. Jean Nipon est aujourd'hui le plus riche propriétaire de la commune, et ses conseils sont toujours écoutés par ceux qui veulent se tenir au courant du progrès. »

A la lisière du taillis, au milieu des coudriers déjà couverts de chatons*, le sol était capitonné de mousse, et sur le tapis verdâtre s'élevaient les branches vertes et chargées de baies rouges du houx, petit arbuste qui donne seul quelque verdure aux forêts pendant la mauvaise saison.

M. Lancelot voulut emporter un jeune pied de cette plante dans le jardin de l'école et quelques élèves se mirent à enlever la mousse qui recouvrait les racines. Mais bientôt tous reculèrent effrayés en disant qu'ils venaient de découvrir un serpent. Et sur la terre dégarnie, en effet, un reptile assez semblable à une couleuvre, reposait enroulé et immobile.

M. Lancelot s'approcha, examina l'animal et, au grand

étonnement des élèves, le prit tranquillement dans ses mains.

« Quel effroi ! dit-il en souriant ; on croirait vraiment

M. Lancelot s'approcha...

que vous avez mis la main sur une vipère. Allons, rassurez-vous, cette bête inoffensive est un orvet, c'est-à-dire un lézard dépourvu de pattes et qui rampe sur le sol à la manière des serpents. Tous les lézards de nos pays s'engourdissent pendant l'hiver et deviennent immobiles

7

comme cet orvet; au printemps, ils commencent à sortir
de leur torpeur, et bientôt on les voit s'agiter vivement
dans les endroits secs et bien ensoleillés.

— Je connais pourtant, dit le jeune Louis, des lézards
qui vivent dans l'eau. J'en vois souvent nager à la surface
ou ramper sur les bords, dans la fontaine située près de
notre maison.

— Bonne observation, mon jeune ami, répliqua M. Lancelot, mais ces animaux n'ont rien de commun avec les
lézards et vous avez pu remarquer qu'ils ont la peau nue
et non recouverte d'écailles comme ces derniers; on les
appelle, suivant leur forme et leur couleur, des tritons ou
des salamandres.

— Au reste, je vous expliquerai toutes ces différences
dès que nous serons rentrés à l'école. Pour le moment, il
est bon de se distraire et je vous permets de profiter de

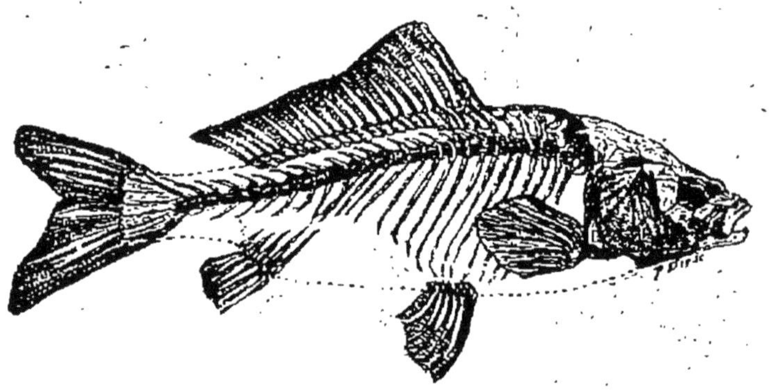

Les poissons sont des vertébrés.

la lisière du taillis pour engager une bonne partie. »

Les élèves ne se firent pas prier, ils jouèrent à la balle
cavalière et leurs cris joyeux retentirent bientôt sous les
arbres.

Dès qu'on fut rentré, M. Lancelot retira du musée un
certain nombre d'animaux qu'il présenta à son jeune
auditoire :

« Voici, dit-il, un poisson conservé dans l'alcool et voici

une charpente osseuse qui soutient les chairs de ce poisson.
Vous voyez que cette charpente se compose principalement
de petits os percés d'un trou et placés à la suite les uns des
autres. Les petits os s'appellent des *vertèbres* et la colonne
creuse formée par toutes les vertèbres s'appelle *colonne*

Les batraciens.

A droite et en haut de la figure une grenouille adulte se disposant à avaler une
mouche ; à gauche et au milieu des grenouilles plus jeunes ; dans l'eau des têtards et
des œufs.

vertébrale. Tous les animaux qui ont une colonne vertébrale dans l'intérieur du corps sont désignés sous le nom de
vertébrés ; tous les animaux qui n'ont pas d'os cachés dans
leurs chairs sont désignés au contraire sous le nom
d'*invertébrés.*

« Les animaux vertébrés sont les Poissons, les Batraciens, les Reptiles, les Oiseaux et les Mammifères.

Le lézard gris (2 fois plus petit que nature) est un reptile.

« Les *Poissons* ne peuvent vivre que dans l'eau; ils respirent l'air contenu dans ce liquide; et sont couverts d'écailles. La carpe et l'anguille sont des poissons.

« Les *Batraciens*, quand ils sont adultes, recherchent toujours l'eau ou les lieux humides, mais quand ils sont jeunes ils ne peuvent vivre que dans l'eau et reçoivent le nom de *têtards*. Les têtards n'ont pas encore de pattes; ils ont une grosse tête et ressemblent beaucoup à des poissons; mais leur peau est nue comme celle des batraciens arrivés à l'âge adulte.

Les chardonnerets sont des oiseaux.

« Les *Reptiles* respirent dans l'air à tous les âges; leur

peau est couverte d'écailles. Ce sont des animaux à sang* froid comme les batraciens et les poissons.

« Les *Oiseaux* pondent des œufs et respirent dans l'air à tout âge ; ils sont couverts de plumes et se distinguent de tous les animaux précédents et de tous les invertébrés* par la température élevée de leur corps.

« Les *Mammifères* sont des animaux à sang chaud comme les oiseaux ; mais ils sont recouverts de poils, ne

La vache est un mammifère.

pondent pas d'œufs et donnent naissance à des petits qui doivent sucer le lait aux *mamelles** de leur mère. »

Et tout en donnant ces explications, M. Lancelot montrait aux élèves, sur des échantillons bien choisis, les caractères dont il parlait.

« Si Louis veut bien réfléchir maintenant, ajouta-t-il, il verra que les tritons et les salamandres des fontaines, malgré leurs quatre pattes et la queue dont ils sont pourvus, ne sont nullement des lézards.

« Les lézards sont couverts d'écailles ; ce sont des reptiles comme la tortue, comme l'orvet que nous avons trouvé sous la mousse, comme la couleuvre que voici dans l'alcool.

« Les tritons et les salamandres, au contraire, ont la peau nue ; ce sont des batraciens

La salamandre (2 fois plus petite que nature) est un batracien ; elle a la peau nue et dépourvue d'écailles.

comme la grenouille et le crapaud. Au printemps, il vous sera facile de voir dans les mares les paquets d'œufs agglutinés de ces animaux. Si ce sont des œufs de grenouille ou de crapaud, ils donneront naissance à des têtards dépourvus de pattes ; bientôt ces petits animaux auront deux pattes, puis quatre et finalement ils perdront leur queue pour devenir semblables à l'adulte. Si ce sont des œufs de triton ou de salamandre, la queue persistera toujours. »

Les élèves examinèrent attentivement, sur des échantillons conservés dans l'alcool, les quatre formes successives présentées par la grenouille dans son développement. Et, avant de se livrer à d'autres occupations, ils mirent soigneusement en note les explications du maître.

VINGTIÈME LEÇON

Plantes potagères cultivées pour leurs feuilles, leurs tiges ou leurs fleurs.

MATÉRIEL. — Mettre sous les yeux des élèves les graines des plantes décrites dans la leçon, ainsi que ces plantes elles-mêmes, fraîches ou conservées dans l'herbier.

Montrer des griffes d'asperge.

LÉGUMES HERBACÉS

1. — Définition. — Les légumes herbacés* sont ceux dont on consomme les tiges, les feuilles ou les fleurs avant l'époque de la maturité. Ils réclament tous un sol riche, frais, et, pour la plupart, de copieux arrosages.

Les principaux sont les *choux*, les légumes du groupe des *salades*, l'*asperge*, l'*artichaut*, l'*oseille*, l'*épinard*, etc.

2. — Choux. — Les **choux** se sèment dans une terre riche en terreau et se repiquent quelques mois plus tard; ils

Chou de Milan au 1/10.   *Chou-fleur* au 1/10.

(Famille des crucifères *).

réussissent dans tous les terrains qui présentent suffisamment de fraîcheur et demandent de fréquents arrosages.

* On sème dans la première quinzaine de septembre ou vers la fin d'août les *choux d'York* et les *choux de Milan d'hiver*, qui seront consommés l'année suivante au début de la belle saison. On sème au printemps les *choux d'Allemagne* ou *gros choux cabus*, le *chou de Milan des Vertus* et les *choux-raves*, qui

seront consommés à l'automne. Enfin, on sème en mai, pour être mangés pendant l'hiver, le *chou de Bruxelles*, les *choux verts d'hiver* et les variétés tardives du *chou-fleur*.

3. — Le chou est une plante bisannuelle qui donne ses fleurs et ses graines pendant la deuxième année de sa végétation. Les *porte-graines* sont choisis parmi les plus beaux pieds, protégés pendant l'hiver et transplantés au printemps.

* 4. — La plupart des espèces de choux donnent des feuilles groupées en tête qui sont seules estimées dans l'alimentation ; les choux d'hiver *têtent** très peu, mais les choux de Bruxelles donnent pendant l'hiver un grand nombre de petites pommes superposées sur la tige. Dans le chou-fleur, on consomme les rameaux florifères gorgés de sucs, et dans le chou-rave la pomme tuberculeuse formée au-dessus du sol par la tige.

La *choucroute* se fait avec les choux d'Allemagne coupés en tranches minces, salés, poivrés, pressés dans des tonnes et abandonnés à la fermentation*.

5. — Les salades. — Nous ferons entrer dans la catégorie des **salades**, tous les légumes herbacés dont les feuilles se mangent fraîches, à l'huile et au vinaigre, ainsi qu'un certain nombre de feuilles qui entrent dans les assaisonnements.

Dans le premier groupe se rangent les *laitues* et les *chicorées ;* dans le second, le *cresson de fontaine*, le *céleri*, le *persil*, le *cerfeuil*, l'*estragon*, le *cresson alénois* et la *ciboulette*.

* 6. — Les vraies salades, à l'exception du cresson, se sèment en pépinière et se repiquent quelques semaines plus tard ; on recouvre les graines avec une mince couche de terreau.

Les semis se font en août et septembre pour la *laitue de Versailles*, la *laitue de la Passion*, la laitue *romaine blonde de Brunoy* et la *romaine verte*.

Ils se font au printemps et se continuent pendant une partie de la belle saison pour la *laitue crêpe ronde*, la *laitue du Trocadéro*, la *romaine blonde*, la *romaine verte*, les *chicorées endives* et les *chicorées scaroles*.

7. — Les *laitues ordinaires* se consomment quand elles sont

pommées ou quand elles ont suffisamment de feuilles. Pour faire *blanchir* les feuilles des romaines et des chicorées, on les met à l'abri de la lumière en liant les feuilles au sommet.

8. — Le *céleri*, qui se sème au printemps, se repique en juin ou juillet, dans une fosse de 10 à 15 centimètres de profondeur. Quand il a acquis son complet développement, on lie ses feuilles et on comble la fosse pour le faire blanchir.

Le *céleri-rave*, dont on mange les racines cuites, est une variété tuberculeuse du céleri ordinaire.

Le *cresson de fontaine* se cultive dans des fossés remplis d'eau courante; le *persil*, le *cerfeuil*, la *ciboulette*, l'*estragon* et le *cresson alénois* forment des bordures, des carrés, ou de petites touffes, dans l'intérieur des jardins.

9. — La *chicorée sauvage* se cultive comme ces dernières plantes ; on la consomme verte. Quand on veut avoir de la chicorée blanche, on enterre les racines à la cave dans du sable, et les feuilles qui poussent forment ce qu'on appelle la *barbe de capucin*.

10. — Asperges. — L'asperge se sème à l'automne ou à la fin de l'hiver dans une pépinière fumée l'année précédente ; avant la levée des graines, on répand sur le sol une

Coupe d'une aspergerie nouvellement formée.

Jeune griffe d'asperge.

couche de très bon terreau ; puis on sarcle et on bine les jeunes plants.

On les arrache au printemps, au bout d'un an ou de 18 mois, et on les transplante dans l'**aspergerie**.

11. — Les terrains sablonneux et légers donnent les aspergeries les plus productives, les terrains demi-argileux produisent les plus belles asperges.

* Pour établir une aspergerie, on creuse des fosses parallèles de 50ᶜᵐ de largeur et de 20 à 24ᶜᵐ de profondeur ; ces fosses sont

.7.

séparées par des intervalles de 0^m,70 sur lesquels la terre est disposée en ados à deux versants.

Sur le fond du fossé on dépose une mince couche de fumier d'étable à moitié pourri, et on recouvre ce fumier tassé d'une couche de terre plus mince encore.

Au printemps suivant, on ouvre, au fond du fossé, de petits trous distants de 0^m,80 et on arrache en même temps les jeunes plants dont la partie inférieure forme une *griffe* ou plateau chargé de racines.

Les griffes sont déposées au fond des trous sur une petite butte de terreau et on les recouvre avec une mince couche de terre. Avant de déposer les griffes on a eu soin de couper l'extrémité de leurs racines.

Pendant les deux années suivantes, on fait des binages et des sarclages fréquents, et, à l'automne, pour éviter le séjour de l'eau qui ferait pourrir les griffes, on enlève quelques centimètres de terre. Cette terre est jetée sur l'ados et remise en place au printemps. On coupe préalablement les tiges au-dessus du sol.

Les années suivantes on recouvre les griffes d'une butte de terre *empruntée à l'ados*; cette butte de terre sera toujours de plus en plus large et épaisse, car les griffes se développent, s'étendent et la butte sert à étioler les jeunes pousses utilisées dans l'alimentation et désignées sous le nom d'*asperges*. On donne en outre, à l'automne, une bonne fumure après avoir enlevé la terre jusqu'aux griffes et on ne laisse toujours que peu de terre dans les tranchées, l'asperge craignant plus l'humidité que le froid.

On récolte quelques asperges pendant la troisième année, et l'aspergerie, si elle est bien tenue, peut donner des produits pendant vingt ans.

Artichaut au 1/6
(famille des composées*).

12. — Artichaut. — On mange, dans l'artichaut, les feuilles écailleuses et charnues qui enveloppent les fleurs, et le plateau élargi qui porte celles-ci.

L'artichaut aime les terres riches, profondes, fraîches, et les arrosages fréquents; il se multiplie ordinairement par *œilletons*, c'est-à-dire par *rejets* détachés des plants en végétation. Ces œilletons sont plantés dans de petites fosses bien fumées.

En hiver, on coupe les feuilles et on butte les pieds avec de la terre : au printemps, on enlève tous les rejets à l'exception de deux ou trois des plus vigoureux.

13. — L'épinard et l'oseille. — L'épinard et l'oseille sont uniquement recherchés pour leurs feuilles ; les terres fraîches leur conviennent à merveille.

L'*épinard* craint la chaleur, aussi les semis d'automne sont-ils plus rémunérateurs que ceux de printemps.

L'*oseille* est moins difficile sous ce rapport ; il est préférable de l'obtenir par semis que de la multiplier par éclats *.

RÉSUMÉ

1 à 4. — Les principaux *légumes herbacés* du jardin potager sont les choux, les salades, l'asperge, l'oseille et l'épinard.

5 à 9. — Les plantes cultivées comme *salades* sont les laitues, la chicorée, le cresson et le céleri ; celles qui entrent dans les *assaisonnements* sont le persil, le cerfeuil, la ciboulette et l'estragon.

10 à 22. — La culture des artichauts et surtout celle des asperges demandent des soins tout particuliers.

QUESTIONNAIRE. — **1. Qu'entendez-vous par légume herbacé ? — 2. Comment cultive-t-on les principales variétés de choux ?** — 3. Parlez des porte-graines du chou ? — 4. Quelles parties utilise-t-on dans les choux ? — **5. Quelles sont les plantes cultivées comme salades ?** — 6. Parlez de la culture des vraies salades. — 7. Comment fait-on blanchir les romaines et les chicorées ? — 8. Que savez-vous sur les plantes cultivées pour les assaisonnements ? — 9. Comment cultive-t-on la chicorée sauvage ? — **10. Que savez-vous sur les semis d'asperges ?** — 11. Quels sont les terrains qui conviennent le mieux à la culture des asperges ? — Comment établit-on une aspergerie ? — 12. Que savez-vous sur l'artichaut ? — 13. Sur la culture de l'épinard et de l'oseille ?

VINGT ET UNIÈME LEÇON

Plantes potagères cultivées pour leurs tubercules, leurs bulbes, leurs racines ou leurs fruits.

MATÉRIEL. — Mettre sous les yeux des élèves les plantes et les produits dont il est question dans la leçon.

PRÉPARATIONS. — 1° Séparer les caïeux d'un bulbe d'ail et comparer la structure de ce dernier avec celle d'un oignon (couper l'oignon en travers).

2° Séparer, avec leurs racines, les rejets d'un fraisier.

PLANTES TUBERCULEUSES

1. — Pomme de terre. — La **pomme de terre** est la plante tuberculeuse la plus importante de notre pays, mais elle se plaît surtout dans les champs et nous parlerons de sa culture plus loin.

Pomme de terre marjolin au 1/2
(famille des solanées *.)

La pomme de terre marjolin est peu productive, mais ses tubercules sont d'excellente qualité, surtout quand on les récolte dans une terre légère.

Dans les jardins, on ne cultive que les variétés hâtives et notamment le *marjolin*. Pour l'obtenir de bonne heure au printemps, on fait germer ses tubercules dans une pièce chaude et éclairée, puis on les plante en ados contre un mur exposé au sud.

La *jaune longue de Hollande* est moins précoce mais plus productive que le marjolin.

PLANTES BULBEUSES

2. — Généralités. — Les plantes bulbeuses sont celles dont les feuilles se groupent et se pressent à la naissance des racines, pour former un corps charnu, désigné sous le nom de **bulbe**. L'*oignon*, l'*ail*, l'*échalote* et le *poireau*, sont les principales plantes bulbeuses.

3. — Les plantes bulbeuses n'aiment pas le fumier frais et doivent être cultivées dans un sol largement fumé l'année précédente; toutes préfèrent des terrains légers et n'exigent des arrosages qu'au moment des sécheresses. Le poireau seul se plaît dans les terrains frais et réclame des arrosages multipliés.

4. — Culture spéciale de chaque espèce. — L'oignon se sème soit à l'automne, soit vers les premiers jours de février, et on le repique pendant les mois d'avril et de mai. On emploie aussi des petits oignons obtenus en pépinière dans le courant de l'année précédente.

Bulbes d'ail au 1/3.
(famille des liliacées *.)

Quand les pieds d'ail sont déjà forts on tord les tiges pour favoriser le développement des caïeux.

5. — L'**ail** et l'**échalote** se reproduisent par *caïeux*, c'est-à-dire par portions détachées du bulbe. On plante au mois de novembre ou bien en février ou mars, et on les préserve de l'influence de l'humidité en déchaussant les pieds quand ils sont arrivés à leur maximum de croissance.

6. — Le **poireau** se sème au commencement du printemps et se repique en juin après qu'on a rogné feuilles. Au lieu de se conserver dans des endroits secs comme les autres plantes bulbeuses, il doit être mis dans des fosses et recouvert de terre jusqu'aux feuilles.

LÉGUMES CULTIVÉS POUR LEURS RACINES

7. — Différentes espèces et culture. — Les légumes cultivés pour **leurs racines** sont la *betterave*, la *carotte*, les *radis*, les *navets*, les *salsifis* et le *panais*. Beaucoup de ces plantes sont cultivées en grand dans la ferme et comme telles seront étudiées plus loin ; toutes réclament un sol riche et fumé avant l'hiver.

8. — La **betterave** se sème au printemps et se repique quand elle est assez forte. La *betterave jaune* et la *betterave rouge de Castelnaudary* donnent des racines utilisées pour la table ; on recherche pour le même objet les *côtes* ou nervures d'une variété connue sous le nom de *bette* ou de *poirée*.

9. — Les **carottes** sont rouges, jaunes ou blanches ; les plus rouges et les moins développées sont les meilleures pour la table ; les blanches sont surtout destinées à l'alimentation du bétail. Les carottes se sèment au printemps et s'éclaircissent plus tard ; on les conserve en silos ou à la cave dans du sable ou de la sciure de bois.

Radis au 1/3.

Les radis, de la famille des crucifères*, possèdent des propriétés apéritives et dépuratives.

10. — Les **panais** et les **navets** se cultivent comme les carottes.

Les **radis** se sèment pendant toute la belle saison. Quand on veut en avoir de bonne heure on emploie la culture sur couches.

11. — Les **salsifis** se sèment au printemps et se récoltent dans le courant de l'hiver suivant.

LÉGUMES CULTIVÉS POUR LEURS FRUITS

12. — Diverses espèces. — Les légumes cultivés pour **leurs fruits** sont : 1° le *pois* et le *haricot* ; 2° la *tomate*, *l'aubergine* et le *piment* ; 3° le *melon*, la *citrouille* et le *concombre* ; 4° le *fraisier*.

13. — **Pois, haricot**. — Le pois et le haricot étant cultivés dans les champs, nous ne signalerons ici que les variétés propres aux jardins.

* Les **pois** se divisent en deux groupes ; ceux dont on peut manger les *cosses** ou *pois mange-tout* et ceux dont les graines seules sont comestibles ; ces derniers s'appellent *pois à écosser*. Dans chacun des deux groupes, on rencontre des pois *nains* et des *pois grimpants* ; les premiers végètent à la surface du sol, les seconds doivent être soutenus par des *tuteurs*.
On peut établir la même division pour les **haricots**.

14. — Les pois et les haricots se plantent en lignes et en place ; les premiers pendant toute la belle saison et les autres au printemps. Le haricot est beaucoup plus sensible aux gelées que le pois.

15. — **Tomate, aubergine et piment**. — La **tomate** est une plante délicate. On la sème sur couche vitrée en janvier ou février, on la transplante en ados contre un mur au mois de mai, on pince les jeunes pousses afin de faciliter la formation des fleurs, enfin on enlève les feuilles qui recouvrent les fruits dès que ceux-ci commencent à rougir.

16. — Le **piment** et surtout l'**aubergine** préfèrent le climat du midi de la France ; dans le centre et dans le nord, ils doivent être cultivés sur couche avant d'être plantés en pleine terre, et en bonne exposition, quand les gelées ne sont plus à craindre.

17. — **Melon**. — Le **melon** se cultive en *pleine terre* dans le midi de la France, sur *buttes* et sur *couches* dans le nord.

* La culture sur buttes se pratique de la manière suivante : On fait au mois de mai une butte de 0^m,50 de hauteur avec un mélange bien tassé de fumier avancé et de feuilles mortes ; on recouvre la butte d'une petite couche de terre, on fait un trou au sommet, on y met un peu de terreau et quelques graines de melon, puis on recouvre aussitôt d'une cloche.

Plus tard, on ne laisse sous chaque cloche que les deux plants les plus vigoureux; on les coupe au-dessus de la deuxième feuille afin de faire pousser des branches; on pince, pour faire refluer la sève à la base, les deux rameaux qui se sont développés, et plus tard les autres rameaux qui se développent encore et qui se garnissent de fleurs. Enfin, on enlève la cloche et on recouvre le sol d'un paillis.

On ne laisse qu'un petit nombre de fruits et on répète les pincements et les arrosages pour les faire grossir.

Melon dit Cantaloup au 1/16.

Le melon, de la famille des cucurbitacées *, est un fruit qui possède des propriétés purgatives.

18. — On peut cultiver ainsi le *melon maraîcher* à côtes peu rugueuses, et le *cantaloup* à côtes fortement mamelonnées. Le *cantaloup Prescott* est de beaucoup le plus estimé.

19. — **Citrouille et concombre**. — La citrouille est fréquemment désignée sous le nom de *potiron* et de *courge;* elle peut atteindre des dimensions considérables et peser parfois 100 kilogrammes. Elle réclame une riche fumure et se plante au printemps.

20. — Le **concombre** réclame les mêmes soins; ses fruits mûrs sont mangés eu salades; quand ils sont très jeunes on les confit dans le vinaigre et ils prennent le nom de *cornichons.* On fait avec le concombre et du saindoux une pommade contre les dartres.

21. — **Fraisier**. — Le **fraisier** croît naturellement dans les bois et c'est là qu'il donne ses fruits les plus savoureux. C'est dire qu'il aime les terres légères et riches en terreau.

* Dans la culture, il est remplacé par la *fraise des quatre saisons* qui se rapproche le plus de la fraise des bois et par les *grosses fraises* qui atteignent de fortes dimensions sans garder la fine saveur du fruit sauvage.

22. — Les fraisiers se multiplient généralement par *coulants.*

Les coulants sont des rejets qui rampent sur le sol, s'enracinent à une certaine distance du pied mère et donnent naissance à des pieds nouveaux qui finissent par s'isoler complètement. Les coulants épuisent le pied mère, ils doivent être supprimés pendant la période de floraison et de fructification.

RÉSUMÉ

1. — La pomme de terre est la principale *plante tuberculeuse* cultivée dans le jardin.

2 à 6. — Les *plantes bulbeuses* des jardins sont l'oignon, l'ail, l'échalote et le poireau.

7 à 11. — Les *légumes cultivés pour leurs racines* sont la betterave, la carotte, le panais et le salsifis.

12 à 22. — Les plantes cultivées *pour leurs fruits* sont : 1° le pois et le haricot, 2° la tomate, l'aubergine et le piment; 3° le melon, la citrouille et le concombre; 4° le fraisier.

QUESTIONNAIRE. — 1. Que savez-vous sur la culture de la pomme de terre? — **2. Quelles sont les principales plantes bulbeuses?** — 3. Quels sont les terrains et les soins qu'elles réclament? — 4. Parlez de la culture de l'oignon. — 5. de l'ail et de l'échalote. — 6. du poireau. — **7. Quels sont les légumes cultivés pour leurs racines?** — 8. Que savez-vous de la culture de la betterave? — 9. des carottes? — 10. du panais, des radis et des navets? — 11. des salsifis? — **12. Quelles sont les plantes cultivées pour leurs fruits?** — 13. Quelles sont les principales variétés de pois et de haricots? — 14. Parlez de la culture des pois et des haricots. — 15. Que savez-vous sur la culture de la tomate? — 16. de l'aubergine et du piment? — 17. du melon. — 18. Quelles sont les principales variétés de melons? — 19. Que savez-vous sur la culture de la citrouille? — 20. du concombre? — 21. Quelles sont les principales variétés de fraisiers? — 22. Comment les cultive-t-on?

VINGT-DEUXIÈME LEÇON

Céréales.

MATÉRIEL. — Mettre sous les yeux des élèves les plantes dont il est parlé dans la leçon, et ajouter : blé, farine de blé, son, pâtes alimentaires, amidon, seigle, orge perlé, orge mondé, avoine et gruau d'avoine, maïs, sarrasin, millet, riz, sulfate de cuivre et chaux vive, blés cariés et charbonnés, feuilles atteintes par la rouille, seigle ergoté.

Pâte de farine de blé, eau, terrine.

EXPÉRIENCE. — Répéter l'expérience de la treizième leçon (p. 94).

1. — Définition. — On donne le nom de **céréales** aux plantes dont les graines servent de base à la nourriture de l'homme et des animaux domestiques.

Les principales sont : le *blé*, le *seigle*, l'*orge*, l'*avoine*, le *maïs*, le *millet* qui appartiennent à la famille des graminées *, et le *sarrasin* qui est de la famille des polygonées*.

2. — **Usages**. — La céréale la plus importante est le blé ou froment. Tout grain de blé se compose de trois parties : le *gluten*, l'*amidon* et le *son* ou enveloppe. Les bonnes farines se composent exclusivement de gluten et d'amidon. Le gluten est un élément azoté et très nourrissant qui donne à la pâte sa consistance. (Voyez levûre au lexique.)

* La partie centrale des blés demi-durs sert à confectionner des pains de luxe nommés pains de gruau. La partie extérieure est spécialement destinée à la fabrication de l'amidon employé par les repasseuses. La *semoule* s'obtient avec des grains de blé passés au four et concassés.

* 3. — La farine de **seigle**, mélangée avec celle de blé, donne un pain connu sous le nom de pain de *méteil*.

La paille de seigle est moins grosse que celle du blé mais plus résistante; on s'en sert pour confectionner des liens, des paillassons et des ruches.

* 4. — La farine d'**orge** se prête peu à la panification. Elle est avantageusement employée pour l'engraissement des bestiaux et des volailles. L'usage principal de l'orge est de fournir le *malt* employé pour la fabrication de la bière. L'*orge mondé* est fourni par les grains d'orge en partie séparés de leur enveloppe; si les téguments sont complètement enlevés, on a l'*orge perlé**.

* 5. — L'**avoine** est donnée en grain aux chevaux et aux volailles. Réduite en farine et mélangée avec celle de seigle et d'orge, elle fournit une nourriture précieuse pour l'engraissement des animaux de boucherie. Les grains d'avoine mondés portent le nom de *gruaux* et servent à faire des tisanes adoucissantes.

* 6. — Le **maïs**, coupé en vert, fournit un fourrage sucré très estimé. En grain, on le fait cuire pour engraisser les volailles; en farine, il est employé sous forme de bouillie dans l'alimentation.

* 7. — Le **sarrasin**, cultivé en Bretagne et en Limousin comme plante alimentaire pour l'homme, n'est guère employé ailleurs que pour la nourriture des volailles. Enfoui en vert, le sarrasin forme un excellent engrais végétal.

* 8. — Le **millet** est peu employé pour la nourriture de l'homme. Il est la base de la nourriture de certains oiseaux élevés en cage. Le millet décortiqué remplace la semoule.

Le **sorgho** donne un bon fourrage vert et ses rameaux florifères* servent à faire des balais ; le **riz** est employé pour la nourriture de l'homme.

9. — Maladies. — Les céréales sont sujettes à diverses maladies, telles que la carie et le *charbon*, qui diminuent considérablement la récolte et donnent un mauvais goût au pain. Pour les en préserver, on soumet les semences à l'opération du **chaulage** ou du **sulfatage**, qui consiste à faire tremper les graines dans un lait de *chaux* ou dans une dissolution de *sulfate de cuivre*[1]. Une autre maladie attaque les feuilles et leur donne une couleur rougeâtre ; c'est la *rouille*, que l'on évite *en partie* en éloignant l'épine-vinette des champs de blé.

Enfin, le seigle est atteint d'une maladie connue sous le nom d'ergot ; le *seigle-ergoté* est un violent poison : il se présente sous la forme de grains bruns, volumineux et allongés.

10. — Culture générale des céréales. — Les céréales demandent un sol ameubli et fumé quelque temps avant les semailles ; c'est pourquoi on laboure profondément le sol, sur lequel on a répandu le fumier, un

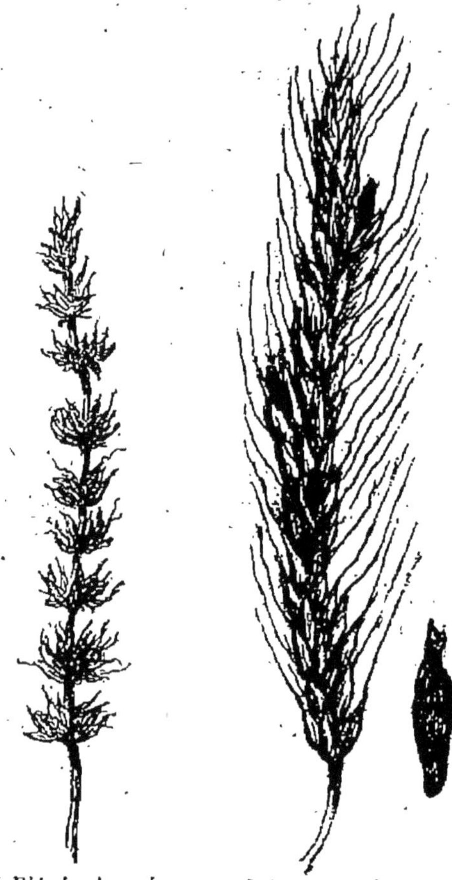

Blé charbonné.

Seigle ergoté et ergot détaché de l'épi.

Le charbon est dû à un champignon qui croit à l'intérieur de la céréale et s'attaque particulièrement aux parties florales. La plante atteinte de cette maladie est faible et les grains sont complètement transformés en une poussière noirâtre.

L'ergot est un champignon qui s'attaque particulièrement au seigle et qui se substitue au grain ; il atteint parfois 3 et 4 centimètres de longueur. Lorsqu'il est mêlé en grande quantité au seigle il provoque chez l'homme qui en consomme la farine une maladie très grave connue sous le nom de gangrène sèche.

---

1. On emploie 375 gr. de *chaux* ou 50 gr. de *sulfate de cuivre* par litre d'eau ; 5 litres de liquide suffisent pour humecter un hectolitre de grain.

mois avant de semer le grain. Au moment de semer on donne simplement un labour superficiel.

11. — On ajoute assez souvent au grain parfaitement nettoyé et criblé, de l'année précédente, des engrais pulvérulents tels que *nitrate de soude, sulfate d'ammoniaque, superphosphate de chaux, chlorure de potassium, tourteaux*, pour suppléer à l'insuffisance des fumiers. Mais il est nécessaire de ne pas abuser des engrais chimiques et en particulier des engrais azotés qui, employés avec excès, ont l'inconvénient de favoriser la verse* des épis.

Chaulage ou sulfatage du blé.

Pendant qu'on jette le lait de chaux ou la dissolution de sulfate de cuivre sur le tas de grain, un ouvrier le brasse constamment pour que toutes les graines soient bien imprégnées du liquide. On le remue ensuite toutes les heures pour que la semence ne soit pas trop humide. Le lendemain, le grain est bon à semer.

12. — Il est préférable de répandre ces engrais en couverture, au printemps, après avoir donné un fort hersage pour faire **taller*** les pieds, et avant de passer le rouleau.

13. — Semailles. — Les semailles se font à la volée à la main, ou en lignes au semoir (voir p. 142). Les semailles en lignes sont plus économiques et favorisent les sarclages qui doivent être exécutés fréquemment pendant le cours de la végétation.

14. — Classification des céréales. — On divise les céréales en deux catégories : les **céréales d'hiver** et les **céréales de printemps.** Il existe, pour chacune d'elles, des variétés nombreuses.

15. — Les céréales d'hiver sont celles qui rendent le plus; mais assez souvent la mauvaise saison ne permet pas de semer toutes celles dont on a besoin, quelquefois aussi les gelées détruisent celles qu'on avait semées; c'est pourquoi on est obligé de recourir aux céréales de printemps.

16. — **Culture particulière des céréales.** — Le **blé** ou **froment** réussit bien dans les sols argileux et surtout dans les terrains d'alluvion *.

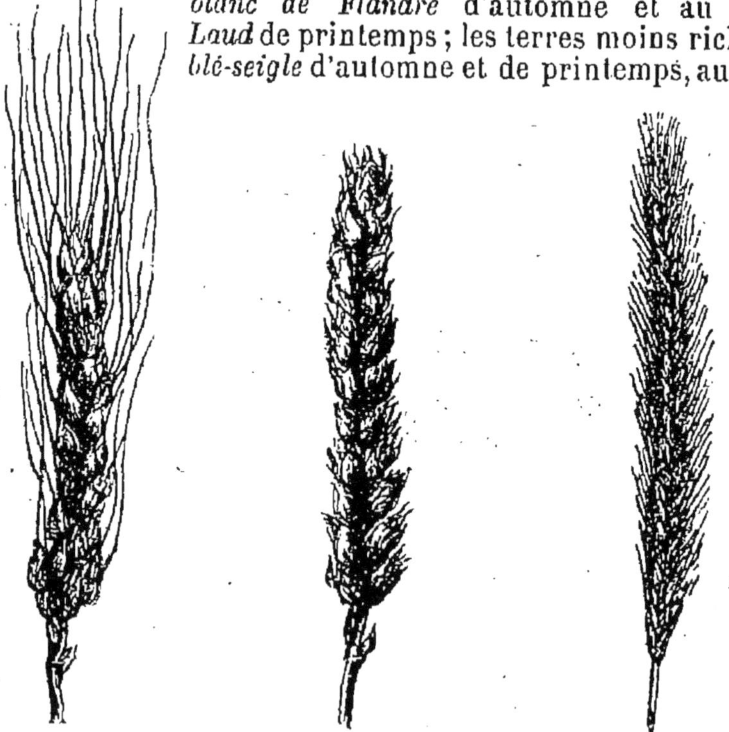

* Les terres d'alluvion conviennent au blé *blanc de Flandre* d'automne et au *Saint-Laud* de printemps; les terres moins riches au *blé-seigle* d'automne et de printemps, au *blé de*

Blé barbu de printemps   *Froment d'hiver commun*   *Seigle d'hiver*
au 1/2   (2 fois plus petit que nature)   (2 fois plus petit que nature)

Le blé barbu de printemps, au grain renflé, demi-tendre, donne de bons résultats dans les terres légères.

Le blé d'hiver commun est très rustique et réussit bien dans les terres fort argileuses.

Le seigle d'hiver est la variété la plus commune. On le sème à l'automne pour en récolter le grain l'année suivante, ou bien on le sème en juin pour obtenir un abondant fourrage vert à la fin de l'été.

Champagne d'automne et au *Chiddam de mars*; les terres argilo-calcaires au *blé de Noé* d'automne et de printemps; les terres froides et argileuses au *blé poulard d'Australie*. L'*Odessa*, la

Richelle conviennent au midi de la France, le *blé de Bordeaux* à notre pays tout entier et à tous les terrains. Le rendement est en moyenne de 25 hectolitres par hectare.

Le blé se sème à raison de 200 litres à l'hectare, un peu plus quand on sème à la volée, un peu moins quand on emploie le

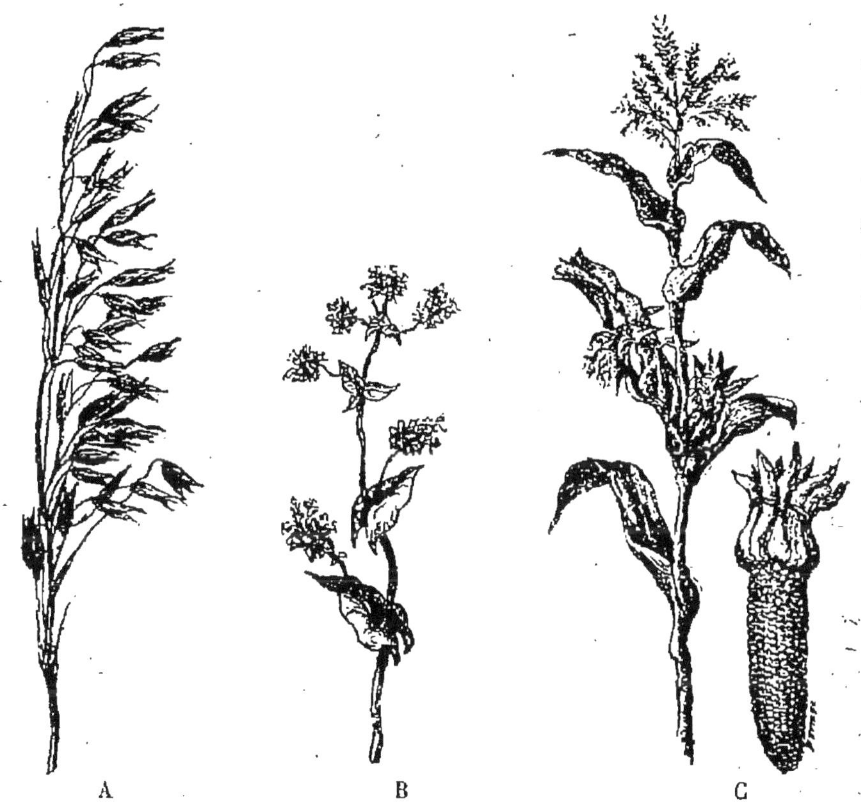

A   B   C

A, *avoine commune* (2 fois plus petite que nature); B, sommité de *sarrasin* au 1/6; C, sommité de *maïs* en fleur et épi de maïs au 1/6.

semoir. Les blés doivent être hersés et roulés au printemps, puis quand ils sont faibles, traités par les engrais en couverture et notamment par le nitrate de soude, à la dose de 100 à 150 kilog. à l'hectare. (Voir Agriculture pratique, p. 49 et 199.)

17. — Le **seigle** aime les terres légères : il se sème à l'automne en même quantité que le blé. Son rendement est peu différent.

18. — L'**orge** se plaît dans les terres calcaires ou argilo-siliceuses. Il se sème en même quantité que le blé et peut donner un rendement de 40 hectolitres à l'hectare. Il y a des orges d'hiver et des orges de printemps.

19. — L'avoine ne réussit bien que dans les terres franches et légères. On sème l'avoine de printemps en février dans le midi, et en mars dans le nord, à raison de 250 à 300 litres à l'hectare. Le rendement peut être de 45 hectolitres. (Voir Engrais, p. 173 et 230.)

20. — Le **maïs** ou **blé de Turquie** ne mûrit à point que dans le sud-est et le midi de la France. On le sème en lignes au printemps et on lui donne plusieurs buttages. On emploie 20 kilogr. à l'hectare et on récolte 35 à 40 hectolitres de grain. (Voir Engrais, Agriculture pratique, p. 230.)

21. — Le **sarrasin** ou **blé noir** se sème en juin et se récolte au commencement de l'automne. On emploie 80 litres de semences par hectare et on récolte 25 hectolitres.

22. — Le **millet** et le **sorgho** se cultivent surtout dans le midi. Le millet aime les terres légères et sablonneuses.

Le **riz** est une plante qui ne croît pas en France. On le cultive dans les terrains marécageux de l'Italie, de l'Inde et de tous les pays chauds de l'extrême Orient.

RÉSUMÉ

1 à 8. — Les principales *céréales* sont : le *blé*, le *seigle*, le *maïs*, le *sarrasin*.

9. — Le *blé*, avant d'être semé, est soumis à l'opération du *chaulage* ou du *sulfatage* afin de le préserver de la *carie* et du *charbon*.

10. — Les céréales demandent un sol parfaitement ameubli et fumé quelque temps auparavant.

11 et 12. — Il est bon de répandre des engrais azotés et phosphatés sur les céréales, lorsqu'elles commencent à pousser.

13 à 22. — Le *blé* et le *seigle* se sèment généralement à l'automne, ainsi qu'une espèce d'*orge* et d'*avoine*. Mais toutes les céréales peuvent se semer au printemps.

Questionnaire. — **1. Qu'appelle-t-on céréales et quelles sont les principales?** — 2. Quelle est la céréale la plus importante? Dites ce que vous en savez. — 3. Parlez du seigle. — 4. de l'orge. — 5. Parlez de l'avoine. — 6. du maïs. — 7. Parlez du sarrasin. — 8. Parlez du millet, du sorgho et du riz. — 9. **A quelles maladies sont sujettes les céréales et comment les en préserve-t-on?** — 10. **Parlez de la préparation du sol pour la culture des céréales.** — 11. Qu'ajoute-t-on souvent au grain en le semant? — 12. **A quel moment doit-on préférablement répandre les engrais chimiques?** — 13. **Parlez des semailles et des soins d'entretien des céréales.** — 14. **Comment divise-t-on les céréales d'après leur mode de culture?** — 15. Quelles sont les céréales qui produisent le plus et pourquoi ne fait-on pas que des céréales d'hiver? — 16. Que savez-vous sur la culture du froment? — 17. du seigle? — 18. de l'orge? — 19. de l'avoine? — 20. Parlez de la culture du maïs. — 21. du sarrasin. — 22. du millet, du sorgho et du riz.

VINGT-TROISIÈME LEÇON

Prairies naturelles et artificielles.

MATÉRIEL. — Mélanges divers pour les différentes espèces de terre (grosses et petites graines), graines de trèfle, de sainfoin, de luzerne, etc.

PLANTES *à mettre sous les yeux des élèves.* — Ray-grass, houlques, paturin des prés, fléole, dactyle pelotonné, bromes, flouve odorante, brize tremblante, agrostis, fétuque, vulpin, avoines, roseaux, joncs, prêles, mousse, trèfle, luzerne, lupuline, etc.

1. — Utilité. — Les **prairies** sont nécessaires pour élever le bétail : le cultivateur soucieux de ses intérêts doit donc leur réserver une partie de ses terres. « Si tu veux du blé, dit le proverbe, fais des prés ; avec du foin on a du bétail ; avec du bétail on a du fumier ; avec du fumier on a du blé. »

2. — On distingue deux sortes de prairies : les *prairies naturelles* ou permanentes et les *prairies artificielles* ou temporaires.

PRAIRIES NATURELLES

3. — Définition. — Une **prairie** naturelle est une

Vaches au pâturage.

prairie qui dure longtemps et qui est composée principalement de plantes de la famille des *graminées* *.

4. — Consommation. — Le foin est constitué par les herbes sèches des prairies naturelles ; il forme une nourriture excellente pour les animaux de la ferme.

5. — Lorsque l'herbe est mangée à mesure qu'elle pousse, par les bestiaux qu'on y fait paître, la prairie prend le nom de **pâturage**.

6. — Plantes des prairies. — Les principales *plantes utiles* des prairies naturelles sont le *ray-gruss*, le *dactyle*, la *fétuque*, la *fléole*, la *paturin*, la *brize tremblante*, l'*houlque*, etc.

A, *Ray-grass anglais* ou *Ivraie vivace* au 1/4. B, *Dactyle pelotonné* au 1/2. C, *Fétuque des prés* au 1/3. D, *Fléole* ou *queue-de-rat* au 1/2.

Le ray-grass et la fétuque conviennent aux terrains frais. Le dactyle aime les sols légers. La fléole vient bien dans les terres argilo-calcaires.

7. — La présence des *joncs*, des *roseaux* et des *prêles* indique une prairie trop humide et qu'il faut assainir.

Les *mousses* se détruisent en répandant, au mois de mars, 200 à 300 kilogrammes de sulfate de fer pulvérulent * à l'hectare.

*** 8. — Création d'une prairie.** — Si la prairie est infestée par des plantes nuisibles ou inutiles, ou bien si elle est formée de plantes de médiocre qualité, il est plus avantageux de la refaire complètement que d'y répandre, comme on le fait souvent, les balayures des greniers en guise de semences.

* 9. — Quand on veut **créer** ou reconstituer **une prairie naturelle**, on laboure profondément le sol après l'avoir fortement fumé à raison de 30 000 à 40 000 kilogrammes de

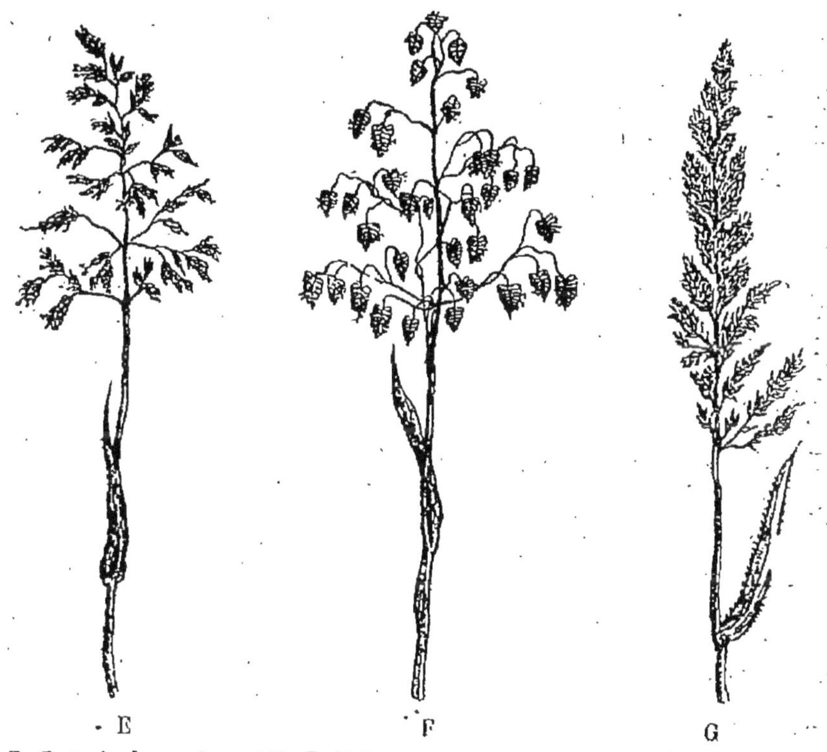

E, *Paturin des prés* au 1/3. F, *Brize moyenne* ou *Amourette* au 1/3. G, *Houlque laineuse* au 1/3.

Le paturin des prés vient bien dans tous les terrains. La brize convient aux terres légères. L'houlque laineuse demande des terrains frais.

fumier de ferme à l'hectare. On enlève ensuite avec soin les racines des plantes nuisibles, puis on sème des graines mélangées de différentes graminées convenant à la nature du sol dont on dispose. Il est bon aussi d'ajouter quelques graines de légumineuses*, telles que celles de petit trèfle, de lotier, d'ers des prés.

* On vend aujourd'hui, dans le commerce, des mélanges tout préparés de grosses et de petites graines pour les diverses

espèces de terre. On sème d'abord les grosses graines que l'on
enterre à la herse, puis les petites que l'on roule simplement.
* Les graines se sèment à raison de 50 à 60 kilog. à l'hectare.

10. — **Soins**. — Les prairies naturelles exigent peu de
soins : on enlève les mauvaises herbes qui y croissent habi-
tuellement ; on les herse au printemps pour détruire les
mousses ; on les irrigue à l'automne.

11. — On peut les arroser avantageusement avec du **purin**
étendu de cinq fois son volume d'eau, et il est bon d'y
répandre tous les ans, au printemps, des engrais phosphatés
et potassiques (200 kilog. de superphosphate de chaux et
100 kilog. de chlorure de potassium à l'hectare), surtout quand
l'herbe n'est pas mangée sur place. Les **cendres** et la **suie** sont
de précieux stimulants pour les prairies.

PRAIRIES ARTIFICIELLES

12. — Définition. — On appelle **prairies artificielles**
les prairies formées de plantes *légu-
mineuses** qui ne durent que quelques années.

**13. — Plantes des prai-
ries artificielles**. — Les
plantes qui composent le plus souvent ces sortes de prairies sont :
le *trèfle*, la *luzerne*, le *sainfoin*, la
lupuline et les *vesces*.

Souvent même on fait entrer la
culture de ces plantes dans l'assolement et la prairie ne dure alors
qu'un an ou dix-huit mois.

La culture des plantes fourragères
légumineuses doit toujours, dans
ce cas, succéder à la culture des
céréales.

14. — Trèfle. — Le trèfle
est la plante par excellence des
prairies artificielles.

Il réussit très bien dans la plupart des sols et particulièrement
dans les terres un peu fraîches.

Les trois principales sortes de trèfle.
(gravure au 1/12).

1, Trèfle commun ; 2, Trèfle incarnat ;
3, Trèfle blanc.
Cette dernière espèce est surtout
employée pour les pâturages et on la
mêle souvent aux plantes des prairies
naturelles.

15. — Le trèfle comprend un certain nombre de variétés

dont les plus importantes sont : le *trèfle commun*, le *trèfle incarnat* et le *trèfle blanc*.

* Le *trèfle commun* se sème au printemps. dans une céréale. Après la moisson, on peut le faire pâturer et il fournit, l'année suivante, deux coupes abondantes que l'on peut faire sécher et transformer en foin.

* Le *trèfle incarnat* se sème à l'automne et fournit, dès le printemps suivant, un fourrage vert d'excellente qualité. La seconde coupe se fait lorsqu'il recommence à fleurir.

16. — Luzerne. — La **luzerne** est la seule plante légumineuse* qui fournisse avantageusement des prairies de longue durée. Elle se sème à raison de 20 à 25 kilog. à l'hectare et produit 10 000 kilog. de fourrage, en trois ou quatre coupes par an.

* 17. — On la sème au printemps, après les gelées, en même temps que l'orge, et on la récolte au moment de la formation

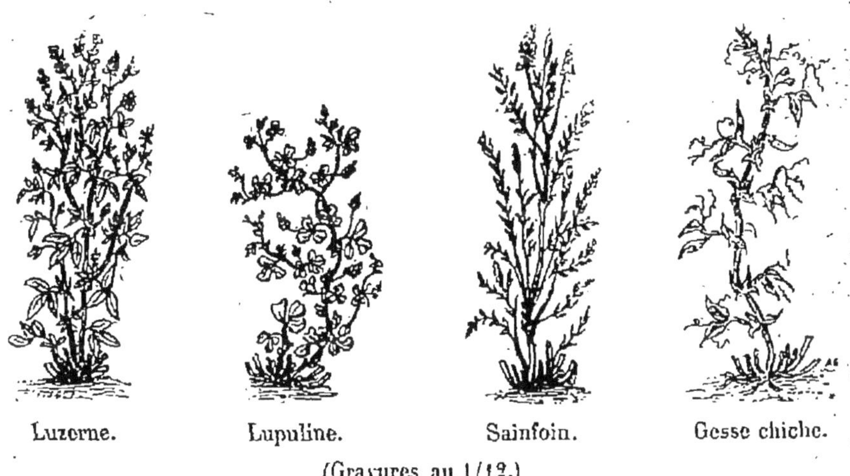

(Gravures au 1/12.)

des épis de la céréale. La première coupe fournit ainsi un fourrage vert d'assez bonne qualité. Les autres coupes se font au moment de la floraison et le fourrage obtenu est séché pour être transformé en foin.

La luzerne demande un terrain profond et dépourvu d'humidité. Ses racines pivotantes s'enfoncent très profondément dans le sol.

18. — **Sainfoin**. — Le sainfoin demande également une terre exempte d'humidité.

* Il réussit très bien dans les sols calcaires et ne donne que deux coupes. On le sème également au printemps et on le récolte au moment où il est en fleurs. On emploie 160 kilogr. de graine à l'hectare et on récolte par an 7 500 kilog. de fourrage.

* 19. — **Lupuline**. — La lupuline, désignée sous les noms de *trèfle jaune* et de *minette dorée* est une petite espèce de luzerne qui réussit bien dans tous les sols et qui se sème au printemps, dans une céréale en végétation, au moment du hersage.

Elle donne deux coupes par an et fournit un fourrage très substantiel mais peu abondant.

* 20. — **Vesces et gesses**. — Les vesces et les gesses réussissent bien dans les sols argileux. Les semailles d'automne donnent un fourrage d'été très abondant. Les semailles d'été ont une végétation très rapide. On récolte ces plantes au moment où les cosses* commencent à se former.

* 21. La **gesse chiche** appelée aussi *jarosse* ou *pois de serpent* et la **lentille à une fleur** ou *jarosse d'Auvergne* sont destinées surtout aux prairies artificielles dans les terres de mauvaise qualité; la première se sème en mars et recherche les sols calcaires, la seconde se sème avec le seigle et aime surtout les terrains siliceux.

Les graines de la *gesse chiche*, de la *gesse velue* et de la *gesse cultivée*, quand elles sont consommées par l'homme, peuvent occasionner la paralysie et même la mort.

22. — **Engrais des prairies artificielles**. — Toutes les plantes des prairies artificielles reçoivent avantageusement des **engrais** composés d'azote, d'acide phosphorique, de potasse et de chaux. On peut, avant qu'elles n'entrent en végétation, répandre avec profit, sur ces légumineuses, des **cendres**, de la **suie**, du **plâtre**, de la **chaux**, des **tourteaux** *en poudre*, du **purin**, etc. (Voir *Agr. pratique*, p. 230.)

RÉSUMÉ

1 à 5. — On désigne sous le nom de prairies naturelles celles qui sont créées depuis longtemps et dont le produit, récolté tous les ans, constitue ce que l'on appelle le *foin*; elles sont nécessaires au cultivateur pour l'élevage du bétail.

6. — Les plantes des prairies sont, pour la plupart, des plantes

de la famille des graminées. Les principales sont le *ray-grass,* les *bromes,* la *fléole,* les *fétuques,* la *brize tremblante,* etc.

7 à 11. — Les prairies veulent être sarclées et hersées au printemps. Il est bon d'y répandre tous les ans, au moment du hersage, des engrais phosphatés et potassiques et de les irriguer pendant tout l'hiver.

12. — On appelle *prairies artificielles* celles qui ne durent qu'une ou plusieurs années seulement.

13. — Les principales plantes qui forment ces prairies sont le *trèfle,* la *luzerne,* le *sainfoin,* la *lupuline,* les *vesces.*

14 à 21. — Elles se sèment au printemps, à l'exception d'une espèce de trèfle, le trèfle incarnat, et des vesces d'hiver que l'on sème à l'automne ; elles donnent toutes un fourrage abondant.

22. — Les plantes des prairies artificielles reçoivent avantageusement, en couverture, des engrais complets formés d'azote, d'acide phosphorique, de potasse et de chaux. On y répand aussi du plâtre avec profit.

QUESTIONNAIRE. — **1 Pourquoi le cultivateur doit-il avoir beaucoup de prairies?** — **2. Combien y a-t-il d'espèces de prairies?** — **3. Qu'est-ce qu'une prairie naturelle ?** — 4. A quoi sert le foin? — 5. Qu'entend-on par un pâturage? — **6. Citez les principales plantes utiles des prairies.** — 7. Que faut-il faire quand on trouve des mousses, des joncs, des roseaux et des prêles dans une prairie? — 8. Comment fait-on quand la prairie est infestée de plantes nuisibles ou inutiles? — 9. Savez-vous comment on crée une prairie naturelle? — 10. Quels sont les soins d'entretien des prairies naturelles? — 11. Doit-on fumer les prairies? — **12. Qu'appelle-t-on prairies artificielles ou temporaires ?** — **13. Quelles sont les plantes qui composent ces prairies?** — **14. Parlez du trèfle.** — 15. Quelles sont les principales variétés de trèfle et comment les cultive-t-on? — **16. Parlez de la luzerne.** — 17. A quelle époque sème-t-on la luzerne, quand se fait sa récolte et quel sol lui convient? — 18. Parlez du sainfoin. — 19. Parlez de la lupuline. — 20. Parlez des vesces. — 21. Parlez des gesses. — 22. Quels sont les engrais qui conviennent aux plantes légumineuses.

MOIS DE MARS

Agriculture pratique.

Travaux principaux à faire exécuter pendant le mois de mars.

CHAMP DE DÉMONSTRATION. — 1° Semer l'avoine à raison de 2 lit. 5 à l'are et ajouter préalablement, dans la moitié du terrain disposé à cet effet, 700 grammes de nitrate de soude ou 500 grammes de sulfate d'ammoniaque, et 250 grammes de chlorure de potassium à l'are.

2° Semer le trèfle à raison de 200 grammes à l'are.

3° Semer les pommes de terre à raison de 20 litres à l'are, après avoir ajouté, **dans la moitié** du terrain, 2500 grammes d'engrais complet à l'are. Cet engrais comprendra 300 grammes de nitrate de soude, 800 grammes de superphosphate de chaux de bonne qualité, 800 grammes de chlorure de potassium et 600 grammes de sulfate de chaux.

4° Semer l'orge de printemps à raison de 2 litres à l'are, l'œillette à raison de 30 grammes, les féverolles, etc.

VIGNE. — Planter les échalas, réparer les treilles, déposer entre les ceps, et tous les trois ans, un engrais formé de 10 kilogrammes de phosphates fossiles, 2 kilogrammes de sulfate de chaux, 2 kilogrammes de nitrate de soude et 2 kilogrammes de chlorure de potassium à l'are; enfouir ensuite par un labour.

JARDINS. — Semer les carottes, les laitues, les radis, le persil, les petits pois, le poireau, l'oignon, l'échalote, l'ail, les choux cabus, les fèves, les haricots, le céleri, les pommes de terre hâtives. Transplanter les choux pommés, les asperges, les fraisiers. Diviser les ciboules et les ciboulettes. — Tailler les rosiers.

ARBRES FRUITIERS. — Procéder à l'échenillage. Continuer la taille.

Promenade scolaire.

(LECTURE)

Monsieur Lancelot avait réuni tous ses élèves : « Mes enfants, leur dit-il, nous irons aujourd'hui nous promener dans la forêt. Si je vous laisse un peu de liberté, vous voudrez bien ne pas en abuser ; vous ne vous écarterez pas trop et vous veillerez à ne pas me perdre de vue. Sans ces précautions, vous courriez le risque de vous égarer et de coucher à la belle étoile, ce qui n'a rien de bien agréable surtout en cette saison. »

Mis en belle humeur par ces paroles et par un beau soleil de mars, les enfants se placèrent sur les rangs et partirent.

A la sortie du village, nos écoliers aperçurent un cultivateur qui répandait sur le sol, en même temps que du chènevis, une espèce de poussière brunâtre ; c'était du tourteau broyé avec soin. « Tiens, dit Joseph, M. Paul qui *donne à manger à sa terre !* En voilà une idée !

perdre ainsi un produit qui servirait si bien à engraisser les bestiaux ! »

M. Lancelot l'avait entendu : « Vous ne réfléchissez guère, en parlant de la sorte, dit-il, et vous babillez en petit étourdi. M. Paul que vous critiquez si fort est un cultivateur intelligent. Il sait qu'il faut rendre à la terre ce qu'on lui prend si l'on veut obtenir de bonnes récoltes et il n'oublie pas de répandre dans le sol les matières nécessaires à la nourriture des plantes qu'il veut récolter. Il désire obtenir dans ce terrain de beaux pieds de chanvre, et il donne au chanvre la nourriture qui lui convient. »

Des bûcherons étaient occupés à débarrasser de leurs branches les gros arbres abattus.

Tout en devisant ainsi, la caravane continuait à marcher et on passa bientôt près de la maison du garde forestier dans laquelle se trouvait justement M. Rufry, l'inspecteur des forêts, qui venait surveiller les coupes. En apercevant la petite troupe, M. Rufry demanda à M. Lancelot où ils allaient, et ce dernier expliqua le but de la promenade. « Voulez-vous me permettre de vous accompagner et de vous suppléer; j'ai quelques heures disponibles, je connais bien la forêt et peut-être pourrai-je donner des explications utiles à vos élèves. » M. Lancelot remercia vivement l'inspecteur de sa proposition et, après une demi-heure de marche, on se trouvait au milieu des bois.

Des bûcherons étaient occupés à débarrasser de leurs branches les grands arbres abattus.

« Venez autour de cet arbre, dit M. Rufry, écoutez-moi et regardez bien. Vous voyez comment est constituée cette *tige*. Au centre, se trouve une partie molle et spongieuse, appelée *moelle*. Tout autour de la moelle se trouve un bois âgé et très dur, c'est le *cœur* de l'arbre. Puis vient une portion dont les fibres sont moins résistantes, et qui forme le jeune bois ou *aubier*. Le tout est protégé par l'*écorce*, également disposée en couches successives mais beaucoup moins épaisses que celles du bois proprement dit.

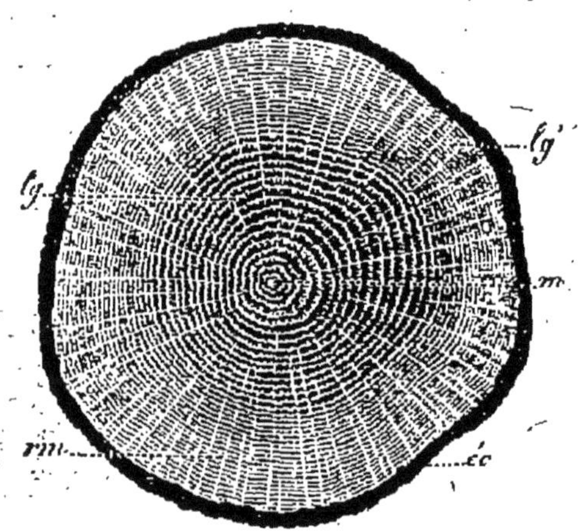

Coupe d'un arbre.

m, moelle ; *lg*, cœur ; *lg'*, aubier ; *ée*, écorce ; *rm*, rayons médullaires qui mettent l'écorce et la moelle en communication.

« Tous les ans, entre le bois et l'écorce, s'est formée une nouvelle couche concentrique* de bois et d'écorce. Ces couches varient d'épaisseur avec la croissance et avec la végétation, mais elles sont toujours égales au nombre des années, et il vous suffira de les compter pour connaître à peu près exactement l'âge du végétal. »

Et les enfants se mirent à déterminer l'âge des arbres récemment abattus.

Voyant qu'ils goûtaient ses explications, M. Rufry fit observer aux enfants que tous les bois n'ont pas la même structure.

« Ces bois dont le tissu est blanc et qui sont assez tendres pour laisser pénétrer la pointe du couteau sont communément appelés *bois blancs* ou *bois tendres*. Ils sont peu résistants, mauvais pour la menuiserie solide, et donnent peu de chaleur en brûlant. Ces bouleaux, ces platanes, les pins et les sapins des grandes forêts, les tilleuls et les marronniers d'Inde des parcs et des voies publiques nous fournissent en abondance des bois tendres. Il en est de même du saule, du peuplier, de l'aune, du châtaignier et du sapin. Le pin et le sapin peuvent se conserver longtemps, car ils renferment une résine qui empêche la putréfaction.

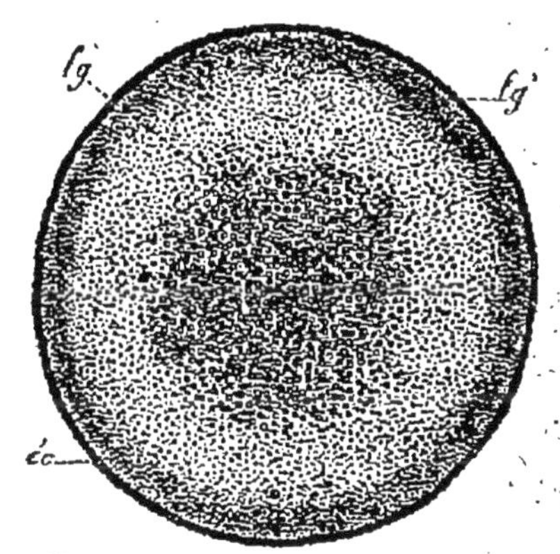

Tous les végétaux ne se développent pas de la même façon; ceux qui sont produits par des graines dites monocotylédones, poussent sans beaucoup grossir, et leurs tiges présentent tout simplement, à l'intérieur, une partie à la fois cellulaire et ligneuse *lg* et *lg'* entourée de l'écorce *éc*. Tels sont les joncs, les roseaux, les céréales.

« Voici maintenant des bois plus ou moins foncés, à tissu serré, et assez résistants pour qu'on les attaque très difficilement au couteau. Ce sont des *bois durs*, excellents pour les constructions, pour la menuiserie et pour le chauffage. Ces chênes, ces hêtres, les faux acacias, les frênes et les noyers donnent des bois durs très estimés, mais cependant de qualités fort variables.»

M. Rufry termina là ses explications au grand regret des élèves. Après quelques minutes de causerie, il prit congé de son auditoire et se dirigea vers un autre point de la forêt où il avait rendez-vous avec des forestiers.

M. Lancelot, de son côté, donna le signal du départ. Mais les enfants ne savaient pas quelle direction ils devaient prendre. « Heureusement, dit l'instituteur en riant, j'ai apporté avec moi un petit instrument qui va nous tirer d'embarras. Voyez ceci, c'est une *boussole**; la partie bleue de son aiguille a la propriété de se diriger toujours vers le nord. Or, savez-vous dans quelle direction se trouve la forêt par rapport à l'école? Au sud, n'est-ce pas. Appro-chez-vous et dites-moi main-

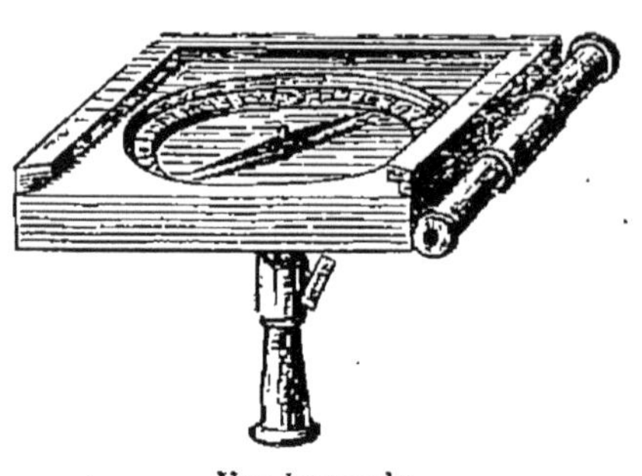

Une boussole.

tenant de quel côté nous devons aller pour rentrer. » Les élèves regardèrent l'appareil et, après réflexion, ils indiquèrent sans se tromper la route qu'il fallait suivre.

La troupe atteignit bientôt les clairières sur la lisière de la forêt.

Après s'être livrés à une bonne partie d'épervier*, tous nos écoliers reprirent le chemin du village, groupés autour de leur maître.

« La vie au grand air, leur disait-il, cette vie du bûcheron fond de sa forêt, engendre des hommes forts et robustes, très bons et très sociables malgré leur solitude.

« Notre pays n'est pas très riche en forêts, et à peine peut-il suffire aux besoins de la population. Mais dans les au Vosges et dans le Jura, où les sapins croissent en abon-dance, en Auvergne et dans le Limousin, au milieu des vastes espaces couverts de chênes et de hêtres, le travail du bois donne naissance à des industries nombreuses.

« C'est là surtout que les arbres se débitent en lambris et en planches. Dans les Vosges et dans le Jura, ce sont des *scies mues par l'eau* comme le moulin de M. François, qui sont chargées de ce travail; mais dans beaucoup de parties de l'Auvergne et du Limousin, les hommes seuls sont chargés de cette besogne pénible, et des *scieurs de long*

Les scieurs de long obtiennent à grands efforts les mêmes résultats que les scies à eau ou à vapeur obtiennent très rapidement.

obtiennent à grands efforts; dans une semaine, les mêmes résultats qu'une scie à eau dans quelques heures.

« Si j'ajoute que les *scies à vapeur* établies dans les villes et dans certaines campagnes, font un travail encore plus considérable que les scies à eau, vous connaîtrez tous les progrès réalisés dans ce genre d'industrie.

« Mais nous approchons du village et le jour commence à baisser ; babillez entre vous à votre aise, afin de mieux réfléchir demain à ce que vous avez vu aujourd'hui. »

VINGT-QUATRIÈME LEÇON

Plantes sarclées.

MATÉRIEL. — Mettre sous les yeux des élèves les plantes, les racines et les tubercules dont il est question dans la leçon et ajouter : fécule-sucre.

Une terrine, de l'eau et une râpe de cuisine.

EXPÉRIENCES. — 1° Râper des pommes de terre, pétrir la pulpe sur la râpe ou sur un tamis, sous un filet d'eau qu'on reçoit dans une terrine. L'eau **entraîne la fécule** qui se dépose au fond de l'eau sous la forme d'une poudre fine et douce. Des débris restent sur la rape.

2° Faire goûter la *betterave* aux élèves, **elle est sucrée**. La *carotte* aussi est sucrée.

1. — Notions préliminaires. — On désigne sous le nom de **plantes sarclées** les plantes qui demandent des binages* et des buttages* fréquents pendant le cours de leur végétation.

2. — La culture de ces plantes sert, dans l'assolement, de préparation à la culture du froment. Elles exigent toutes de fortes fumures enfouies dans le sol à l'automne.

3. — Les principales sont, parmi les tubercules : la *pomme de terre* et le *topinambour* ; parmi les racines : la *betterave*, la *carotte*, le *navet*; parmi les plantes fourragères : le *chou*, et parmi les légumineuses, les *féveroles*, le *pois*, le *haricot* et la *lentille*.

4. — Pommes de terre. — Originaire de l'Amérique méridionale, la **pomme de terre** a été importée en Europe au seizième siècle et propagée au dix-huitième par Parmentier*

Pomme de terre *patraque* au 1/4
Grandeur réelle, 5 à 6 cm.

Pomme de terre *vitelotte* au 1/4.
Longueur réelle, 14 à 16 centimètres.

Les pommes de terre, de la famille des solanées*, se divisent en deux grandes classes : les rondes ou patraques, les longues ou vitelottes.

5. — La culture a produit un grand nombre de variétés dont les principales sont : la *jaune ronde* ou *Chardon*, la *jaune longue de Hollande*, la *rouge ronde de Zélande*, la *vitelotte rouge longue* et la *violette* (voir page 156).

6. — La pomme de terre réussit et prend une bonne qualité dans un sol de consistance moyenne, bien fumé et suffisamment calcaire. Elle affectionne les engrais phosphatés et potassiques. (Voir *Agr. pratique*, page 173.)

7. — Elle se plante au printemps, à l'aide de la charrue, à 50 centimètres en tous sens; elle demande des sarclages fréquents et deux buttages, un léger au moment où les tiges ont atteint une hauteur de 15 à 20 centimètres, et un autre au moment où elles sont arrivées à la moitié environ de leur croissance. Elle s'arrache quand les fanes sont complètement sèches.

Le rendement est environ de 200 hectolitres de tubercules à l'hectare.

8. — Les tubercules sont des rameaux souterrains renflés et gorgés de fécule. Cette fécule est le principe alimentaire le

Tige de topinambour munie de ses tubercules.

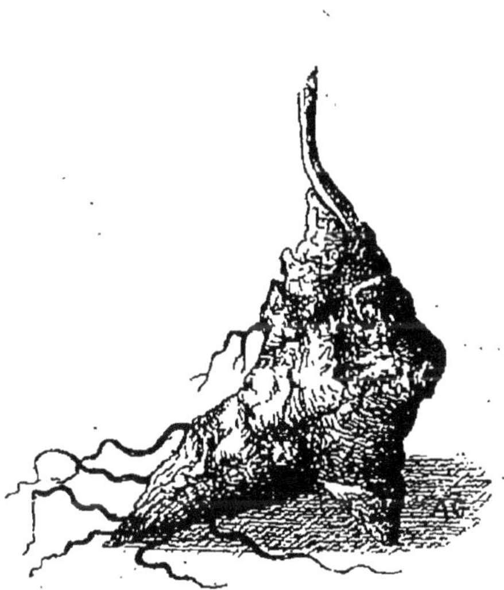

Tubercule de topinambour au 1/4; grandeur réelle 15 cm.

plus important de la pomme de terre; c'est elle aussi qu'on transforme en sucre et en alcool dans l'industrie. Isolée, elle se présente sous la forme d'une poudre blanche, douce au toucher.

9. — Topinambour. — Le **topinambour**, originaire du Brésil, se cultive comme la pomme de terre et préfère les sols calcaires. Les tiges sèches servent à chauffer le four, et ses tubercules, peu estimés pour la nourriture de l'homme, sont avantageusement employés pour l'élevage du bétail. Ils peuvent rester en terre pendant tout l'hiver, car ils ne craignent pas les gelées.

10. — Betterave. — La **betterave** comprend un

grand nombre de variétés, soit comme racines fourragères, soit comme racines destinées à la fabrication du sucre.

* 11. — Les principales betteraves fourragères sont la *disette d'Allemagne rose*, la *jaune globe* et la *disette blanche à collet vert*. Les principales betteraves à sucre sont la *blanche à sucre à collet rose* et la *blanche de Brabant à collet vert*.

Betterave à sucre au 1/15 Longueur réelle, 35 cm.

La betterave à sucre est généralement plus petite que la betterave fourragère.

12. — La betterave demande une terre franche, fortement ameublie par plusieurs labours et richement fumée.

* Outre le fumier de ferme qu'on ne lui ménage pas dans le premier labour, on lui donne un engrais complet formé de tourteaux pulvérisés, de superphosphate de chaux, de nitrate de soude et de chlorure de potassium, soit dans le labour qui précède les semailles, soit au moment du deuxième binage. (Voir *Agr. pratique*, p. 199.)

13. — On sème, au printemps, en pépinière, pour transplanter ensuite à 25 ou 30 centimètres en tous sens, ou bien on sème directement en place et on éclaircit lorsque les pieds peuvent recevoir le deuxième binage. Elle demande trois binages et des sarclages fréquents. Il faut éviter d'enlever les feuilles pendant le cours de la végétation.

* La betterave, qui produit environ 35 000 kilogrammes de racines à l'hectare, s'arrache à l'entrée de l'hiver et peut se conserver en silo (voir page 59).

14. — Carotte. — La **carotte** se plaît dans les terrains frais. On la sème au printemps, en lignes espacées de 20 à 25 centimètres, et on l'éclaircit au moment du premier binage de façon à laisser un intervalle de cinq centimètres entre les racines. Elle demande les mêmes soins que la betterave.

15. — Navet. — Le **navet** se cultive dans les champs en récolte dérobée. On le sème en juillet, on l'éclaircit un mois après et on lui donne plusieurs binages. Il se récolte en novembre.

16. — **Chou**. — Le **chou fourrager** se sème en pépi-

nière, au mois de juin, pour être transplanté en juillet.

* Le *chou cavalier*, le *chou branchu du Poitou* et le *chou moellier blanc* sont les espèces les plus estimées pour fournir à l'automne et au printemps un excellent fourrage vert.

* Le *chou-navet* et le *rutabaga* sont des variétés de choux dont les grosses racines peuvent remplacer les navets; ils se sèment au mois de mai, soit en place, soit en pépinière pour être transplantés un mois après à 35 centimètres en tous sens.

17. — **Féveroles, pois, haricots, lentilles.** — Les féveroles, les pois et les haricots sont des plantes légumineuses dont les graines, renfermées dans une *cosse* *, sont grosses, riches en azote et par conséquent très nourrissantes.

Ces plantes réclament toutes des sarclages et des binages, et à ce titre doivent être rangées parmi les plantes sarclées.

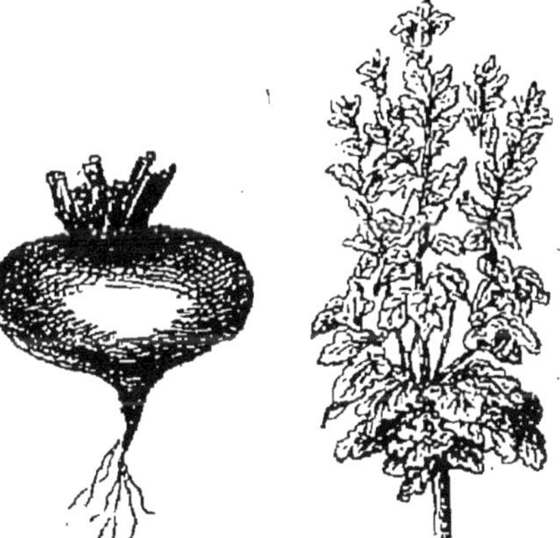

Carotte au 1/4.
Longueur réelle.
20 à 25 cm.

Navet.
Diamètre réel,
10 cm.

Sommité de chou fourrager.

La carotte, de la famille des ombellifères *, comprend un grand nombre de variétés, les unes cultivées comme plantes potagères, les autres, comme racines fourragères.

Le navet et le chou sont de la famille des crucifères *.

* Les féveroles aiment les terres argileuses, un peu humides, riches en potasse et en phosphate de chaux; les pois et les haricots préfèrent les sols légers, de bonne qualité et modérément frais. Les pois redoutent les fumures excessives qui poussent au développement des tiges et des feuilles aux dépens des graines ; les haricots réclament surtout un fumier bien consommé.

Les pois et les féveroles sont des plantes peu frileuses qui se sèment généralement en février ou en mars et parfois, dans le midi surtout, en plein automne ; le haricot est beaucoup plus délicat, il ne se sème guère dans nos climats avant le mois de mai.

18. — Une autre légumineuse, la **lentille**, peut se ranger, à côté des légumineuses précédentes, parmi les plantes sarclées. On la cultive comme le pois, mais elle réclame surtout un terrain léger et calcaire.

19. — Les graines du pois, du haricot et de la lentille sont utilisées dans l'alimentation de l'homme. Celles de la féverole sont fréquemment réduites en farine et mêlée à la farine de froment dans la fabrication du pain. Le pois gris et la féverole sont souvent consommés en vert par les animaux; les graines de pois gris sont aussi données au bétail.

RÉSUMÉ

1 et 2. — On appelle plantes *sarclées* celles qui demandent des sarclages et des binages fréquents pendant le cours de leur végétation. Ces travaux contribuent considérablement à améliorer le sol sur lequel on veut cultiver des céréales. Elles demandent toutes de fortes fumures enfouies à l'automne et se sèment au printemps.

3. — Les principales plantes sarclées sont les *pommes de terre,* les *betteraves*, les *carottes*, les *choux*, le *pois* et le *haricot*.

4 à 9. — La *pomme de terre* se sème au printemps et demande un sol suffisamment calcaire.

10 à 13. — Les *betteraves* sont très exigeantes; on leur donne, en outre des fumures ordinaires, un engrais complet formé de tourteaux, d'engrais potassique et de superphosphate de chaux.

14. — La *carotte* se plaît dans les terrains frais.

15. — Les *navets* se cultivent généralement en récolte dérobée; on les sème en juillet pour les récolter en novembre.

16 à 19. — Le chou, les féveroles, les pois et les haricots peuvent aussi être classés dans cette catégorie de plantes.

QUESTIONNAIRE. — **1. Qu'entend-on par plantes sarclées?** — **2. Quelle place occupent les plantes sarclées dans l'assolement?** — **3. Quelles sont les principales plantes sarclées?** — 4. Parlez de la pomme de terre. — 5. Quelles en sont les principales variétés? — **6. Quel est le sol qui convient à la pomme de terre?** — 7. Dites ce que vous savez de sa culture. — 8. Quelles sont les usages de la pomme de terre? — **9. Parlez du topinambour.** — **10. Parlez de la betterave.** — 11. Citez les principales variétés de betteraves. — **12. Quelle terre et quels engrais préfère la betterave?** — 13. Parlez de sa culture. — **14. Parlez de la carotte et de sa culture.** — **15. Parlez du navet.** — 16. Parlez du chou. — 17. Que savez-vous de la culture de la féverole, du pois et du haricot? — 18. Parlez de la lentille. — 19. Quels sont les usages des légumineuses sarclées?

VINGT-CINQUIÈME LEÇON

Plantes oléagineuses et plantes textiles.

MATÉRIEL. — Graines des plantes dont il est parlé dans la leçon, les plantes elles-mêmes, filasse et toile de chanvre, filasse et toile de lin, farine de lin, olives.

Feuille de papier, benzine ou essence de pétrole.

EXPÉRIENCES. — 1° Écraser quelques graines oléagineuses sur une feuille de papier ; il se forme une tache persistante.

2° Enlever la tache en la frottant avec de la *benzine* ou de l'*essence de pétrole*, liquides qui dissolvent les matières grasses.

PLANTES OLÉAGINEUSES

1. — Définition. — On entend par **plantes oléagineuses** celles dont les graines ou les fruits servent à faire de l'huile. Ces huiles sont employées pour l'éclairage, pour l'alimentation, et peuvent toutes servir à la fabrication des savons.

2. — Les principales sont le colza, la *navette*, la *cameline*, le *pavot* ou *œillette* et l'*olivier*.

3. — Colza. — Le **colza** est une plante oléagineuse et une plante fourragère.

4. — On en connaît deux variétés : le *colza d'hiver* et le *colza de printemps*. Il préfère une terre forte, largement fumée, et demande à être sarclé et biné avec soin. (Voir *Agr. pratique*, p. 199.) On l'étête lorsqu'il est en fleur afin de favoriser la formation des graines. Celles-ci sont mûres

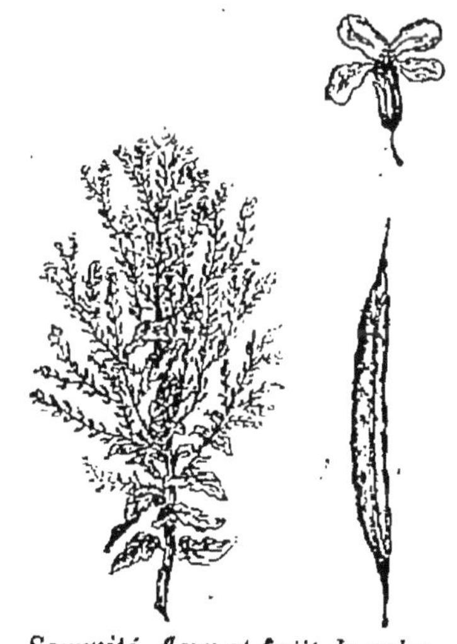

Sommité, fleur et fruit de colza.

Le colza est une espèce de chou qu'on cultive souvent comme plante fourragère ; dans ce cas, on le coupe quand il est en fleur.

quand les fruits, appelés siliques, ont pris une couleur jaune.

5. — Le colza fournit une huile excellente pour l'éclairage et pour la fabrication des savons. On le sème à raison de 6 à 8 kilogrammes à l'hectare, et il produit 25 hectolitres de graine.

6. — Navette. — On connaît deux espèces de **navette**:

la navette d'hiver et la navette de printemps. L'une se sème généralement avec le seigle, l'autre avec l'avoine.

Son huile, employée pour l'éclairage et pour la fabrication des savons, est également comestible*.

7. — Cameline. — La **cameline** est la plus rustique

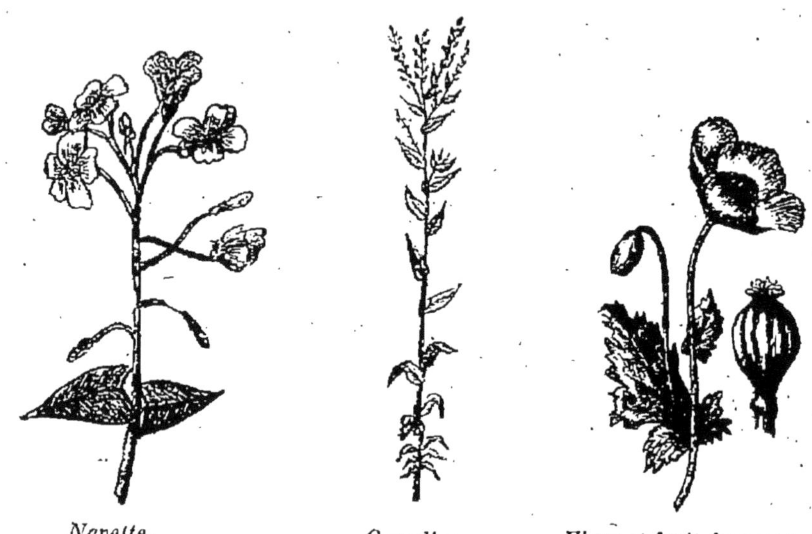

Navette.   *Cameline.*   *Fleur et fruit du pavot.*

La navette et la cameline sont de la famille des crucifères*. On cultive souvent la première, en récolte dérobée, comme plante fourragère. — Le pavot, de la famille des papavéracées*, est une plante qui peut donner des produits très rémunérateurs : quand on incise les capsules au moment où elles passent du vert au jaune, il en sort un suc laiteux que l'on peut recueillir pour en extraire l'opium.

des plantes oléagineuses. Elle se sème en avril ou en mai sur une terre quelconque. Son huile sert à l'éclairage.

8. — Pavot. — Le **pavot-œillette** se sème au mois de mars, à raison de 3 à 4 kilog. par hectare. Il demande une terre riche, fortement fumée, profonde et très ameublie ; on doit le sarcler et le biner avec soin. (Voir *Agr. pratique*, p. 199.)

9. — Les tiges, mûres en août, sont récoltées et égrenées sur le champ même ; les têtes, à moitié vides, sont ensuite emportées à la ferme et battues en grange ; le rendement est de 20 hectolitres à l'hectare.

10. — Les capsules* contiennent une petite quantité d'opium et sont pour cette raison considérées comme calmantes.

11. — Autres plantes oléagineuses. — Les autres plantes oléagineuses sont le **chanvre**, le **lin**, la **mou-**

tarde et surtout le **noyer** et l'**olivier**, arbres dont les fruits fournissent une huile comestible excellente.

12. — **Olivier**. — L'olivier est un arbre de 4 à 5 mètres, cultivé dans le midi de la France. On le multiplie par noyaux ou par rejets et on le greffe dans ce dernier cas avec les meilleures variétés. Les engrais se déposent au pied de l'arbre.

L'olivier fleurit en mai et donne ses fruits à la fin de l'automne. Ceux-ci sont ovales, gros comme une noisette et renferment sous une enveloppe verte charnue un noyau assez dur. L'huile s'extrait de cette enveloppe par une forte pression.

PLANTES TEXTILES

13. — **Définition**. — Les plantes textiles sont celles dont les fibres peuvent être tissées. Les principales sont le *lin* et le *chanvre*.

14.— **Chanvre**. — Le **chanvre** est une plante annuelle dioïque, originaire de l'Asie.

Olivier.

Le fruit de l'olivier peut, lorsqu'on le cueille avant qu'il soit complètement mûr, être conservé dans du sel, et fournit ainsi un assaisonnement assez estimé des ménagères.

* On appelle plante dioïque une plante dans laquelle les fleurs mâles c'est-à-dire les fleurs à étamines, et les fleurs femelles c'est-à-dire les fleurs à pistils, sont portées sur des pieds différents.

Le *chanvre mâle*, étant moins élevé et moins gros que le *chanvre femelle*, est souvent dési-

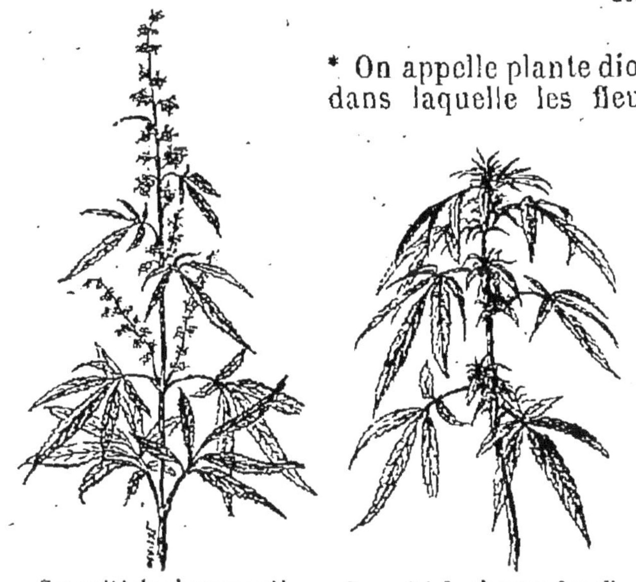

Sommité de chanvre mâle au 1/5.

Sommité de chanvre femelle au 1/5.

gné à tort, dans les campagnes, sous le nom de *chanvre femelle*.

15. — Le chanvre se plaît dans une terre de consistance moyenne, fraîche, riche, profonde et fortement fumée; les terres d'alluvion lui conviennent tout particulièrement.

On le sème en mai et on le récolte à deux fois, le chanvre mâle d'abord, le chanvre femelle ensuite. (Voir *Agr. pratique,* page 230.)

16. — Lorsque les pieds femelles ont été débarrassés de leurs graines, on les fait **rouir**, comme les pieds mâles, c'est-à-dire qu'on les fait séjourner quelque temps dans l'eau pour faire pourrir le mucilage* qui unit les fibres entre elles. On les fait ensuite sécher et on les broie pour séparer la filasse.

* Le **rouissage** est une opération très insalubre, qui ne doit s'effectuer, ni dans le voisinage des habitations, ni dans les eaux qui servent à la boisson.

17. — Les fils de chanvre servent à la fabrication des toiles et des cordages; les graines, connues sous le nom de chènevis, contiennent une huile abondante employée à l'éclairage et servent à nourrir les oiseaux et les volailles. Les tiges, séchées et débarrassées de la filasse, sont utilisées sous le nom de *chènevottes* pour l'allumage du feu.

Graine et fleur de lin.   *Peigne pour détacher les graines de lin.*

Avant de faire rouir les tiges de lin on les débarrasse de leurs graines à l'aide d'une espèce de peigne.

18. — **Lin.** — Le **lin** dont on connaît deux variétés principales, le lin d'hiver et le lin d'été, est également une plante annuelle originaire de l'Asie. Le lin d'été se sème en avril dans une terre riche, profondément ameublie et fortement fumée (voir *Agr. pratique,* page 199); on le sarcle et on le bine deux ou trois fois, et il se récolte avant l'entière maturité des graines. Il subit les mêmes préparations que le chanvre pour être transformé en fil. Sa filasse sert à la fabrication des toiles fines. Ses graines, réduites en farine, sont employées en cataplasmes* ou servent à faire de l'huile siccative*.

19. — Autres plantes textiles. — On peut encore citer, comme plantes textiles, la *grande ortie* ou *ramie*, dont la filasse est presque aussi estimée que celle du chanvre, l'*alfa* ou *sparte*, qui croît naturellement en Algérie, le *phormium* qu'on cultive en Australie et le *cotonnier* qu'on cultive en Amérique. Le coton est

Rameau de cotonnier, au 1/8.

constitué par le duvet qui enveloppe les graines du cotonnier.

RÉSUMÉ

1 à 2. — On appelle *plantes oléagineuses*, les plantes dont les graines ou les fruits sont employés dans la fabrication de l'huile. Les principales sont le *colza*, la *navette*, la *cameline* et le *pavot*.

3 à 10. — On connaît deux espèces de colza et de navette, l'une qui se sème à l'automne, l'autre au printemps. La cameline et le pavot se sèment au printemps.

11 à 12. — On peut encore citer, comme plantes oléagineuses, la *moutarde*, le *noyer*, l'*olivier*, le *chanvre* et le *lin*; mais ces deux dernières plantes sont surtout cultivées comme plantes textiles.

13. — On appelle plantes *textiles* celles dont les fibres peuvent servir à la fabrication des tissus. Les principales sont le lin et le chanvre.

14 à 19, — Le *lin* et le *chanvre* demandent des terres de première qualité et fortement fumées.

VINGT-SIXIÈME LEÇON

Plantes tinctoriales et plantes manufacturières.

MATÉRIEL. — Racines et tiges de garance, drap garance, pistils de safran, cônes de houblon, tabac, feuilles ou plants de tabac, moutarde, farine de moutarde, chicorée sauvage, chicorée cultivée, chicorée à café. — Un vase en terre, de l'eau froide et de l'eau chaude.

EXPÉRIENCES. — 1° Écraser sous la dent une graine de moutarde, saveur piquante.

2° Faire deux parts de la farine de moutarde : verser de l'eau légèrement tiède sur l'une, de l'eau bouillante sur l'autre. La première seule devient âcre et piquante, la seconde ne peut être utilisée comme remède.

PLANTES TINCTORIALES

1. — Définition. — On appelle **plantes tinctoriales** les plantes dont certaines parties peuvent être employées par les teinturiers. Les principales sont la *garance*, la *gaude*, le *pastel*, le *safran* et le *carthame*.

Sommité de garance.

2. — Garance. — La **garance** est une plante vivace à tige rude. Elle se sème au mois de mars en place ou en pépinière, dans une terre légère parfaitement fumée et profondément labourée. On la laisse trois ans en terre.

3. — Ses racines, connues sous le nom d'*alizari*, sont réduites en poudre pour former la *garancine*, employée en teinture.

* Le principe rouge de la garance est l'alizarine qu'on prépare aujourd'hui artificiellement. Cette découverte a enlevé toute importance à la culture de la garance, autrefois très prospère dans le Comtat et en Alsace.

4. — **Gaude.** — La **gaude**, appelée aussi *herbe à jaunir*, est une espèce de réséda* qui croît à l'état sauvage en France. Elle vient bien dans les terres de médiocre qualité et renferme dans sa tige et dans ses racines un principe colorant *jaune* assez estimé. On en connaît deux variétés, la gaude d'été qui se sème en mars et la gaude d'automne qui se sème en août.

5. — **Pastel.** — Le **pastel** ou *guède*, se sème au prin-

temps ou à l'automne et demande une terre calcaire fortement fumée et ameublie. Ses feuilles sont récoltées à mesure qu'elles prennent une teinte violette ; elles fournissent une couleur *bleue* assez solide.

6. — **Safran**. — Le safran est une espèce d'oignon, que l'on plante dans un sol de consistance moyenne, anciennement fumé et parfaitement

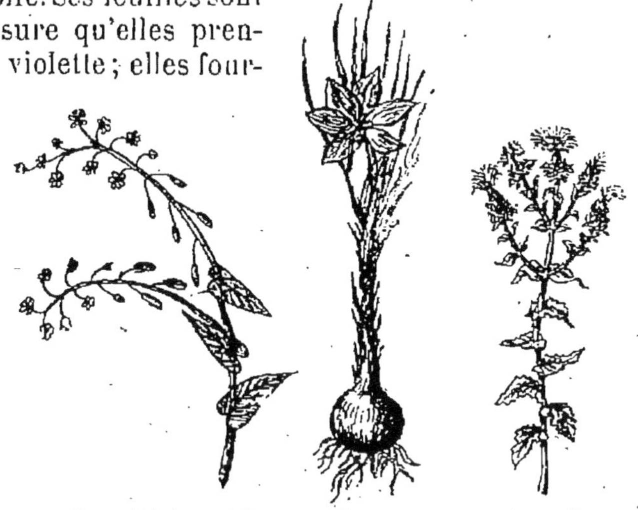

Sommité de pastel.   Safran.   Tige de carthame.

ameubli. Les pistils de ses fleurs donnent une couleur *jaune* peu solide. Une safranière peut durer trois ou quatre ans.

7. — **Carthame, indigo.** — Le carthame est une espèce de chardon dont la fleur fournit une couleur *rouge*. Le carthame veut être planté dans une terre argilo-calcaire, fumée de l'année précédente, et profondément labourée.

Le bleu *indigo* est fourni par une plante de l'Inde.

PLANTES MANUFACTURIÈRES

8. — **Définition.** — On désigne sous le nom de **plantes manufacturières** celles qui ne sont ni oléagineuses, ni textiles, ni tinctoriales et dont les produits sont transformés ou utilisés par l'industrie.

9. — Les principales sont le *houblon*, le *tabac*, la *cardère*, la *moutarde* et la *chicorée à café*.

10. — **Houblon.** — Le houblon est une plante vivace et dioïque dont les pieds femelles produisent des fleurs protégées par des *cônes* de feuilles écailleuses. Ces cônes, amers et aromatiques, sont employés dans la fabrication de la bière.

11. — On multiplie le houblon au printemps, par boutures, et on le laisse un an en pépinière. Au printemps suivant, on le met en place, à deux mètres environ en tous sens et à raison de 3 à 5 pieds par touffe. Il veut une terre de consis-

tance moyenne, bien défoncée et fortement fumée; on récolte ses cônes vers la fin d'août de l'année suivante pour continuer ainsi tant que dure la houblonnière c'est-à-dire pendant douze à quinze ans. Le houblon doit être soutenu par de hauts échalas et demande tous les ans à être taillé avec soin, largement fumé et biné deux ou trois fois.

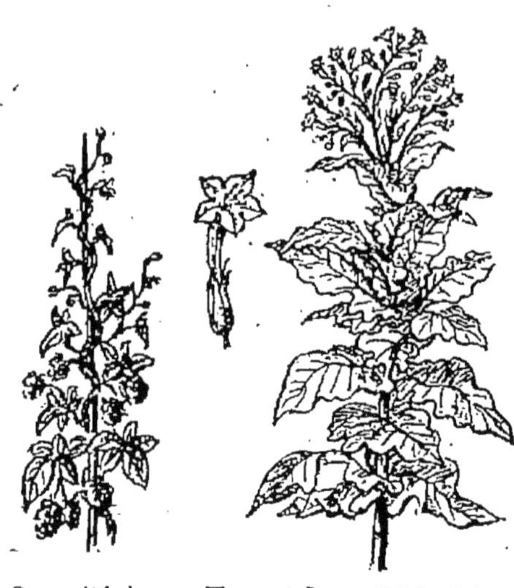

Sommité de houblon.

Fleur et Sommité de tabac à larges feuilles.

12. — Tabac. — Le tabac est une plante annuelle dont les feuilles, séchées et préparées, servent à faire les cigares, le tabac à priser, le tabac à fumer. Le tabac ne peut être cultivé, d'après la loi, que dans un certain nombre de départements. On le sème sur couches au printemps et on le transplante en mai. Le tabac demande une terre riche, profonde, exempte d'humidité et entretenue dans un état constant d'ameublissement. Ses feuilles sont récoltées les unes après les autres lorsqu'elles commencent à jaunir.

Tête de cardère.

Fleur et fruit de moutarde.

13. — Cardère. — La cardère ou *chardon à foulon* est une plante bisannuelle* dont les têtes hérissées de piquants servent à carder le drap. On ne la cultive plus guère depuis que l'on a adopté les cardes* métalliques dans les filatures importantes.

14. — Moutarde. — La moutarde se sème au printemps et se récolte en août. Avec les graines on fait une farine qui sert de base à la *moutarde* des tables et aux *sinapismes** employés en médecine. Elle est souvent cultivée comme fourrage vert et coupée alors au moment de la floraison.

15. — Chicorée. — La chicorée à café se sème en

avril. C'est une sorte de chicorée sauvage dont les grosses racines, récoltées en septembre, torréfiées* et moulues, forment un succédané* du café.

RÉSUMÉ

1 à 7. — Les principales plantes *tinctoriales* sont la *garance* dont les racines donnent une couleur rouge, le *pastel* dont les feuilles contiennent un principe colorant bleu, la *gaude* qui teint en jaune, le *safran* dont les fleurs fournissent une belle couleur d'un jaune doré.

Leur culture a beaucoup diminué d'importance depuis que l'industrie de la teinture emploie des couleurs minérales.

8 et 9. — On cite, comme plantes *manufacturières*, le *houblon*, le *tabac*, la *moutarde* et la *chicorée à café*.

10 et 11. — Le *houblon* se multiplie au printemps par boutures et se repique en place l'année suivante.

12. — Le *tabac* se sème sur couches au printemps et est transplanté en mai.

13 à 15. — La *moutarde* et la *chicorée* se sèment au printemps.

QUESTIONNAIRE. — **1. Qu'appelle-t-on plantes tinctoriales et quelles sont les principales?** — **2. Parlez de la garance et de sa culture.** — **3. Quelles sont les usages de cette plante ?** — 4. Que savez-vous de la gaude? — 5. du pastel? — 6. du safran? — 7. du carthame? — 8. Quelles sont les plantes qu'on désigne sous le nom de plantes manufacturières ? — **9. Quelles sont les principales plantes manufacturières ?** — 10. Parlez du houblon. — **11. Que savez-vous sur la culture du houblon?** — **12. Parlez du tabac.** — 13. Qu'est-ce que la cardèr coû chardon à foulon ? — **14. Que savez-vous de la moutarde ?** — 15. de la chicorée à café ?

VINGT-SEPTIÈME LEÇON

Multiplication des végétaux.

MATÉRIEL. — Des échantillons de boutures et de greffes faites ou à faire.

EXPÉRIENCES. — 1o Pratiquer la *greffe* devant les élèves sur les rameaux apportés.

2o Pratiquer le *bouturage et le marcottage* dans le jardin de l'école.

1. — Définition. — On multiplie un végétal quand on en sépare certaines parties, avec lesquelles on reconstitue un végétal absolument semblable ; le *bouturage*, le *marcottage* et la *greffe* sont les procédés employés pour la multiplication des végétaux.

BOUTURAGE ET MARCOTTAGE

2. — Bouturage. — Faire une **bouture**, c'est détacher d'un végétal une branche mince et la mettre en terre pour lui faire prendre racine. La plupart des végétaux ligneux peuvent se multiplier par boutures.

3. — Les boutures doivent être, autant que possible, munies d'un *talon*, c'est-à-dire d'une partie du bois sur lequel a été prise la branche. C'est pour cela qu'une bouture de vigne est appelée *crossette* ou *crochet*.

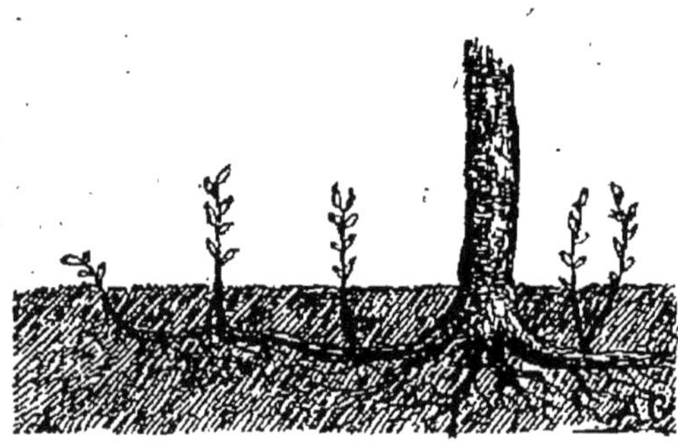

Drageons.

4. — Marcottage. — Tous les végétaux peuvent **se marcotter** à la manière de la vigne (voir p. 125) ; quelques-uns même, le fraisier par exemple, se marcottent naturellement (voir p. 159).

5. — Le marcottage et le bouturage peuvent se faire indifféremment à l'automne, avant les gelées, ou au printemps dès que les froids sont passés.

6. — Drageons. — Certains végétaux ont la propriété d'émettre sur leurs racines, ou au voisinage de leur pied, des tiges aériennes auxquelles on a donné le nom de **rejets** ou de **drageons**. Les œillets, l'oseille, la ciboule, certains fraisiers, les rosiers, le framboisier, le lilas et le prunier se multiplient naturellement par ce procédé.

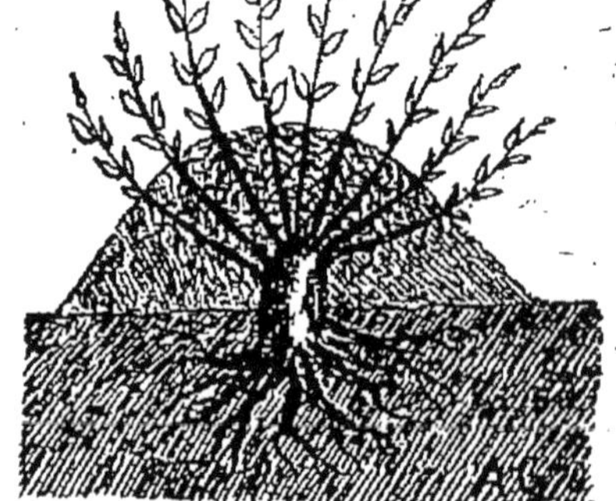

Rejetons forcés.

* 7. — On provoque parfois le développement des drageons en coupant au ras du sol le pied de l'arbre et en le recouvrant de terre. L'année suivante, les rejets munis de racines peuvent

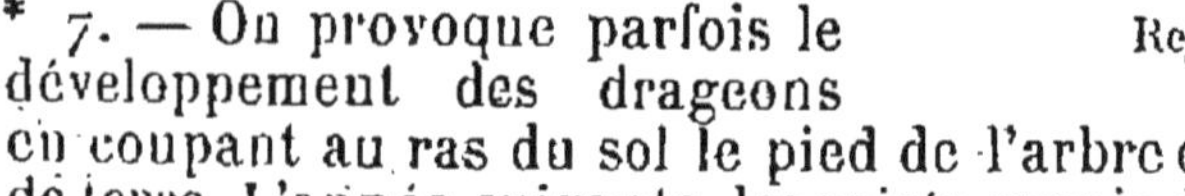

être enlevés et transplantés pour donner de nouveaux arbres.
Cette méthode tient à la fois du bouturage et du marcottage.

GREFFE

8. — Définition, utilité. — La **greffe** consiste à
transporter un rameau ou un œil* d'un arbre de choix sur un
autre arbre qu'on désigne sous le nom de *sujet*. Le *greffon* et
le *sujet* doivent être de la même espèce ou au moins d'espèces
très voisines.

9. — Les arbres fruitiers produits par les graines dégénè-
rent très vite et finissent par donner des fruits de mauvaise
qualité; quand ils sont greffés, au contraire, leurs fruits restent semblables à ceux de l'arbre sur lequel a été prise la greffe
et ils peuvent même s'améliorer par la culture.

* 10. — **Choix des sujets.** — Le **pommier** se greffe
sur *franc*, sur *doucin* ou sur *paradis*.

Le pommier *franc* vit à l'état sauvage ou se reproduit en
pépinière par semis de pépins ; le *doucin* et le *paradis* sont deux
variétés obtenues par semis et multipliées par boutures ou par
rejets.

La *greffe sur franc* donne des pommiers vigoureux et convient
surtout aux arbres à haute tige ; on greffe, au contraire, *sur
doucin* ou *sur paradis* pour obtenir des arbres moins forts,
plus rapidement productifs et destinés à être mis en cordons,
en vases ou en palmettes.

* 11. — Le **poirier** se greffe sur *franc*, c'est-à-dire sur poirier
de semis, et sur *cognassier*. Le cognassier est lui-même obtenu
par semis, par marcotte, par bouture ou par rejet. Le poirier
sur cognassier présente les mêmes qualités et les mêmes
défauts que le pommier sur doucin ou sur paradis.

* 12. — Les **autres arbres fruitiers** peuvent tous se greffer
sur *franc*, et c'est notamment le procédé qu'on emploie pour
l'*amandier* et pour le *prunier* soumis à la taille. L'**abricotier**
se greffe sur *prunier*, sur *amandier* et sur *pêcher*, le **prunier**
sur *pêcher*, le **pêcher** sur *franc*, sur *amandier* et sur *prunier*,
le **cerisier** sur le *merisier* et le **rosier** sur l'*églantier*.

13. — Différentes espèces de greffes. — Il y a
différentes espèces de greffe ; les principales sont la *greffe en
écusson*, la *greffe en fente*, la *greffe anglaise*, la *greffe en couronne*
et la *greffe par approche*.

14. — Greffe en écusson.

14. — Greffe en écusson. — Un écusson est une plaque d'écorce pourvue d'un œil*. Pour enlever l'écusson, on fait une incision dans l'écorce à un centimètre et demi au-

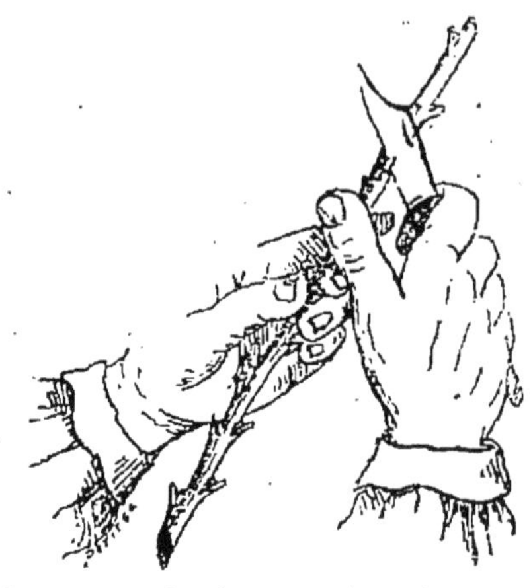

Gravure montrant comment on s'y prend pour lever un écusson.

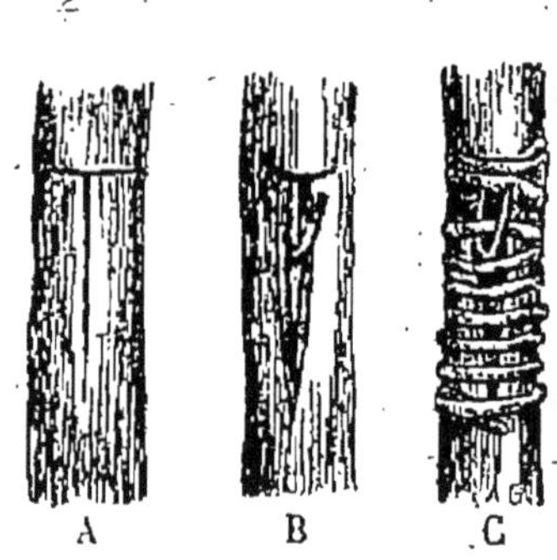

La greffe en écusson.
A, incision en T ; B, écusson placé ; C, écusson ligaturé.

dessous de l'œil ; puis, en commençant à un centimètre et demi au-dessus, on fait glisser la lame du greffoir contre l'aubier de façon à *laisser* une toute petite quantité de bois adhérente à l'écusson. On choisit pour cette opération des rameaux de l'année courante.

L'écusson est introduit sous une incision en forme de T faite sur une branche du sujet ; on ligature ensuite avec de la laine ou du coton.

15. — La **greffe en écusson** est de beaucoup la plus simple ; elle se pratique au moment de là sève du printemps ou pendant la sève d'août. La première est dite à **œil poussant** parce que le bourgeon se développe aussitôt ; la seconde est dite à **œil dormant** parce que le bourgeon ne se développe que l'année suivante.

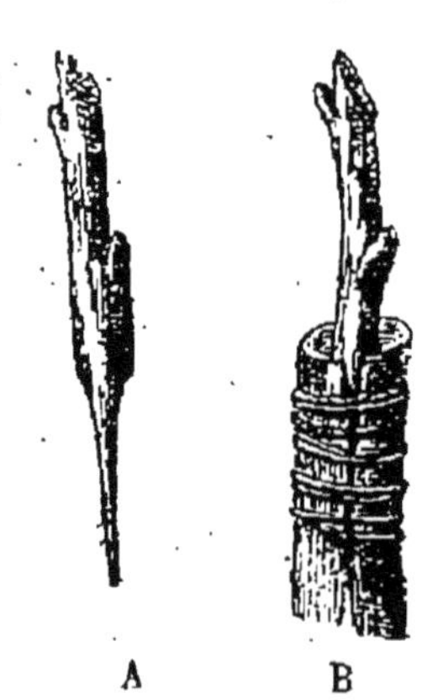

Greffe en fente. A, greffon ; B, greffon mis en place. Il n'y a plus qu'à recouvrir la plaie avec du mastic.

16. — Greffe en fente.

16. — Greffe en fente. — Pour pratiquer la **greffe en fente** on choisit un greffon de bonne qualité ; on supprime son extrémité et on taille sa base en forme de lame de couteau sur une longueur de quelques centimètres. Le greffon est introduit ensuite, à l'aide d'un coin de bois, dans une fente de même longueur faite sur le sujet, à l'extrémité d'une branche dont on a coupé le sommet.

17. — Quand les écorces et l'aubier du greffon et de la branche *coïncident* **parfaitement**, on enlève le coin, on ligature avec un lien de paille ou de raphia* et on recouvre la plaie avec le *mastic* ou la *cire* à *greffer*, ou simplement avec de la *terre glaise*.

18. — **Greffe anglaise**. — Dans la **greffe anglaise** on coupe en biais le greffon et le sujet et on les fend sur une longueur de 1 à 3 cen-

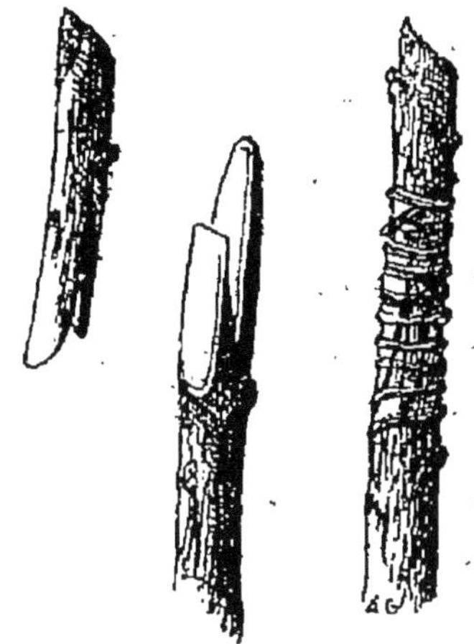

Greffe anglaise.

timètres, de manière à pouvoir les faire entrer l'un dans l'autre; mais pour cela il faut que le greffon et la branche du sujet soient à peu près de même dimension.

19. — La **greffe en fente** et la **greffe anglaise** se font au printemps avant le développement de la sève.

* 20. — **Application à la vigne**. — Ces deux espèces de greffes sont les seules à employer pour la reconstitution des vignobles français sur plants américains.

Elles peuvent se faire sur place ou en chambre, et les viticulteurs n'hésitent pas à recommander le dernier moyen. Voici comment on procède : vers le mois de novembre, on arrache avec soin les boutures américaines que l'on avait plantées au printemps précédent, et on les conserve à la cave dans du sable frais jusqu'au moment du greffage. Au mois de février, on choisit dans la vigne française des greffons de bonne venue, *bien aoûtés*, comme on dit; on prend les sujets au fur et à mesure du travail et lorsque la greffe est terminée on remet les sujets greffés dans la cave, enterrés complètement dans du sable frais.

Vers le mois d'avril on peut procéder à la plantation; mais il est bon de veiller à ne pas enterrer le greffon : on l'entoure seulement d'une motte de sable afin d'éviter la sécheresse. Lorsque la greffe est prise, on déchausse légèrement le pied de vigne et on supprime tous les bourgeons qui naissent sur le sujet américain et les racines qui partent du greffon.

21. — Greffe en couronne. — La greffe en couronne se pratique lorsque la branche du sujet est très forte. Elle consiste à glisser, entre l'écorce et le bois, plusieurs greffons taillés en biseau* excessivement mince. Elle se fait au printemps, au moment où la sève commence à se développer.

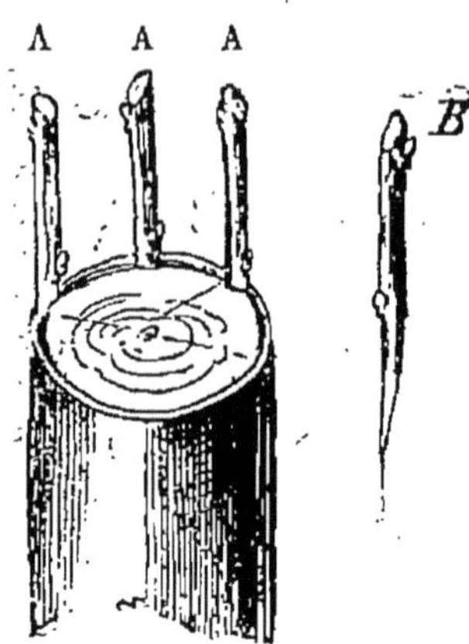

Greffe en couronne.
B, greffon ; A, greffons en place.

22. — Greffe par approche. — Dans la greffe par approche, on garnit de boutons à fruits une branche qui en est dépourvue, on fait naître sur une tige une branche qui manque, ou bien on unit les arbres entre eux, comme dans les cordons horizontaux de pommiers nains qu'on établit souvent en bordures dans les vergers. On choisit une branche flexible et assez longue pour pouvoir atteindre le point où l'on veut appliquer la greffe; on enlève l'écorce des deux branches aux parties tangentes* et on les applique l'une sur l'autre avec soin, puis on les lie fortement. Lorsque la greffe est prise, il n'y a plus qu'à supprimer les parties inutiles.

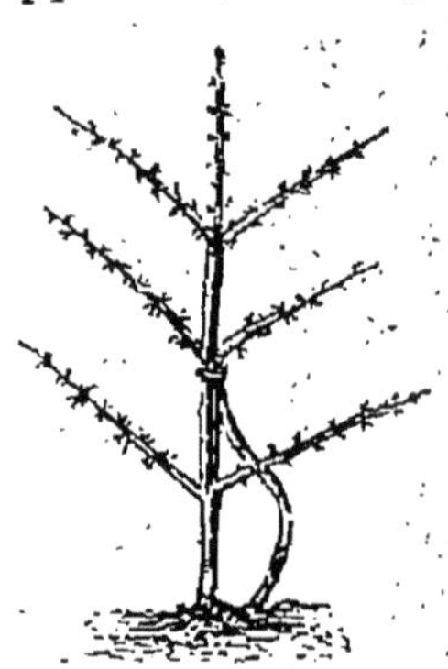

Greffe par approche.
Quand on greffe par approche il faut avoir le soin de choisir comme greffon une branche dont la naissance n'est pas au-dessous de la greffe primitive de l'arbre; si l'arbre a été greffé.

RÉSUMÉ

1. — On multiplie les plantes par les *drageons* ou *rejetons*, les *marcottes*, les *boutures* et les *greffes*.

2 à 5. — Tous les végétaux ligneux peuvent se multiplier par *marcottes* ou par *boutures*.

6 et 7. — Les plantes qui produisent près de leur pied des tiges nouvelles, comme l'œillet, l'oseille, les ciboules, les rosiers, les lilas, se multiplient par *rejetons*.

8 à 12. — Les *greffes* sont employées pour améliorer les arbres fruitiers et multiplier les rosiers.

13 à 22. — On connaît différentes espèces de greffes. Les prin-

cipales sont : la greffe *en écusson à œil dormant* qui se fait à la fin de l'été ; la greffe *en écusson à œil poussant*, la greffe *en fente*, la greffe *anglaise*, la greffe *en couronne* et la greffe *par approche* qui se font au printemps.

QUESTIONNAIRE. — 1. Qu'est-ce que multiplier un végétal ? - 2 Qu'est-ce qu'une bouture ? — 3. Qu'appelle-t-on crossette ou crochet ? — 4. Qu'est-ce que le marcottage ? — 5. A quelle époque se font le marcottage et le bouturage ? — 6. Qu'appelle-t-on drageon ? — 7. Comment provoque-t-on le développement des drageons ? — 8. Qu'est-ce que la greffe ? — 9. Quelle est l'utilité de la greffe ? — 10. Quels sont les sujets qu'on choisit pour la greffe du pommier ? — 11. du poirier ? — 12. de l'amandier, du prunier, du pêcher, du cerisier et du rosier ? — 13. Quelles sont les différentes espèces de greffes ? — 14. En quoi consiste la greffe en écusson ? — 15. A quelle époque se fait ce genre de greffe ? — 16. Parlez de la greffe en fente ? — 17. Quelles précautions doit-on prendre pour greffer en fente ? — 18. Qu'est-ce que la greffe anglaise ? — 19. A quelle époque se font la greffe en fente et la greffe anglaise ? — 20. Parlez de la greffe des vignes. — 21. Qu'est-ce que la greffe en couronne ? — 22. Qu'appelle-t-on greffe par approche ?

MOIS D'AVRIL

Agriculture pratique.

Travaux principaux à faire exécuter pendant le mois d'avril.

CHAMP DE DÉMONSTRATION. — 1° Semer les betteraves en lignes, à raison de 60 grammes à l'are, après avoir ajouté, **dans la moitié** du terrain, 5 kilogrammes de nitrate de soude, 3 kilogrammes de chlorure de potassium et 1 kilogramme de superphosphate de chaux à l'are.

2° Jeter en couvrailles sur le froment semé à l'automne, et dans la partie déjà consacrée à l'engrais chimique, 500 grammes de nitrate de soude mélangé avec moitié de chlorure de potassium et 250 grammes d'os calcinés ; ou bien 2 kilogrammes de tourteaux broyés avec 250 grammes de chlorure de potassium à l'are.

3° Donner au seigle et en couverture le même engrais qu'au blé. Semer le lin en ajoutant à la semence 3 kilogrammes de tourteaux par are. Donner en couverture au colza d'hiver un engrais formé de 1 kilogramme de sulfate d'ammoniaque, de 1 kilogramme de superphosphate de chaux et de 1 kilogramme de chlorure de potassium à l'are. Donner à l'œillette, au moment du binage, un engrais formé de 3 kilogrammes de tourteaux broyés, auxquels on a ajouté 1 kilogramme de sulfate de potasse et 1 litre de plâtre cru à l'are. Planter le houblon élevé en pépinière depuis un an.

VIGNE. — Supprimer les bourgeons inutiles.

JARDINS. — Sarcler les plantes. Semer les mêmes plantes qu'en mars et, de plus, le pourpier, le cresson alénois, l'estragon, les citrouilles, les navets, les tomates sur couches, les scorsonères et les salsifis. Multiplier l'oseille. Déchausser et multiplier les artichauts. Repiquer les fraisiers, les choux, les oignons. Planter les griffes d'asperges. — Semer les pétunias, les reines-marguerites, les silènes, le réséda, le coquelicot double, les capucines, les volubilis, la julienne de Mahon, l'œillet d'Inde, le zinnia, les belles-de-jour, les balsamines, la giroflée annuelle, les belles-de-nuit. Planter les dahlias, le balisier, les cyclamens. Multiplier par éclats les chrysanthèmes, les phlox, les violettes. Bouturer les hortensias, les fuchsias, les pétunias.

ARBRES FRUITIERS. — Terminer la taille des arbres vigoureux. Procéder aux greffes. Enlever les bourgeons inutiles des arbres à fruits à noyau.

Promenade scolaire.

(LECTURE)

Les premiers jours du printemps sont préférables à toute autre époque pour la chasse des insectes. Au milieu des jeunes pousses qui se développent et des bourgeons qui s'entr'ouvrent, de petits êtres, enchantés de vivre et de respirer au beau soleil, s'agitent et fourmillent en quantité innombrable. Chaque année, à pareille époque, M. Lancelot partait en chasse et il rangeait avec soin, dans des boîtes vitrées à fond de liège, les insectes utiles ou nuisibles qu'il avait recueillis. Il profita d'une belle matinée d'avril pour entreprendre l'excursion accoutumée, et, afin d'éviter tout accident, il adressa quelques recommandations à ses élèves.

« Vous n'hésiterez pas, leur dit-il, à ramasser tous les insectes que vous trouverez. Si vous êtes parfois embarrassés, appelez-moi et je viendrai à votre aide. J'emporte, à cet effet, ces petites pinces qui pourront nous être utiles. Vous chercherez partout, dans les herbes, sous les pierres, dans les bouses de vache, sous les petits animaux morts si vous en rencontrez. Mais ayez soin d'éviter les piqûres, et si par hasard un pareil accident vous arrivait, venez me trouver et soyez sans crainte ; avec l'alcali volatil contenu dans ce flacon, j'aurai bien vite arrêté le mal. »

Les petits chercheurs s'acquittèrent à merveille de leur

mission, et, au bout d'une demi-heure à peine, ils avaient recueilli une quantité considérable de bêtes de toute espèce.

L'activité avec laquelle les enfants avaient procédé à leur chasse leur permit de consacrer une partie de leur excursion à un nouveau jeu que leur maître leur avait appris la veille. Pendant près d'une heure ils jouèrent à la mère Garuche à cloche-pied.

Dès qu'on fut de retour en classe, M. Lancelot réunit la récolte et déposa, dans une grande boîte en fer blanc, un animal de chaque espèce. Quand son tri fut achevé, il versa dans la boîte un peu de *sulfure* de carbone*, la ferma aussitôt, et au bout d'un quart d'heure en retira toutes les bêtes empoisonnées. Puis, prenant des épingles longues et fines, dites épingles *entomologiques*, il en piqua un certain nombre, les posa sur des plaques de liège et distribua les autres aux élèves.

La récolte était belle mais un peu mêlée ; non content de poursuivre les insectes, nos chasseurs avaient fait main basse sur bon nombre d'intrus. A côté des bêtes à bon Dieu, des forficules et des carabes, il y avait des iules, des scolopendres, des araignées, des cloportes, des crevettines, bref tout un monde d'animaux *articulés*.

« Toutes les bestioles que vous avez recueillies, dit M. Lancelot, et que vous appelez des insectes, ont entre elles plusieurs points de ressemblance. Une peau dure et coriace les recouvre complètement et remplace les os qui manquent à l'intérieur du corps. Cette peau a l'avantage de protéger efficacement l'animal, mais elle a le grand inconvénient de rendre les pattes rigides et aussi impropres au mouvement que les jambes d'un cheval de bois. En réalité, des pattes ainsi faites ne serviraient absolument à rien sans une disposition très curieuse qui leur permet de fonctionner : voyez comme elles sont brisées en plusieurs morceaux et comme ces morceaux peuvent se mouvoir les uns sur les autres, grâce aux jointures qui les séparent. On a coutume d'appeler *articles* les différentes parties de ces pattes, et tous les animaux dont les pattes sont composées d'articles sont désignés sous le nom d'*Articulés*. »

Une patte de sauterelle est composée d'articles.

Parmi les bestioles tuées au sulfure, plusieurs furent mises à contribution pour vérifier les explications du maître et bientôt chaque élève eut entre ses mains une patte articulée dont il put faire jouer les articles. M. Lancelot profita de cet exercice pour distribuer en quatre groupes les divers articulés recueillis durant la promenade.

Dans le premier groupe se trouvaient réunis les carabes, les bêtes à bon Dieu, les papillons, les

Forficule.

La forficule, appelée communément perce-oreille, à six pattes; c'est un *insecte*.

Araignée.

L'araignée a huit pattes; c'est un articulé de la famille des *arachnides*. L'araignée représentée ici est une araignée d'eau qui a la faculté de se construire une espèce de cocon qu'elle remplit d'air en allant le chercher par bulles à la surface des eaux.

abeilles, les guêpes, etc. M. Lancelot fit observer que ces animaux sont de vrais *insectes* et qu'ils ont tous six pattes.

Dans le second groupe se trouvaient réunis les araignées et les faucheurs. Tous ces animaux ont huit pattes et sont désignés sous le nom d'*arachnides*.

Dans le troisième se voyaient côte à côte les iules pares-

seux au corps cylindrique et les longues scolopendres
moins arrondies et plus agiles. Les iules et les scolopendres
ont un très
grand nom-
bre de pat-
tes et M.
Lancelot fit

Lithobie.

La lithobie a de nombreuses pattes ; c'est un *myriapode*.

observer qu'on les appelle pour cette raison *myriapodes*
ou bêtes à mille pieds.

Dans le quatrième groupe, M. Lancelot rassembla les
cloportes qu'on trouve sous les pierres au voisinage des
habitations, les gammares ou crevettines qui, recourbées
en arc, s'agitent par bonds au fond des sources, enfin une
écrevisse dessé-
chée qui se trou-
vait dans le petit
musée de l'école.
Il ne fut pas diffi-
cile d'observer que
tous ces animaux
ont un assez grand
nombre de pattes
et qu'ils vivent tous

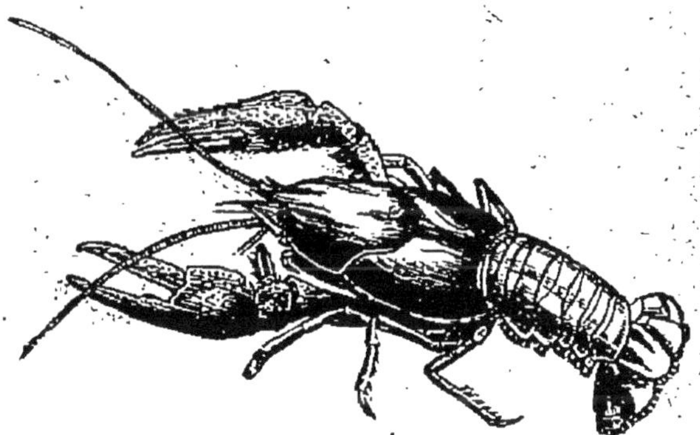

L'*écrevisse* est un crustacé.

dans l'eau ou dans les lieux humides. A quoi M. Lancelot
ajouta que les cloportes, les crevettines et les écrevisses
sont des *crustacés*, et que tous les crustacés respirent l'air
contenu dans l'eau, tandis que les autres articulés respirent
directement dans l'air.

Puis il écrivit au tableau noir, en se faisant guider par
les élèves :

Les *Insectes* sont des articulés qui respirent dans l'air ; ils ont six pattes.
Les *Myriapodes*   —   —   ; ils ont de nombreuses pattes.
Les *Arachnides*   —   —   ; ils ont huit pattes.
Les *Crustacés* sont des articulés qui peuvent respirer dans l'eau ; ils ont presque
    toujours de nombreuses paires de pattes.

M. Lancelot avait à peine terminé que Paul fit une observation :

« Monsieur, dit-il, la bête que vous m'avez confiée tout à l'heure a bien six pattes, mais elle ne ressemble pas du tout à un insecte; c'est une espèce de gros ver qui a la tête jaune. » La « bête » dont parlait Paul était le *ver blanc* du hanneton; elle avait été trouvée par Auguste dans un guéret* fraîchement labouré.

« Ce ver blanc, dit M. Lancelot, est un insecte, mais c'est un insecte encore jeune qui se transformera en hanneton. Quand ils sortent de l'œuf, les insectes ressemblent plus ou moins à des vers, ils ont ordinairement six pattes et sont désignés sous le nom de *larves*. Plus tard, ils deviennent souvent immobiles et se revêtent d'un étui dans lequel ils se modifient progressivement;

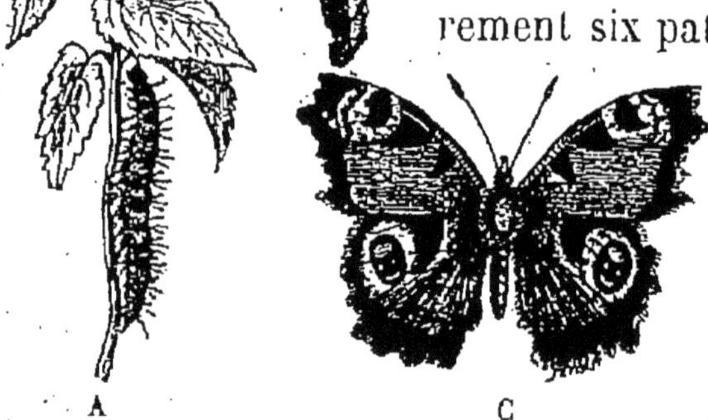

Les *métamorphoses des insectes*. A, larve ; B, chrysalide ; C, insecte parfait.

on les appellealors *nymphes* ou *chrysalides*. Enfin, quand les modifications sont terminées, la chrysalide rompt ses enveloppes et devient libre sous le nom d'*insecte parfait*.

L'insecte parfait a presque toujours des ailes; sa vie est ordinairement assez courte et il n'est pas rare de le voir mourir aussitôt après avoir pondu ses œufs.

Les modifications subies par l'insecte sont désignées sous le nom de *métamorphoses*; elles divisent le cours de sa vie en trois âges qui ne sont pas toujours également marqués. Quand la chrysalide ne cesse pas de se mouvoir et ressemble beaucoup à l'insecte parfait, on dit que les métamorphoses sont *incomplètes*; c'est le cas de la sauterelle, de la cigale, de la punaise et du pou. Quand, au contraire, la chrysalide diffère complètement de l'insecte adulte, et devient immobile dans un étui corné, comme le hanneton, ou dans une gaîne soyeuse, comme le ver à soie, on dit que les métamorphoses sont *complètes*. »

« Mais, Monsieur, interrompit Louis, papa m'a dit l'autre jour que les racines de toutes nos salades avaient été mangées par les larves; celles-ci sont donc bien nuisibles. »

« Certainement, mon ami, reprit M. Lancelot, presque toutes les larves ont la bouche armée de deux crochets aigus et dentés qu'on appelle des mandibules. Ces mandibules servent parfois à détruire les petits animaux des champs, mais bien plus souvent elles leur permettent de manger, en les broyant, les racines, les bourgeons et les feuilles des plantes. Quand l'insecte devient adulte, les mandibules persistent dans certains cas; ce sont elles qui permettent aux hannetons et aux sauterelles de continuer leurs dégâts dans les vergers et dans les champs, aux carabes de chasser la proie qui nous nuit. Heureusement pour le cultivateur, ces armes dangereuses sont fréquemment transformées chez l'insecte parfait et deviennent complètement inoffensives. Vous connaissez les chenilles et vous savez quels ravages elles peuvent causer; eh bien! ces chenilles voraces sont les larves qui se transformeront plus tard en papillons. Les papillons se contentent de lécher avec une trompe le pollen des fleurs; ils ne seraient pas nuisibles s'ils ne pondaient eux-mêmes les œufs d'où sortiront plus tard les redoutables chenilles.

« D'autres invertébrés, ajouta M. Lancelot, sont presque aussi nuisibles que les chenilles, au moins dans le jardin potager, ce sont les limaces et les colimaçons. Ils appartiennent à un groupe très différent, celui des *mollusques* et, comme tous les autres mollusques, ils sont caractérisés par un corps mou, fréquemment recouvert par une coquille calcaire dans laquelle peut se loger l'animal tout entier.

« C'en est assez pour aujourd'hui, ajouta M. Lancelot; grâce à votre bonne volonté, nous allons posséder une jolie collection qui nous servira pour étudier les insectes dont vous apprendrez les dégâts ou les services.

« Nous la consulterons souvent et nous la compléterons au fur et à mesure de nos trouvailles.

« Mais pour conserver intacts tous les insectes, il faut que je les laisse sécher à l'air et que je ne les place pas dans les boîtes avant

Limaçon.

Le limaçon est un invertébré à corps mou non composé d'anneaux et dépourvu de pattes; c'est un mollusque.

une huitaine de jours. Puis, tous les mois, j'imbiberai les éponges de *sulfure de carbone*, afin d'empêcher les insectes rongeurs d'envahir nos collections.

« Si, malgré ces précautions, quelques-uns des insectes se couvrent de moisissure, je passerai légèrement dessus un pinceau imbibé d'*alcool* contenant un peu de *sublimé* corrosif.

« En un mot, je surveillerai la collection avec soin, afin que nous n'ayons pas à la renouveler chaque année. »

VINGT-HUITIÈME LEÇON

Arbres et arbustes industriels; forêts.

MATÉRIEL. — Mettre sous les yeux des élèves les divers produits dont il est parlé dans la leçon. Ajouter les feuilles fraîches ou sèches des différents arbres.

1. — Définition. — Les **arbres** et les **arbustes industriels** sont ceux dont on se sert spécialement dans l'industrie. Beaucoup d'arbres fruitiers et la plupart des arbres et des arbustes des forêts doivent être rangés parmi les arbres industriels.

PRODUITS INDUSTRIELS DES ARBRES ET DES ARBUSTES

2. — Arbres fruitiers. — Les arbres fruitiers nous donnent leurs fruits, mais beaucoup d'entre eux sont en outre d'un excellent rapport pour l'industrie.

* 3. — Le pommier, le poirier, le pêcher, le prunier, l'abricotier, l'amandier et le noyer fournissent à l'ébénisterie des bois excellents et d'une très belle nuance; le bois du poirier est fort estimé des luthiers*, celui du pêcher est employé dans les ouvrages de marqueterie* et de tour*.

* 4. — Le brou de la noix, les racines du noyer et le noyau du pêcher donnent une belle *couleur d'un brun noir;* l'abricotier, l'amandier et le prunier fournissent par exsudation* une espèce de *gomme* utilisée en chapellerie.

5. — Arbres forestiers. — Les principaux arbres forestiers sont le chêne, le hêtre, l'orme, le charme, le pin et le sapin.

* 6. — On emploie le *chêne* dans les constructions solides et qui doivent souffrir beaucoup; l'*aune* est utilisé pour les pilotis; le *châtaignier* dans la fabrication des cercles de tonneaux et des treillages, le *bouleau* dans la fabrication des sabots, l'*orme,* le *charme* et le *hêtre* dans les ouvrages de charronnerie.

* 7. — Le *pin* et le *sapin* sont constamment employés en menuiserie, ils donnent en outre des poteaux à la télégraphie, des mâts aux navires et des madriers* aux galeries des mines. Le *tilleul* carbonisé sert à faire de la poudre et l'*érable* de charmants ouvrages de tabletterie*.

* 8. — Les branches de l'*acacia robinier* nous donnent des échalas et les jeunes rameaux du *saule* des liens excellents.

* 9. — Les *glands du chêne* sont recherchés par les porcs ; quand ils sont torréfiés* ils présentent une saveur qui rappelle — de très loin — celle du café. Le *châtaignier* nous donne ses fruits, les marrons et les châtaignes ; le *hêtre* produit des faînes qui donnent une huile excellente ; enfin le *pin* et le *sapin* laissent exsuder* une résine dont on tire l'essence* de térébenthine, la colophane*, le galipot*, du goudron et de la poix*.

* 10. — Les *bourgeons de sapin*, employés en décoction, constituent un excellent remède pour les personnes atteintes de maladies contractées dans les habitations humides.

* 11. — L'*écorce du chêne* est employée dans le tannage des peaux, celle du bouleau dans le tannage des cuirs fins ; l'écorce du charme peut servir aux mêmes usages.

Fruit du châtaignier au 1/7.

* 12. — **Arbustes**. — Le bois du *buis*, les vieux troncs de *sureau* et les grosses racines de *bruyère* sont recherchés par les tourneurs ; les charbons de *bourdaine* et de *coudrier* sont utilisés dans la fabrication de la poudre ; celui du *fusain* est employé par les dessinateurs. Avec les rameaux de la *viorne*, de la *clématite* et de l'*osier*, on fait des liens meilleurs encore que ceux du saule ordinaire.

* 13. — On prépare la *glu* avec l'écorce du *houx*. Le fruit de l'*églantier*, écrasé avec du sucre, est excellent pour combattre la diarrhée et les vers chez les enfants.

LA FORÊT

14. — Définitions. — Une **forêt** est un vaste terrain planté d'arbres de toutes sortes.

15. — Les forêts qui sont destinées à produire des bois de construction portent le nom de **futaies**. On les éclaircit tous les ans en arrachant ou en coupant les plus beaux pieds.

16. — Celles qui sont coupées tous les neuf ou dix ans pour la production du bois de chauffage ou des bois destinés à la confection de lattes, de cercles de tonneaux, de merrains* ou d'échalas s'appellent des **taillis**.

17. — Les taillis sont essentiellement composés d'*arbres* dits *feuillus* qui peuvent se reproduire sur souches. Le chêne, le

charme, le châtaignier, l'orme, le hêtre, etc., sont des bois de
taillis. Les *arbres résineux* ou *verts* comme le pin et le sapin
ne peuvent servir à cet usage.

18. — On laisse souvent, de distance en distance, au moment
de la coupe des taillis, des arbres d'une belle venue, appelés

Les parties de la forêt. A, futaie ; B, taillis sous futaie ; C, taillis.

baliveaux, qui produiront plus tard du bois de travail ; on
a ainsi ce que l'on appelle des **taillis sous futaies.**

* 19. — **Culture.** — Pour **constituer une forêt,** on
plante de 0ᵐ,70 à 1 mètre environ en tous sens, des plants
d'arbres obtenus en pépinière. La plantation peut se faire à
l'automne ; mais il vaut mieux, dans les terrains en pente ou
dans ceux qui se fendillent sous l'influence des gelées, opérer
au printemps, afin de ne pas exposer les racines des jeunes
arbres aux intempéries* de la mauvaise saison.

* 20. — Tous les cinq ou six ans, on éclaircit le bois en sup-
primant quelques arbres ; mais il faut toujours avoir le soin
de laisser un nombre suffisant de sujets, afin de conserver le
taillis en massif serré, condition essentielle pour la bonne
végétation des arbres.

21. — Les terres de mauvaise qualité, celles qui se trouvent sur les flancs des coteaux et dont la pente trop rapide

nuit à la culture, sont avantageusement transformées en bois ;
mais il est bon de choisir les essences qui conviennent le
mieux à la nature du terrain ; le peuplier, l'aune, le frêne, le
platane, le saule, se plaisent dans les terres humides ; les
arbres résineux : pin, sapin, mélèze, if, réussissent bien dans
les terres légères ; dans les terrains calcaires ou secs on plan-
tera le chêne, le hêtre, le bouleau, le charme, le châtaignier, etc., etc.

22. — Utilité des boisements. — Par leurs branches garnies de feuilles et surtout par leurs racines, les arbres
des forêts retiennent plus ou moins les eaux pluviales. Dans

Lorsque les montagnes sont déboisées, les eaux se précipitent dans la vallée sous
forme de torrents.

les pays de montagnes, ils les empêchent de se précipiter dans
les plaines sous la forme de torrents dévastateurs ; aussi le boisement de ces régions, quand il n'existe pas, doit-il s'effectuer
sans retard.

D'autre part, c'est pour opposer une digue* naturelle à l'invasion des sables apportés sans cesse par la mer, qu'on a planté
de pins la plupart des dunes* et notamment celles qui se trouvent sur les côtes du département des Landes.

RÉSUMÉ

1 à 13. — Presque tous les arbres peuvent être classés parmi les arbres industriels ; les principaux : le *chêne*, le *hêtre*, le *faux-acacia*, le *châtaignier*, le *charme*, l'*orme*, le *sapin*, le *pin* sont cultivés dans les forêts.

14 et 15. — Les *forêts* destinées à la production des bois de construction portent le nom de *futaies*.

16 et 17. — Celles qui sont coupées tous les neuf ou dix ans et dont les arbres se reproduisent sur souches sont appelées des *taillis*.

18. — Dans les *taillis sous futaies* on laisse de distance en distance des arbres de belle venue appelés *baliveaux*.

19 à 22. — Il est fort avantageux de transformer en bois les terrains de médiocre qualité ou ceux dont la pente trop rapide nuit à la culture ; il est nécessaire en outre de boiser les pays de montagnes et les dunes mobiles des bords de la mer.

QUESTIONNAIRE. — **1. Qu'appelle-t-on arbres et arbustes industriels? — 2. Les arbres fruitiers sont-ils aussi industriels?** — 3. Quels sont les usages industriels du bois des arbres fruitiers? — 4. Quels sont leurs autres produits? — **5. Quels sont les principaux arbres forestiers?** — 6, 7 et 8. Quels sont les usages industriels des bois forestiers? — 9, 10 et 11. Quels sont leurs autres produits? — 12. Parlez des usages industriels des arbustes. — 13. Que savez-vous de la glu et des fruits de l'églantier? — **14 Qu'est-ce qu'une forêt? — 15. Qu'entend-on par des futaies? — 16. Que désigne-t-on sous le nom de taillis?** — 17. De quels arbres sont formés les taillis? — **18. Qu'entendez-vous par des taillis sous futaies?** — 19. Comment constitue-t-on une forêt ou un bois? — 20. Quels sont les travaux de la forêt? — **21. Quels terrains transforme-t-on avantageusement en bois et quelles sont les essences qui conviennent pour les diverses espèces de terres?** — 22. Quelle est l'utilité du boisement?

VINGT-NEUVIÈME LEÇON

Abeilles.

MATÉRIEL. — Abeilles conservées sèches, miel, gâteau d'abeille. Une mèche de coton, une loupe, un vase allant au feu.

EXPÉRIENCES. — 1º Faire fondre la cire, y tremper la mèche de coton et allumer. La cire brûle.

2º Faire examiner à la loupe les pattes postérieures de l'abeille.

1. — Les abeilles. — Les **abeilles** sont des insectes hyménoptères* qui vivent en colonies et qui préparent du miel et de la cire. Elles sont d'une éducation peu coûteuse et ne réclament guère qu'un abri où elles peuvent se loger; cet abri est connu sous le nom de *ruche*.

2. — Les ruches. — Les **ruches** peuvent présenter un grand nombre de formes. Les plus simples et les moins commodes sont tout d'une seule pièce et se composent d'un panier

conique en osier ou en paille tressée; ces ruches sont toujours ouvertes en bas; quand elles sont en osier, on les recouvre d'un paillis.

3. — Les ruches plus compliquées se composent d'une chambre inférieure destinée au logement des abeilles et d'un chapiteau ou couvercle placé par-dessus. Le *chapiteau* sert à recevoir le miel; on

Ruche ordinaire gr. réelle, 80 cm.

Ruche à chapiteau gr. réelle, 90 cm.

l'enlève au moment de la récolte et on le remplace par un autre. Les ruches à chapiteau sont les meilleures et les plus commodes.

4. — Les ruches sont disposées sur des planchettes, à l'abri des vents pluvieux et froids. Tantôt on les loge sous une espèce

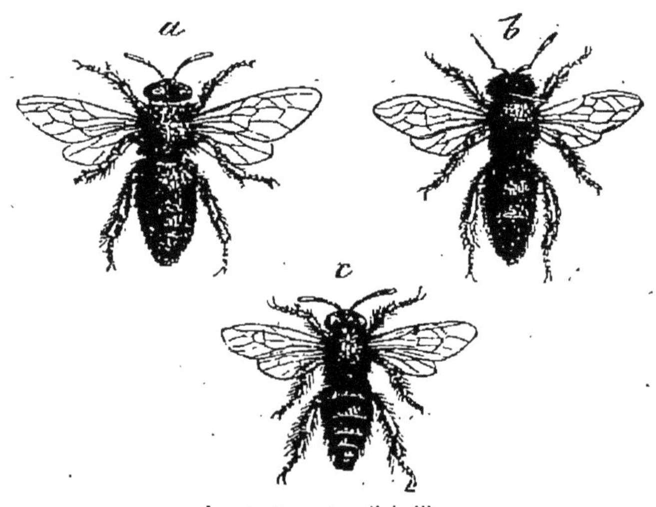

Les trois sortes d'abeilles.

a, mâle; *b*, femelle ou reine; *c*, ouvrière.

de petit hangar appelé *rucher*, tantôt on les dispose en plein air sur un ou plusieurs piquets plantés dans le sol.

*** 5. — Le travail des abeilles**. — Une bonne colonie d'abeilles se compose à peu près de vingt mille individus et pèse 2 kilogrammes. Elle est commandée par une mère pondeuse appelée *reine* et consiste surtout en femelles stériles appelées *ouvrières*: il y a aussi quelques centaines de *mâles* dont l'existence est d'ailleurs éphémère*. Les ouvrières et la reine ont, au bout de l'abdomen, un aiguillon venimeux.

* 6. — Les ouvrières travaillent seules dans la colonie. Quand elles butinent dans les fleurs, elles recueillent le pollen avec une *brosse* située sur la face interne de leurs pattes postérieures; ce pollen s'entasse dans la *corbeille* des mêmes pattes et il est transformé dans la ruche en *pâtée* pour nourrir les jeunes ou en *mastic* pour boucher toutes les fissures.

Patte postérieure d'abeille ouvrière (4 fois plus grande que nature).

7. — La **cire**, sécrétée par l'abeille, s'échappe par petites plaques entre les anneaux, sur la face ventrale de l'abdomen. Ces plaques sont saisies avec les pattes de derrière et employées à la construction des gâteaux.

* Les **gâteaux** ou *rayons* sont placés parallèlement à l'intérieur de la ruche et séparés par des intervalles dans lesquels circulent les abeilles. Ils sont garnis, sur leurs deux faces, d'*alvéoles* très réguliers à six pans. La plupart des alvéoles servent à recevoir le miel.

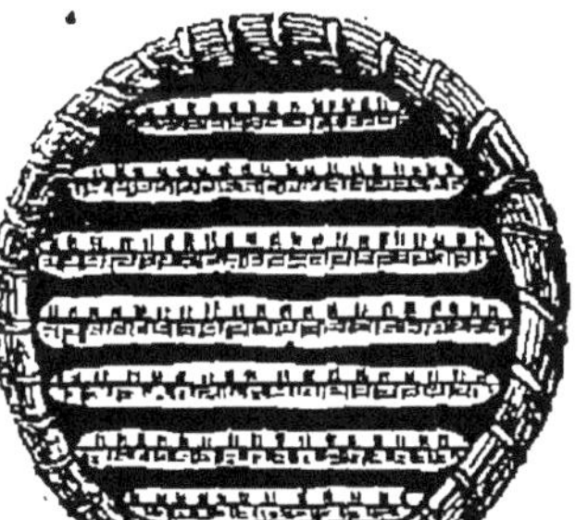

Vue d'une ruche en dessous pour montrer la disposition des rayons.

Fragment de rayon montrant la forme des alvéoles.

8. — Pour *faire du miel*, l'abeille recueille avec son suçoir le nectar* des fleurs; elle l'avale, l'entasse dans son jabot, le transforme, et le dégurgite enfin sous la forme de miel.

9. — La ponte et l'essaimage. — La reine pond un œuf dans chaque alvéole et en fournit ainsi plus de vingt mille par an.

* A l'éclosion, les œufs donnent des *larves* vermiformes* qui sont nourries par les ouvrières avec une pâtée composée de pollen et de miel. Les larves se transforment ensuite en *chrysalides* et, vingt et un jours après la ponte, sortent à l'état d'abeilles ouvrières.

Un petit nombre d'œufs sont pondus dans des alvéoles plus grands situés sur le bord des rayons. Les larves nées de ces œufs sont nourries avec une pâtée plus riche qui leur permet de se transformer en reines. Si toutes meurent, la pâtée royale est donnée à une larve d'ouvrière, et cette larve devient reine.

Loges d'abeilles reines.

10. — La grande ponte de l'année a lieu pendant les beaux jours du printemps et la naissance des jeunes abeilles provoque l'*essaimage*, c'est-à-dire le départ de la vieille reine et de ses ouvrières.

* La nouvelle reine tue les autres larves royales et reste en possession de la ruche avec les jeunes ouvrières.

Certains apiculteurs prétendent que les deux ou trois reines qui naissent après la ponte de printemps se disputent la possession de la colonie et provoquent ainsi différents départs; ce qui fait que l'essaimage, en général, dure environ un mois.

L'essaimage a lieu ordinairement vers la fin de mai ; il se produit pendant les heures les plus chaudes de la journée, de 9 heures du matin à 3 heures du soir.

L'essaim va généralement se poser sur une branche d'arbre. Pour le capturer on se munit d'une ruche vide lavée à l'eau miellée, on secoue légèrement la branche et on fait tomber les abeilles dans la ruche où elles demeurent prisonnières.

11. — Récolte et traitement du miel. — La **récolte du miel** se fait ordinairement à la fin de l'été ; elle est facile avec les ruches à chapiteau. On enlève avec précaution la partie supérieure de la ruche, celle qui contient le miel ; on chasse avec un peu de fumée les abeilles qui s'y trouvent ou qui voudraient y pénétrer, et on place un autre chapiteau. Avec les ruches simples, la récolte est plus longue et on doit enfumer les abeilles avec de la fumée de chiffon. Dans ces différentes opérations, comme pour la capture d'un essaim, il est prudent de se protéger la figure avec un fin treillis et les mains avec des gants épais.

* 12. — Arracher l'aiguillon quand il reste, sucer la plaie et la bassiner d'eau fraîche, d'alcool, ou mieux d'alcali volatil, tels sont les meilleurs remèdes contre la piqûre des abeilles.

13. — Quand les gâteaux ont été enlevés, on les brise et on les laisse égoutter ; le miel qui en sort est de première qualité, on le désigne sous le nom de **miel vierge**. On soumet ensuite les gâteaux à une forte pression et l'on obtient du *miel de* seconde qualité.

Récolte d'un essaim.

14. — La **cire** reste à peu près seule ; on la fait fondre et on la coule dans des moules où elle se prend en masses jaunes. Quand on décolore la *cire jaune*, elle devient blanche et constitue la **cire vierge**.

15. — **Soins à donner aux abeilles**. — Quand les fleurs disparaissent, les abeilles se nourrissent du miel de la ruche et continuent ainsi pendant tout l'hiver ; il faut 7 kilogrammes de miel pour nourrir une colonie pendant la mauvaise saison. Si cette provision n'existe pas dans la ruche vers le milieu d'octobre, il faut donner aux abeilles une provision supplémentaire sous la forme de miel ou de cassonade* humectée. On jette quelques brins de paille sur l'assiette à provision afin que les insectes puissent se poser pour prendre leur nourriture.

16. — Pendant l'hiver, il est en outre nécessaire de couvrir les ruches pour préserver les abeilles du froid.

17. — Plusieurs maladies (dysenterie, constipation, etc.),

peuvent atteindre les abeilles. Les colonies fortes, nombreuses, bien nourries et bien proprement tenues sont ordinairement à l'abri de ces maladies ; quand elles sont atteintes et par trop décimées, le mieux est de les réunir à une colonie voisine.

RÉSUMÉ

1. — Les *abeilles* sont des insectes qui nous fournissent le miel et la *cire*.

2 à 4. — On les loge dans les *ruches* où elles construisent des *cellules* à six pans pour y déposer le miel.

5 à 8. — Chaque ruche est peuplée de trois sortes d'abeilles : la *reine* qui pond les œufs, les *faux-bourdons* et les *ouvrières*.

9 et 10. — Les œufs pondus par la reine produisent de nouvelles abeilles dont l'ensemble constitue une nouvelle famille. Les abeilles anciennes s'échappent de la ruche mère et forment un *essaim*.

L'apiculteur a le soin de surveiller le départ de la colonie pour s'en emparer et lui donner une ruche pour demeure.

11 à 17. — Lorsque le moment de récolter le miel est arrivé on engourdit les abeilles en les enfumant avec des chiffons brûlés, puis on s'empare de leurs gâteaux que l'on casse et qu'on laisse égoutter pour obtenir le miel.

QUESTIONNAIRE.—1. Que savez-vous des abeilles ? — 2 Qu'est-ce que les ruches simples. — 3 les ruches à chapiteau. — 4. Où place-t-on les ruches ? — 5. Quels sont les différents individus dans chaque colonie ? — 6. Que font les ouvrières avec leurs pattes de derrière ? — 7. Parlez de la cire, des rayons et des alvéoles. — 8. Comment les abeilles font-elles le miel ? — 9. Parlez de la ponte. — 10. Parlez de l'essaimage et de la capture des essaims. — 11. Comment récolte-t-on le miel ? — 12. Quelles précautions faut-il prendre quand on est piqué ? — 13. Comment prépare-t-on le miel ? — 14. Et la cire ? — 15 et 16. Quels soins faut-il donner aux abeilles pendant l'hiver ? — 17. Comment prévient-on les maladies des abeilles ?

TRENTIÈME LEÇON

Les ennemis de l'agriculture.

MATÉRIEL. — Collection des animaux nuisibles.

1. — **Définition**. — Les *ennemis* de l'agriculture sont les êtres qui portent atteinte aux cultures, aux récoltes et aux animaux domestiques. Ils appartiennent au monde des plantes ou au monde des animaux.

* Les plantes nuisibles ont été étudiées en traitant des cultures qu'elles dévastent ; il nous reste par conséquent à étudier en détail les animaux nuisibles. Ce sont des mammifères, des oiseaux, des insectes, des myriapodes et des mollusques.

MAMMIFÈRES ET OISEAUX.

2. — Rongeurs. — La plupart des **mammifères nuisibles** appartiennent, comme le lapin, au groupe des *rongeurs** ;

Souris au 1/2 (long. ordinaire, queue comprise, 16 à 19 cm.).

le rat, la souris, le campagnol, le mulot, le loir et le lérot sont les principaux.

La **souris** et le **rat** s'attaquent aux provisions dans les

Rat noir au 1/5 (long. ordinaire, queue comprise, 35 à 40 cm.).

Campagnol au 1/4 (taille d'une grosse souris).

greniers, dans les granges et dans les caves ; le **campagnol** et le **mulot** dévorent les céréales et les racines dans les champs, le **loir** et le **lérot** détruisent les fruits dans les jardins et dans les vergers.

3. — Précautions. — Tous ces animaux doivent être détruits avec soin ; on emploie les souricières contre les rongeurs des habitations, et des pièges contre le mulot et le campagnol. Mais nos meilleurs auxiliaires contre ces ennemis

Mulot au 1/3 (taille de la souris).

Lérot au 1/5 (taille d'un petit rat).

sont bien certainement les mammifères carnassiers et les oiseaux de nuit.

4. — Taupe, loutre. — La taupe est utile dans les champs, car elle détruit de nombreux insectes nuisibles sans

Taupe au 1/5 (long. ordin. : 12 à 15 cm.).

causer beaucoup de dégâts ; mais dans les jardins, ses galeries bouleversent les cultures et on doit la sacrifier sans pitié. On la prend aisément au piège, ou avec une houe quand elle pousse sa taupinière.

La **loutre** est un mammifère carnassier qui détruit le poisson dans les étangs et dans les rivières.

5. — Oiseaux. — A l'exception des oiseaux d'eau (**poule d'eau, martin-pêcheur, plongeon**), des oiseaux de proie diurnes* (**milan, épervier, buse**), de certains passereaux* à gros bec (**corbeau, pie, geai**) et du **ramier**, la plupart des **oiseaux** sont indifférents ou utiles, et comme tels doivent être protégés.

INSECTES

6. — On trouve des **insectes nuisibles** dans tous les ordres d'insectes ; les plus nombreux et les plus redoutables appartiennent aux ordres des coléoptères*, des lépidoptères* et des hémiptères*. Sans exclure les autres procédés, on doit leur faire la chasse au printemps, *avant la ponte*.

* **7. — Coléoptères.** — A l'état de larve comme à l'état adulte, tous les coléoptères* sont nuisibles, sauf un petit nombre qui se nourrissent d'animaux vivants ou morts. Ceux

qui causent le plus de dégâts sont les *hannetons*, les *charançons* et les *altises*.

8. — La larve du **hanneton** est communément appelée *ver blanc*; elle détruit les racines des plantes cultivées et notamment de la vigne, de la betterave, du fraisier, etc.; à certaines époques, l'insecte adulte dépouille complètement les arbres de leurs feuilles.

9. — Les **charançons** rongent les jeunes pousses, les bourgeons. et déposent leurs œufs dans les fruits. Une espèce de

Calandre du blé.
(grossie 4 fois)
Long. : 4 millim.

Bruche des pois.
(grossie 3 fois).
Long. : 5 millim.

Altise.
(grossie 4 fois).
Long. : 3 millim.

Silphe.
(grandeur naturelle).
Long. : 14 millim.

La calandre du blé et la bruche des pois sont deux charançons ou porte-becs qui pondent leurs œufs dans les graines : les larves qui en naissent rongent la partie intérieure sans attaquer l'enveloppe. Les altises sont de tout petits insectes doués de couleurs métalliques brillantes et qui ont la propriété de sauter comme des puces. Les silphes ou boucliers ont une odeur nauséabonde; quelques espèces s'attaquent aux chenilles et sont, dans ce cas, des insectes utiles.

charançon, la **calandre du blé**, se réfugie dans les céréales entassées, se loge à l'intérieur des grains et les ronge.

10. — Les **altises** ou *puces de terre* s'attaquent aux feuilles d'un grand nombre de végétaux et notamment au colza, au chou, au navet, à la vigne, etc. Elles détruisent les feuilles de la betterave en compagnie d'un coléoptère non moins redoutable, le **silphe opaque**.

11. — D'autres coléoptères causent aussi de grands dégâts; les **taupins** à l'état de larves détruisent les racines dans les jardins et dans les champs; les **cétoines** rongent le pollen et font avorter les fleurs; les **chrysomèles** dévorent les feuilles des arbres forestiers et les **criocères** celles des asperges et du lis.

12. — Contre ces ennemis il faut employer **les précautions et les remèdes** suivants : on poursuit les vers blancs en faisant des trous dans le sol avec un piquet et en y versant du sulfure de carbone (3 à 5 gr. par trou et par mètre carré); l'altise, en répandant sur les feuilles une infusion d'absinthe,

et le charançon du blé en remuant à la pelle les tas de grains.
Quant aux criocères, le mieux est encore de secouer les

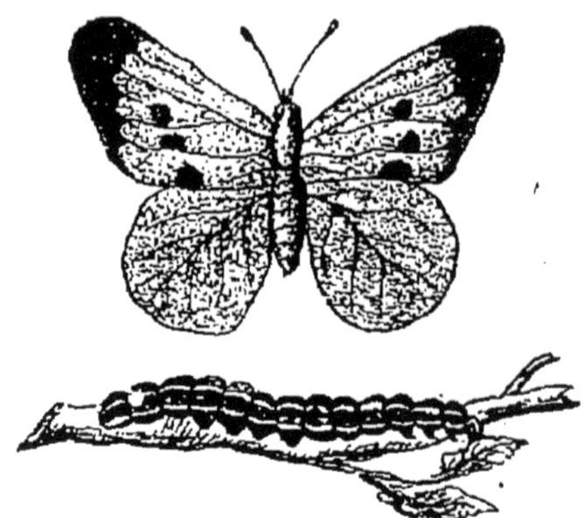

Piéride du chou et sa larve ou chenille
(un peu plus petit que nature).

plantes, pour les faire tomber dans un vase plein d'eau qu'on a placé au-dessous.

13. — Lépidoptères.

— Les lépidoptères* ne sont nuisibles qu'à l'état de chenilles, mais on doit détruire les **papillons** parce qu'ils pondent les œufs d'où sortent les chenilles.

* 14. — Tous les lépidoptères sont nuisibles, mais on doit surtout faire la chasse aux papillons nocturnes*. Ce sont leurs chenilles, le plus souvent, qui tissent des toiles sur les arbres fruitiers et qui détruisent leurs feuilles. La loi oblige les propriétaires à écheniller les arbres et à roussir les toiles, mais le bon cultivateur doit prévenir le mal en détruisant les anneaux d'œufs que le papillon dépose autour des branches.

* 15. — La larve de la **piéride**, joli papillon blanc diurne, dévore parfois complètement les feuilles du chou; on doit écheniller les jardins dès que cette larve se présente.

16. — Hémiptères.

— Les **cochenilles** et les **pucerons** sont de très petits hémiptères* suceurs qui absorbent la sève des feuilles et des jeunes rameaux.

Le **phylloxéra de la vigne** est un petit puceron; l'on verra plus loin (p. 244) avec quelle rapidité cet animal se développe et quels dégâts il peut causer.

Punaise des jardins (grandeur naturelle).

La punaise des jardins ou pentatôme ornée, au corps plat et rouge marqué de taches noires, est de la même famille que la lygée aptère, au corps plus étroit et de même couleur, et que la punaise des champs, de couleur verte, à odeur répugnante. Tous ces insectes sont des hémiptères qui dévorent les feuilles des plantes.

* 17. — Une espèce attaque le pommier et reçoit le nom de **puceron lanigère** parce qu'elle dépose sur les rameaux une espèce de duvet blanchâtre. Comme tous les pucerons qui ne vivent pas sur les racines, on le détruit avec des infusions de tabac ou une dissolution de sulfate de cuivre (5 gr. par litre

d'eau) ou bien par des lavages à l'eau de goudron forte ou à l'huile de schiste*.

18. — Les *poux de l'homme*, les *poux des animaux* et la *punaise des lits* se rangent aussi parmi les hémiptères; les premiers se combattent par la propreté et au besoin par des bains sulfureux et par des frictions* à l'huile suivies de lavages à l'eau de savon noir; les seconds par des lotions* au jus de tabac, la troisième par les poudres insecticides*.

19. — Autres insectes nuisibles. — Les *hyménoptères** les plus nuisibles sont les **fourmis**, les **bourdons** et les **guêpes**, insectes qui s'attaquent surtout aux fruits. Les fourmis peuvent être attirées dans des bouteilles d'eau sucrée où elles se noient; les nids

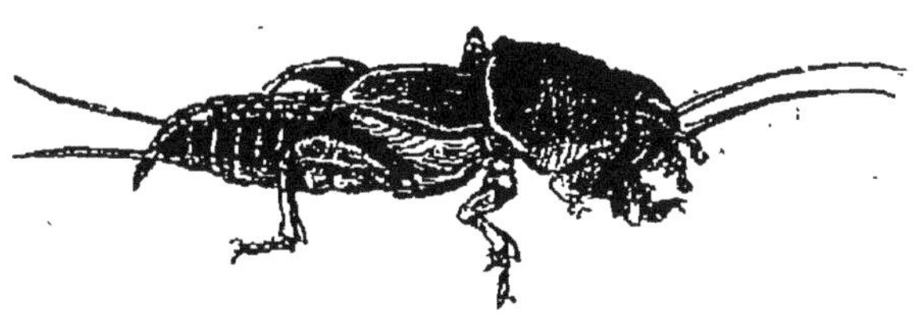

Courtilière (un peu plus petite que nature).

de bourdons et de guêpes se détruisent à l'eau bouillante.

* 20. — A l'exception du grillon et de la mante religieuse, les orthoptères* de nos pays sont tous nuisibles. En Algérie, dans le midi de la France et quelquefois plus au nord, les **criquets** et les **sauterelles** envahissent les cultures et les détruisent sans qu'on puisse les combattre assez utilement. Partout se rencontrent des **forficules** qui attaquent les fruits et les jeunes plantes, ainsi que des **courtilières** qui bouleversent les jardins. On détruit les courtilières en versant de l'eau coupée d'huile de pétrole dans leurs trous, et les forficules en les attirant dans des endroits obscurs.

* 21. — Les *diptères** nuisibles ou **mouches** sont surtout des insectes parasites*. La *mouche des habitations* et la *mouche des cadavres* pourtant, ne sont nullement parasites*; la première est seulement incommode, mais la seconde peut transmettre la maladie du **charbon**. On doit cautériser* à blanc la piqûre de la mouche des cadavres et même celle du **taon**, quand elle paraît s'envenimer. Les **œstres** développent leurs larves dans l'estomac du cheval et les **hypodermes** sous la peau des jeunes vaches et des veaux.

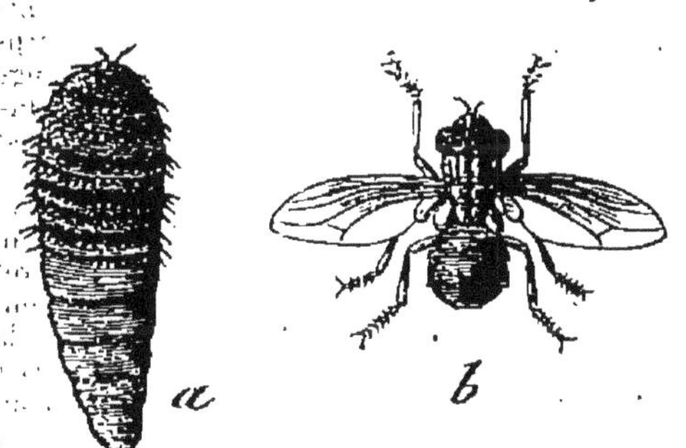

Hypoderme du bœuf; *a* larve; *b*, insecte parfait.

AUTRES ANIMAUX NUISIBLES

22. — Myriapodes et arachnides. — Parmi les *myriapodes**, les seuls qui soient nuisibles sont les **iules** et autres espèces à pattes courtes et à corps cylindrique; ces animaux ne sont pas assez nombreux pour causer de grands dégâts et on peut du reste les détruire facilement, comme les forficules.

23. — Parmi les *arachnides**, les espèces nuisibles sont toutes parasites et représentées par les *ixodes* et les *acariens*. Les **ixodes** s'attachent à la peau du chien, du mouton, du bœuf, etc., sucent le sang et finissent par atteindre les dimensions d'un petit pois; on les fait tomber avec un mélange d'huile et de térébenthine. Les **acariens** produisent les maladies connues sous le nom de **gale**; on les détruit avec de l'essence de térébenthine.

24. — Mollusques. — Les **escargots** ou *colimaçons* et surtout les **limaces** s'attaquent aux plantes vertes cultivées, aux racines et parfois aux fruits. On leur fait la chasse le matin ou après une pluie douce, et on les tue soit en les écrasant, soit en employant, au besoin, la chaux vive en poudre.

RÉSUMÉ

1. — Un grand nombre d'*animaux* causent de grands dégâts dans nos champs et nos jardins.

2 à 4. — Parmi les *mammifères*, il faut citer : le *campagnol*, le *mulot*, le *loir* et le *lérot*. Ces animaux se détruisent au moyen de pièges.

5. — Peu d'oiseaux sont nuisibles.

6 à 21. — Ce sont surtout les *insectes* qui causent les plus grands ravages. Les principaux sont les *taupins*, les *cerfs-volants*, les *hannetons*, les *charançons*, les *criocères*, les *altises*, les *perce-oreilles*, les *courtilières*, les *pucerons*, les *fourmis*, les *guêpes* et surtout les *chenilles*. Il faut leur faire une guerre impitoyable.

22 et 23. — Les *iules* parmi les myriapodes, les *ixodes* et les *acariens* parmi les arachnides, sont aussi des ennemis des cultivateurs.

24. — Parmi les *mollusques* on trouve les *limaçons* et les *limaces*.

QUESTIONNAIRE. — 1. Quels sont les ennemis de l'agriculture ? — 2. Quels sont les rongeurs nuisibles et quels dégâts causent-ils ? — 3. Quelles précautions doit-on prendre contre eux ? — 4. Que savez-vous de la taupe et de la loutre ? — 5. Quels sont les oiseaux nuisibles ? — 6. A quels ordres appartiennent les principaux insectes nuisibles ? — 7. Quels sont les principaux coléoptères nuisibles? — 8. Quels sont les dégâts causés par le hanneton ? — 9. par le charançon?— 10. par l'altise et le silphe opaque ? — 11. Citez quelques autres coléoptères nuisibles. — 12. Quels sont les précautions à prendre contre les coléoptères nuisibles? — 13. Que savez-vous sur la chenille et le papillon des lépidoptères?— 14. Quelles précautions faut-il prendre contre les lépidoptères? — 15. Parlez de la piéride du chou. — 16. Comment agissent les hémiptères nuisibles et quels sont-ils ? — 17. Parlez du puceron lanigère. — 18. Quels sont les hémiptères parasites de l'homme ou des animaux et que faut-il faire contre eux ? — 19. Parlez des hyménoptères nuisibles. — 20. des orthoptères nuisibles. — 21. des diptères nuisibles. — 22 et 23. Quels sont les myriapodes et les arachnides nuisibles ? — Que faut-il faire contre eux ? — 24. Quels sont les mollusques nuisibles et comment peut-on les détruire ?

TRENTE ET UNIÈME LEÇON

Les auxiliaires de l'agriculteur.

MATÉRIEL. — Collection des animaux les plus utiles.

1. — Définition. — Les ennemis des cultures se développent avec tant de rapidité, ils sont si petits, si agiles, si prompts à se cacher, que l'homme à lui seul serait incapable de se protéger contre eux.

Mais ces animaux sont eux-mêmes poursuivis par des espèces non moins agiles qui les découvrent, les chassent et les détruisent sans pitié. C'est à ces espèces qu'on donne le nom d'**auxiliaires**; par intérêt et par devoir nous devons leur accorder **toute notre protection**.

Nos principaux auxiliaires se trouvent parmi les vertébrés, les insectes et les arachnides.

VERTÉBRÉS

2. — Mammifères. — Parmi les mammifères, les principaux auxiliaires de l'agriculture sont la *belette* et le *chat*, les *chauves-souris* et tous les *insectivores*.

3. — La **belette** et le **chat** sont deux mammifères carnassiers*; la **belette** vit dans les champs, le chat dans la maison, tous deux détruisent un nombre très considérable de rongeurs.

4. — Les **chauves-souris** sont des mammifères nocturnes qui volent au moyen d'une membrane étendue de chaque côté

Chauve-souris (2 fois plus petite que nature).

entre les pattes; elles s'attaquent surtout aux insectes aériens. Les *insectivores**, c'est-à-dire la **taupe**, le **hérisson** et la

Hérisson au 1/8.
(Long. ordinaire 25 à 30 cent.).

Musaraigne au 1/3.
(taille d'une petite souris.)

musaraigne, chassent les insectes terrestres et dévorent les larves et les limaces.

5. — **Oiseaux.** — A part les oiseaux nuisibles que nous avons cités (p. 218), tous les **oiseaux** sont utiles ou indifférents. La plupart sont des chasseurs agiles et adroits, et c'est parmi eux que se recrutent les meilleurs auxiliaires du culti-

valeur. Seuls, les enfants *lâches*, *méchants* et *ignorants* détruisent les nids des oiseaux.

6. — Les *oiseaux de nuit*, **chouette, hibou, effraie**, etc., sont des oiseaux voraces et carnassiers qui occupent à juste titre une des premières places parmi les auxiliaires du cultiva-

Effraie au 1/8. Gr. réelle, 40 cent.

Hibou au 1/10. Gr. réelle, 30 cent.

teur; ils font la chasse aux rongeurs et en détruisent une quantité innombrable. C'est un *sot préjugé* de les considérer comme des oiseaux de malheur, et c'est un *acte coupable* de les clouer aux portes quand par hasard on les saisit.

Fauvette-grisette au 1/3.
Long. réelle : 14 cent.

Roitelet au 1/2.
Long. réelle : 8 cent.

7. — Tous les *oiseaux** *à bec fin*, **fauvette, rossignol, roi-**

telet, ne se nourrissent que d'insectes; il en est de même des **pics**, des **engoulevents**, des **mésanges**, des **hirondelles** et des **martinets**. Le *merle*, le *sansonnet*, le *moineau*, le *pinson* et beaucoup d'autres, quoique moins avides d'insectes, rendent néanmoins de grands services au cultivateur.

Nous ne saurions trop recommander la **protection** de tous ces oiseaux : les enfants qui les dénichent ou leur font la chasse commettent une *mauvaise action* et une *action préjudiciable* aux intérêts du cultivateur.

Pic vert au 1/4. Gr. réelle : 20 cm.

8. — **Autres vertébrés**. — Tous les reptiles* de nos pays (**couleuvres**, **lézards**, **orvets**, **tortues**, etc.), à l'exception de la *vipère*, qui est venimeuse, et tous les batraciens* (**grenouilles**, **crapauds**, **salaman-**

Mésange à longue queue au 1/3. Long. réelle : 15 cm. Pinson au 1/3. Long. réelle : 13 cm.

dres) sont des chasseurs infatigables, toujours en quête d'insectes, de limaces et de larves de toutes sortes.

9. — Les **poissons*** aussi sont utiles, en ce sens qu'ils détruisent les larves aquatiques d'insectes, mais beaucoup sont pêchés pour la table et, comme tels, ne sont pas protégés par l'homme.

INSECTES

10. — Les insectes nous donnent plus d'ennemis que d'auxiliaires ; beaucoup, néanmoins, nous rendent des services inappréciables et méritent d'être protégés contre les ignorants Les principaux appartiennent aux ordres des coléoptères, des névroptères et des hyménoptères. Ce sont tous des insectes chasseurs et carnassiers.

11. — Coléoptères. — Les *coléoptères** carabiques et notamment les **carabes**, les **cicindèles**, les **harpales**, les **bombardiers** et les **calosomes** détruisent les forficules, les

Coccinelle.

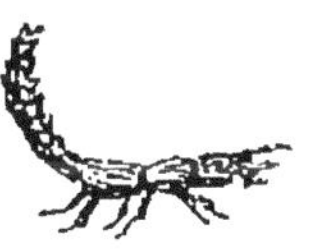

Carabe doré.   Lampyre mâle.   Lampyre femelle.   Staphylin César.

(Tous ces insectes, à l'exception du carabe qui est presque deux fois plus petit que nature, sont de grandeur naturelle.)

hannetons, les chenilles, les limaces, etc., etc, Ils sont secondés dans cette chasse par les **téléphores**, par les **lampyres** ou **vers luisants** et par les **staphylins**.

12. — Les gentilles **coccinelles**, plus connues sous le nom de *bêtes à bon Dieu*, s'attaquent de préférence aux pucerons, et aux chenilles de petite taille.

13. — **Névroptères**. — Les *névroptères** sont de charmants insectes brillamment colorés et remarquables par la fine nervation de leurs ailes; on les désigne sous les noms de **libellules** ou de **demoiselles**.

14. — Tous les névroptères, à l'exception du *termite**, sont carnassiers et très utiles; leurs larves chassent dans l'eau pendant que les adultes chassent dans l'air. Le **fourmi-lion** est une délicate libellule, dont la larve terrestre ressemble à une arai-

gnée et attire les petits insectes dans une fosse qu'elle habite au milieu du sable.

Agrion vierge, appelé vulgairement *demoiselle* (2 fois plus petit que nature).

15. — Hyménoptères. — Les ichneumons, et quelques espèces voisines, sont des hyménoptères* utiles dont les

Larves d'ichneumon dévorant une chenille.

mœurs sont fort singulières. A l'aide d'une longue tarière* qu'ils portent au bout de leur abdomen, ils pondent leurs œufs à l'intérieur du corps des chenilles; les jeunes larves dévorent peu à peu les tissus de leur hôte et lui donnent la mort au moment où elles n'en ont plus besoin pour se nourrir, c'est-à-dire au moment de se transformer en chrysalides.

Mante religieuse (2 fois plus petite que nature).

16. — Autres insectes utiles. — La mante religieuse, parmi les *orthoptères**, et les **punaises aquatiques** (*hydromètre, ranâtre, etc.*), parmi les *hémiptères**, sont des insectes utiles toujours en quête d'une proie.

MYRIAPODES ET ARACHNIDES

17. — Myriapodes. — Tous les myriapodes* à longues pattes et à corps aplati sont des chasseurs habiles qu'il faut ménager. On les désigne communément sous le nom de **scolopendres**.

18. — Arachnides. — Les arachnides* de nos pays (à l'exception des acariens et des ixodes) doivent être également protégés en dépit de la répulsion qu'ils inspirent. Ce sont, en effet, des chasseurs infatigables et d'une voracité telle qu'ils se mangent entre eux ou qu'ils sucent le sang de leurs pattes quand ils les perdent. C'est là du moins ce que font toutes nos **araignées** et le cultivateur n'a guère d'auxiliaire plus empressé. Les **faucheurs** aux longues pattes et les **scorpions** du midi sont également utiles, mais la piqûre de ces derniers est assez douloureuse pour qu'on détruise l'animal.

RÉSUMÉ

1. — Les animaux qui servent d'*auxiliaires* au cultivateur font la chasse aux animaux nuisibles. Ils nous rendent des services inappréciables et il faut les protéger.

2 à 18. — Les meilleurs auxiliaires sont :

1° Parmi les mammifères, les *belettes*, les *chats*, les *chauves-souris* et les *insectivores* : hérisson, musaraigne, taupe;

2° Presque tous les oiseaux, surtout les *oiseaux de nuit* et les *oiseaux à bec fin*;

3° Tous les reptiles de nos pays, sauf la vipère, et tous les batraciens : grenouille, crapaud, etc.

4° Parmi les insectes, les *carabes*, les *vers luisants*, tous les *névroptères*, les *mantes* et les *ichneumons*.

5° Les *scolopendres*, parmi les myriapodes; les *araignées* et les *faucheurs*, parmi les arachnides.

QUESTIONNAIRE.— **1. Pourquoi les auxiliaires méritent-ils notre protection ?** — **2. Quels sont, parmi les mammifères, nos meilleurs auxiliaires ?** — 3. Quelle utilité ont la belette, le chat? — 4. les chauves-souris et les insectivores? — 5. Quelle est l'importance des oiseaux pour l'agriculture ? — **6. Parlez des oiseaux de nuit.** — **7. et des autres oiseaux les plus utiles.** — 8. Quels sont les reptiles et les batraciens utiles ? — 9. Que savez-vous des poissons au point de vue de leur utilité ? — 10. Quelle est l'importance des insectes utiles ? — **11 et 12. Quels sont les coléoptères utiles?** — 13 Que savez-vous des névroptères ? — 14. Sont-ils utiles à l'agriculture? — 15. Comment vivent les larves des ichneumons? — 16. Citez des orthoptères et des hémiptères utiles. — 17. Parlez des scolopendres. — 18. Les arachnides sont-ils des auxiliaires du cultivateur ?

MOIS DE MAI

Agriculture pratique.

Travaux principaux à faire exécuter pendant le mois de mai :

CHAMP DE DÉMONSTRATION. — 1° Jeter en couvrailles sur l'avoine, dans la partie réservée à l'engrais chimique, 500 gr. de nitrate de soude mélangé à autant de chlorure de potassium, à l'are.

2° Jeter en couvrailles, sur la moitié du trèfle, un engrais complet formé de 1 kilogr. de nitrate de soude, 4 kilogr. de superphosphate de chaux, 2 kilogr. 500 de chlorure de potassium et 3 litres de sulfate de chaux, à l'are.

3° Sarcler le froment, l'avoine et les betteraves.

4° Semer le chanvre en ajoutant à la semence 3 kilogr. de tourteaux broyés par are, et le maïs en lui fournissant comme engrais 2 kilogr. de tourteaux mélangés à 1 kilogr. de chlorure de potassium.

VIGNE. — Soufrer la vigne pour la préserver de l'oïdium. Dans les premiers jours du mois, sulfater la vigne avec la *bouillie bordelaise* ou l'*eau céleste* pour la préserver des attaques du mildew. La bouillie bordelaise se fait en mélangeant 2 kilogr. de sulfate de cuivre dissous dans 100 litres d'eau, avec 670 gr. de chaux vive réduite lentement en bouillie claire ; l'eau céleste en faisant dissoudre 1 kilogr. de sulfate de cuivre dans 100 litres d'eau et en ajoutant 1 litre d'ammoniaque à la solution.

JARDINS. — Biner et sarcler fréquemment les plantes ; les arroser le matin si le temps est sec. Planter les tomates. Continuer les semis indiqués en avril et semer les choux-fleurs, les haricots, les concombres. — Continuer les semis de fleurs.

ARBRES FRUITIERS. — Enlever les parties inutiles des arbres fruitiers et surveiller particulièrement la végétation des pêchers.

Promenade scolaire.

LECTURE

Le mois de mai était revenu avec son beau soleil, sa riche verdure et les fleurs embaumées qu'il sème à profusion dans les champs.

Les élèves de Monsieur Lancelot étaient réunis dans la

cour de l'école et attendaient le signal du maître pour se
mettre en rangs et partir. Ils étaient au grand complet.

Le but de la réunion
était une promenade
dans la forêt, avec la
récolte et l'étude des
plantes printanières.

On suivit d'abord
la grand'route. Mais
elle était déjà pou-
dreuse, et Monsieur
Lancelot fit bientôt
prendre le chemin
creux et couvert, qui
conduisait vers les
coteaux.

Le chemin creux et couvert qui conduit au côteau.

Sous une voûte d'aubépine épaisse, à l'abri des rayons
du soleil, les élèves firent une abondante récolte de primevères, de violettes, de pul-
monaires et de pervenches.
Monsieur Lancelot profita de

La feuille de lierre est une feuille
simple formée d'un limbe, d'un
pétiole et d'une gaine.

La feuille du marronnier d'Inde est une feuille
composée formée de plusieurs limbes fixés à un
pétiole unique muni également d'une gaine.

l'ombrage pour donner quelques notions sur les principaux

organes de la fleur, sur la forme et le groupement des feuilles.

Au sortir du chemin creux, on atteignit les coteaux couverts de vigne. Sur les pentes ensoleillées, les sarments déployaient leurs feuilles et leurs vrilles naissantes; et au-dessous des ceps, la terre était couverte de plantes échappées à la houe du vigneron. Le tussilage, déjà privé de fleurs, étalait sur le sol ses larges feuilles; des bouquets de renoncules se détachaient au milieu des véroniques délicates, et l'ail des vignes mêlait ses feuilles grêles et longues aux feuilles plus larges et aux belles fleurs jaunes de la tulipe sauvage.

Des vignes à la forêt, il y avait une demi-heure de marche en terrain découvert. « Le soleil

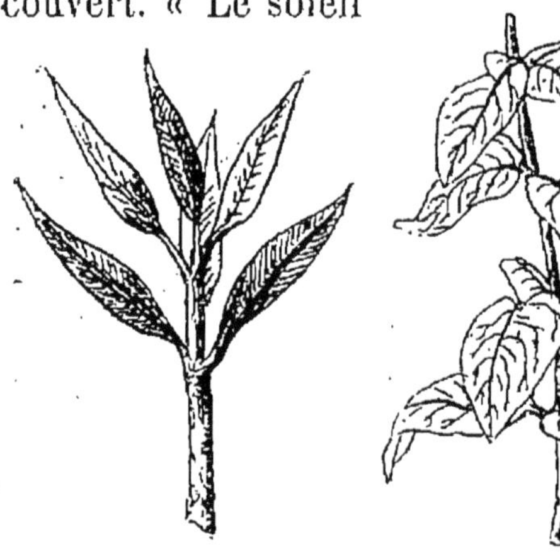

Les feuilles du laurier-rose sont verticillées.

Les feuilles du lilas sont opposées.

Les feuilles du prunier sont alternes.

du printemps est toujours un peu traître, dit M. Lancelot, et ce serait une imprudence de se livrer ici à des exercices trop violents. Un refroidissement est vite attrapé par les temps chauds, et les refroidissements sont fréquemment suivis de rhumes et de bronchites*. Le mieux est de suivre, sans trop de hâte, le sentier qui conduit au sommet du coteau. »

Et l'on atteignit bientôt les premiers grands arbres

La forêt avait bien changé depuis l'époque où les élèves l'avaient visitée avec Monsieur Rufry. Les chênes, les hêtres et les bouleaux n'étendaient plus dans les airs leurs branches décharnées ; un beau feuillage les recouvrait complètement, avec ces teintes variées et délicates qu'on ne peut observer qu'au printemps, et qui donnent à la nature un air de fête et de jeunesse si agréable à l'œil.

La lisière de la forêt, encombrée par des taillis, est toujours riche en plantes aux premiers jours du printemps. Les belles touffes violettes de l'ancolie commençaient à s'épanouir, les grandes renoncules déployaient leurs corolles dorées, et plus près du sol

Sommité d'ancolie au 1/5.

les anémones, les scilles, les jacinthes formaient, avec les violettes et les primevères, un tapis diaprédes plus délicats.

En cet endroit, la récolte fut abondante et chaque élève put préparer un gros bouquet.

On pénétra ensuite dans la forêt, et après un quart d'heure de marche, quand les plus ardents se furent un peu calmés, on s'arrêta sur un gazon de fougères et de mousses.

Les fougères les plus jeunes développaient à peine leurs feuilles enroulées en crosse ; les plus âgées formaient déjà de belles touffes qui furent mises à contribution pour relever les bouquets.

Fougère au 1/10.

Sous les feuilles déjà grandes, plusieurs élèves aperçurent des taches brunes, régulièrement disposées.

« Monsieur, dit Louis, à quoi servent les taches que portent ces fougères.

— Avant de vous répondre, dit Monsieur Lancelot, je vous demanderai d'abord comment sont faites les fleurs des fougères. En avez-vous déjà vu? »

Personne ne répondit..

« Votre silence vaut une réponse, reprit Monsieur Lancelot, les fougères n'ont pas de fleurs et je pourrais en dire autant des mousses qui forment autour de nous un gazon si épais. Les fougères, les mousses et les autres plantes qui n'ont pas de fleurs apparentes sont désignées par les botanistes sous le nom de *cryptogames,* c'est-à-dire de plantes à fleurs cachées, et le nom de *phanérogames* est réservé aux plantes, telles que la violette et la primevère, dont les fleurs sont bien apparentes.

Pied de mousse.

« Les fougères et les mousses sont des cryptogames, mais il y a entre elles des différences importantes.

« Arrachez cette touffe de fougères, vous y verrez facilement des feuilles et des racines. Quand il y a des racines dans une plante, il doit y avoir, vous le savez, des vaisseaux * pour conduire la sève absorbée par ces dernières. C'est pourquoi les fougères et les autres plantes semblables sont désignées sous le nom de *cryptogames vasculaires.*

« Arrachez maintenant quelques touffes de mousses. Vous y trouverez des feuilles, mais pas la moindre trace de racine. Pas de racines, pas de vaisseaux; les *mousses* sont par conséquent des cryptogames dépourvues de vaisseaux.

— Mais, Monsieur, dit Auguste, puisque les fleurs ser-

vent à la reproduction de la plante, comment les cryptogames font-elles pour se reproduire?

— Votre question me fait plaisir, repartit Monsieur
Lancelot, car elle va me permettre de répondre à la
question que Louis me posait tout à l'heure. Les taches
brunes que vous voyez sur la face inférieure des fougères
renferment les organes reproducteurs de ces plantes.

« Ce sont de petits grains ovoïdes qu'on appelle des
spores, et qui se détachent à la maturité, en formant une
poussière jaune ou brune. Quand les spores tombent sur
le sol, elles germent bientôt et donnent une petite lame
verte sur laquelle poussent des fougères.

« Il en est de même pour les mousses,
mais les spores sont renfermées dans de
petites *urnes* qui se trouvent à l'extrémité des tiges. Les urnes des mousses se
développent de bonne heure, mais nous
pourrons peut-être en trouver quelques-
unes encore, si nous examinons ces
touffes de bien près. »

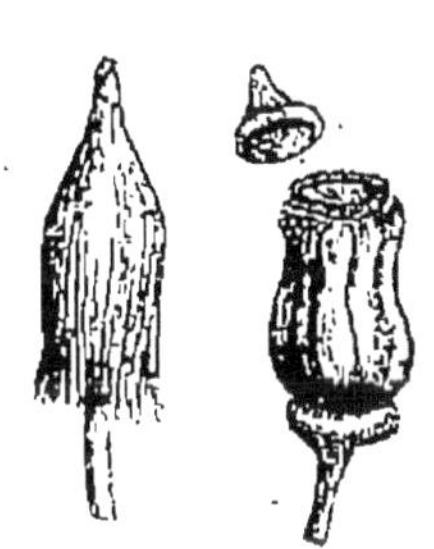

Urnes de mousse
grossies.

Et, en effet, les élèves recueillirent bientôt un certain
nombre d'urnes portées au bout de filaments très grêles.
Quelques-unes étaient encore fermées par un couvercle,
d'autres montraient ce couvercle soulevé et laissaient
échapper des spores.

Monsieur Lancelot emporta des spores de fougères et
de mousses pour les faire germer à l'école, puis il dirigea
la petite caravane vers la clairière de l'Étang vert.

Dans la clairière naissait une source dont les bords
étaient garnis de myosotis, de cresson et de boutons d'or.
L'eau s'écoulait par un petit ruisseau et allait se perdre à
quelque distance dans un étang couvert de renoncules
aquatiques et de lentilles d'eau.

En un coin de l'étang, qui était transformé en abreu-

voir, les lentilles d'eau étaient rares, mais des filaments
nombreux, de couleur verte, formaient un réseau serré à
l'intérieur du liquide. A une faible distance de l'abreu-

La clairière de l'Étang vert.

voir, au lieu où s'arrêtaient les chevaux et les bœufs des
bûcherons, de beaux champignons étalaient leur chapeau,
charnu et blanc comme la neige.

« Arrêtons-nous ici, dit monsieur Lancelot, et essayons
de profiter des richesses que nous offre ce charmant endroit.

« Vous voyez ces filaments verts qui s'étendent dans
l'abreuvoir. Ils sont toujours tels que vous les voyez, et
ne produisent jamais de fleurs. Ce sont par conséquent
des cryptogames, mais ils n'ont ni feuilles ni racines
et ne peuvent être rangés, ni parmi les mousses, ni parmi
les fougères.

« Ces plantes s'appellent des *conferves* et appartiennent

au grand groupe des *algues*. Les conferves abondent dans les fontaines, mais la plupart des algues vivent dans la mer, où elles atteignent parfois des dimensions très considérables.

« Cueillez maintenant quelques-uns de ces champignons et dites-moi si vous y voyez quelque chose qui ressemble à des racines, à des feuilles ou à des fleurs.

« Vous ne voyez rien de semblable, n'est-ce pas? et vous avez là des plantes qui, à cet égard, ressemblent parfaitement aux algues. Toutefois, les champignons sont dépourvus de la couleur verte qui existe dans toutes les autres plantes, et c'est un caractère qui permet de les distinguer facilement des algues.

— Monsieur, dit Paul, je me souviens que la matière verte dont vous nous parlez permet aux plantes de puiser pendant le jour du charbon dans l'air. Puisque les champignons sont privés de cette matière, comment peuvent-ils recueillir du charbon?

— De la manière la plus simple, mon ami, repartit Monsieur Lancelot. Les champignons puisent directement, dans les débris animaux ou végétaux, et quelquefois même dans les animaux et dans les végétaux vivants, le

Champignons au 1/3.

charbon qui leur est nécessaire. D'autres fois, ils s'associent à des algues vertes, et forment alors le groupe des *lichens*. Ceux qui vivent au milieu de ces débris sont les plus nombreux; c'est le cas du mousseron que vous avez ici, du cèpe, de la morille, de l'oronge, de la clavaire et des champignons de couche qu'on cultive dans les caves sur du terreau très riche. Les champignons qui vivent aux dépens des êtres vivants, et qu'on appelle pour cette raison parasites, sont moins nombreux, mais ordinairement très nuisibles, et le plus souvent très petits : la mousse blanche tue les poissons dans la rivière, l'oïdium et le mildew ravagent les vignes ; un champignon voisin du mildew fait pourrir la pomme de terre ; enfin d'autres champignons, aussi dangereux, produisent la rouille, le charbon et la carie du blé ou bien l'ergot du seigle.

« Dans notre prochaine promenade, nous reviendrons sur ces terribles cryptogames. Pour le moment, afin de vous graver dans la mémoire cette petite leçon donnée sur l'herbe, je vais résumer en quelques mots les explications que je vous ai données.

« Les plantes forment quatre grands groupes ou embranchements :

« 1° les *Phanérogames* qui ont à la fois fleurs, racines et feuilles.

« 2° les *Cryptogames vasculaires*, ou fougères, qui n'ont pas de fleur.

« 3° les *Mousses* qui n'ont plus ni fleurs, ni racines, mais qui ont encore des feuilles.

« 4° les *Cryptogames sans feuilles ni racines*, et qui sont désignées sous le nom d'*algues*, quand elles ont la couleur verte qui décompose l'acide carbonique de l'air ; sous le nom de *champignons* quand cette substance colorante n'existe pas. Les *lichens* sont des associations d'algues et de champignons. »

Monsieur Lancelot posa quelques questions pour s'assurer que tout avait été bien compris, il arracha quelques lichens aux troncs des arbres, puis il donna le signal du départ.

Chemin faisant, il s'adressait aux plus grands de l'école et leur disait : « Afin de bien connaître les plantes, il faut que chacun de vous fasse un petit *herbier*. Vous placerez les plantes entre plusieurs feuilles de vieux papier, du papier buvard autant que possible, et vous les mettrez sous presse pendant plusieurs jours. Chaque jour, vous augmenterez la pression et vous remplacerez le papier humide par du papier sec.

« Quand les plantes seront parfaitement desséchées, vous les fixerez dans un cahier spécial avec des bandes gommées, et vous inscrirez à côté du nom de la plante, le lieu où vous l'avez recueillie, la date, ainsi que les propriétés médicinales et industrielles. Les insectes et les champignons attaqueront les plantes, mais il vous sera facile de les remplacer; toutefois, si vous vouliez un herbier de longue durée, il faudrait tremper les échantillons dans de l'eau tiède, contenant une grande quantité d'alun*.

« L'étude des plantes, mes amis, devrait être la passion favorite des habitants des campagnes. Elle leur ferait aimer la nature au milieu de laquelle ils s'ennuient parfois faute de la connaître; elle leur apprendrait à distinguer les végétaux utiles des végétaux nuisibles; enfin, en leur donnant l'habitude de l'observation, elle leur permettrait de juger par eux-mêmes, et d'abandonner à leur grand profit les errements de la routine. »

TRENTE-DEUXIÈME LEÇON

Travaux d'entretien et maladies de la vigne.

MATÉRIEL. — Soufre en fleur, chaux vive, sulfate de fer, sulfate de cuivre, sulfure de carbone, huile de houille, naphtaline. — Eumolpe, pyrale.

Feuilles de vigne et raisins attaqués par les divers parasites de la vigne, racines phylloxérées.

Un petit flacon mince avec un bouchon et une longue mèche de coton suiffée passée dans le bouchon.

EXPÉRIENCE. — Mettre quelques gouttes de sulfure de carbone

dans le flacon, fermer avec le bouchon à mèche, agiter, *faire éloigner les élèves* et mettre le feu à la mèche; explosion : le vase est brisé. *Le sulfure de carbone est un liquide qu'il faut éloigner du feu.*

TRAVAUX D'ENTRETIEN DE LA VIGNE.

1. — Jusqu'à la floraison. — Quand la vigne est taillée, on procède à la pose des échalas et à la réparation des fils de fer; plus tard, peu de temps avant le développement des bourgeons, on **ploie** les verges dans les vignes à long bois et on les rattache au fil de fer ou à l'échalas. (Voir grav. p. 125.)

2. — Dans la vigne en végétation, on **enlève les bourgeons** qui poussent sur le vieux bois et, un peu avant la floraison, on *pince** l'extrémité des pousses afin de porter la sève sur les productions fructifères.

3. — Après la floraison. — Quand la floraison de la vigne est terminée, on procède à ce qu'on appelle l'*accolage :* on **attache les branches** sur les échalas ou sur les fils de fer, et on **enlève** avec la serpette les **faux bourgeons** qui se sont développés sur le bois de l'année.

4. — Plus tard, afin de laisser pénétrer la lumière et de refouler la sève dans les grappes, on **épointe** les rameaux au sécateur; enfin, quand le raisin commence à mûrir, on enlève *à l'intérieur* des ceps les feuilles qui pourraient nuire à la maturité des fruits.

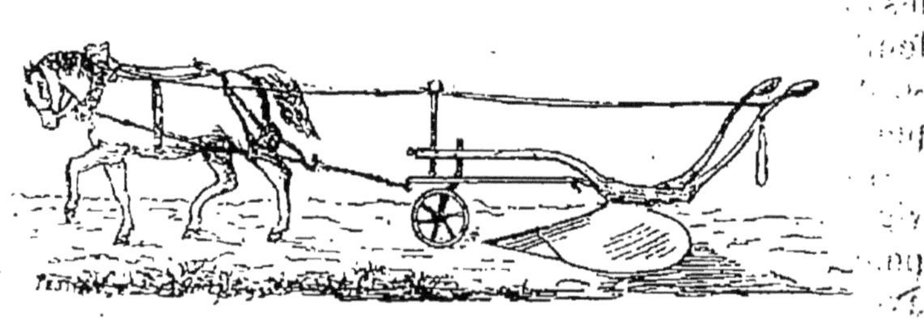

Charrue vigneronne et son attelage.

Dans les vignes plantées en lignes et à une distance convenable, on se sert avantageusement d'outils spéciaux pour ameublir le sol. La charrue vigneronne est une charrue étroite et légère employée à cet effet. Il en est de même de certaines espèces de herse dont le châssis peut, au moyen d'un mécanisme simple, être diminué de largeur. Enfin le harnais avec lequel on attelle le cheval est confectionné spécialement pour cet usage.

5. — Labours. — Après la taille, la vigne demande

ordinairement trois **labours**. Le premier se donne au printemps, il est suivi d'un hersage qui détruit les mauvaises herbes et ramène un peu de terre au pied des ceps que l'on avait déchaussés au moment de la taille; le deuxième se donne peu après l'accolage et joue le même rôle que le hersage précédent; enfin le troisième se donne après les vendanges et sert à enterrer les feuilles de la vigne.

6. — **Engrais**. — La vigne se fume pendant l'hiver quand le sol n'est pas trop humide. On creuse des rigoles profondes entre les rangées de ceps et on y répand, tous les trois ou quatre ans, du fumier de ferme bien décomposé, à raison de 20 000 à 30 000 kilog. par hectare. On peut aussi employer de temps en temps des engrais chimiques et surtout des phosphates. (Voir *Engrais pour les vignes*, p. 174.)

CHAMPIGNONS QUI ATTAQUENT LA VIGNE

7. — **Différentes maladies**. — Plusieurs champignons microscopiques* se développent en parasites* sur la vigne et produisent les maladies connues sous les noms d'*oïdium*, d'*anthracnose*, de *mildew* et de *black-rot*.

8. — **Oïdium**. — L'oïdium s'accuse par la présence de taches grisâtres sur les feuilles et les grappes. Les feuilles tombent, les raisins se dessèchent, et le bois ne pousse plus.

9. — Pour préserver les vignes de l'oïdium, on les saupoudre* de *soufre* en fleur*, avec une espèce de soufflet, au moment où le champignon apparaît, et on renouvelle l'opération une ou deux fois, à trois semaines d'intervalle.

Feuille de vigne et raisin atteints par l'oïdium.

10. — **Anthracnose**. — L'anthracnose se manifeste par le développement de taches noires sur les bourgeons, les fruits et les feuilles. Ce champignon arrête complètement la végétation des parties atteintes.

11

11. — Pour arrêter le développement de l'*anthracnose*, on procède comme pour l'oïdium, mais on mêle au *soufre* une quantité égale de *chaux vive* pulvérisée* à laquelle on a ajouté préalablement un dixième de *sulfate de fer* en poudre.

Les vignes qui ont été atteintes d'*anthracnose* doivent être traitées préventivement* pour l'année suivante. On les badigeonne* avec soin, après la taille, avec une dissolution de *sulfate de fer* (50 kilogr. par hectolitre d'eau).

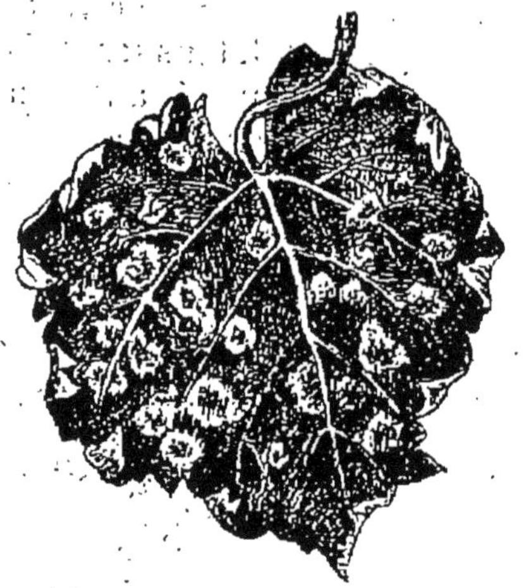

Érinose (feuille vue en dessous).   Mildew (feuille vue en dessous).

L'érinose est une maladie due à la présence de petites galles qui se fixent sur les feuilles et qui y forment de nombreuses taches blanchâtres; ce qui l'a fait souvent confondre avec le mildew. Les taches de mildew s'effacent en passant le doigt dessus, tandis que celles d'érinose sont fixes; mais les feuilles atteintes d'érinose restent adhérentes au cep et se boursouflent en se desséchant, tandis que celles qui sont atteintes de mildew se dessèchent sans se gondoler et se détachent du cep. Le mildew est bien plus préjudiciable à la vigne que l'érinose.

12. — **Mildew**. — Le mildew s'attaque surtout aux feuilles et les fait tomber, ce qui arrête complètement la végétation. Il se reconnaît à la présence de taches blanchâtres sous les feuilles et se développe considérablement par les temps pluvieux.

13. — On combat le mildew en arrosant les vignes à l'aide d'un instrument appelé *pulvérisateur*, avec une dissolution de sulfate de cuivre (500 grammes dans 100 litres d'eau). C'est **avant l'apparition** de la maladie que l'on doit commencer à opérer, c'est-à-dire dans les premiers jours du mois de mai. Deux autres traitements semblables doivent ensuite être donnés à un mois et demi d'intervalle. (Voir *Agriculture pratique*: *Vigne*, p. 230 et 261 pour autres traitements.)

14. — **Black-rot.** — Le black-rot manifeste sa présence par des taches rougeâtres sur la grappe et par des taches brunes sur les feuilles. Le raisin se dessèche en noircissant. Cette maladie se traite de la même manière que le mildew.

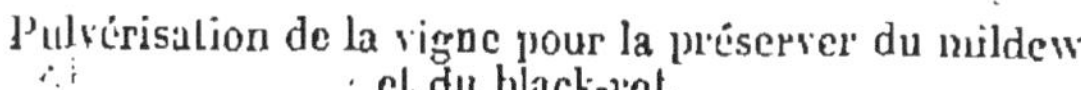

Pulvérisation de la vigne pour la préserver du mildew
et du black-rot.

Raisin attaqué par le
black-rot.

INSECTES QUI ATTAQUENT LA VIGNE

15. — **Différents insectes**. — Les principaux insectes qui attaquent la vigne sont l'*eumolpe*, la *pyrale* et le *phylloxéra*.

16. — **Eumolpe.** — L'eumolpe est un coléoptère aux élytres bombées et rougeâtres; à l'état adulte il signale sa présence par les sillons et les découpures qu'il creuse dans les feuilles, à l'état larvaire par les galeries qu'il pousse dans les racines.

L'*eumolpe* est également connu sous les noms de *gribouri* et d'*écrivain*; on lui fait la chasse, avant le lever du soleil, en secouant les sarments au-dessus de toiles que l'on étend sur le sol.

* 17. — **Pyrale**. — La **pyrale de la vigne**, appelée aussi *tordeuse*, est un petit papillon aux ailes antérieures d'un jaune verdâtre métallique et aux ailes postérieures grises. Durant les

Eumolpe grossi 3 fois sur une feuille de vigne 3 fois plus petite que nature.

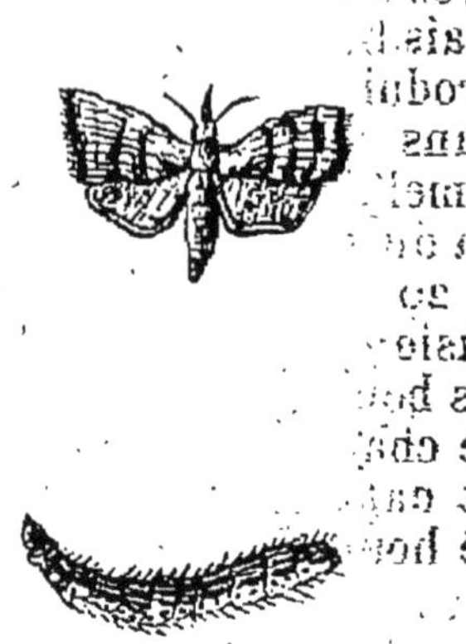

Pyrale de la vigne (papillon et chenille).

mois de mai et de juin, ses chenilles dévorent les feuilles et les enroulent ou les tordent dans leurs fils; plus tard les chrysalides donnent des papillons dont les œufs produisent les chenilles qui se cachent dans les crevasses, au pied des ceps, pour passer l'hiver.

On détruit les chenilles de pyrale en hiver, en versant de l'eau bouillante sur les ceps et sur les échalas.

18. — **Phylloxéra**. — Le **phylloxéra** est un puceron qui se développe en suçant la sève des racines de la vigne.

Phylloxéra.— Femelle privée d'ailes et considérablement grossie (à peine visible à l'œil nu).

Phylloxéra ailé considérablement grossi.

* Sa multiplication est prodigieusement rapide : les *femelles privées d'ailes*, qui sont les plus dangereuses, peuvent donner chacune et chaque année plus de *trente millions* de descendants semblables qui se fixent par leur suçoir sur les racines, les épuisent, les boursouflent et les font tomber en pourriture en tuant le végétal dont les feuilles jaunissent

peu à peu. Ces femelles privées d'ailes propagent la maladie *dans le même lieu.*

* 19. — Dans le courant de l'été, certaines de ces femelles prennent des ailes et vont porter le mal dans un canton éloigné. Elles pondent de petits œufs qui donnent des mâles et de gros œufs qui donnent des femelles encore dépourvues d'ailes mais beaucoup plus petites que les précédentes. Ces femelles produisent chacune un gros *œuf d'hiver;* cet œuf est caché dans les crevasses du cep et il donnera au printemps une femelle suceuse dépourvue d'ailes qui se multipliera comme on l'a dit ci-dessus.

* 20. — On tue ces œufs d'hiver et l'on s'oppose ainsi à l'invasion du parasite, en badigeonnant les ceps ou les boutures avec un mélange formé de 30 kilogr. de chaux vive fraîchement éteinte*, de 15 kil. de naphtaline* en poudre et de 5 kilogr. d'huile de houille dans 100 litres d'eau.

21. — Dans les cantons envahis déjà par l'insecte, on a recours à la *submersion* et au *sulfure* * *de carbone.*

La submersion consiste à tenir le vignoble sous les eaux pendant un mois et demi de l'hiver. Elle donne de bons résultats mais n'est pas toujours praticable.

Le sulfure de carbone se répand dans le sol à l'aide d'instruments spéciaux appelés *pals injecteurs* et *charrues sulfureuses;* on l'emploie au printemps à raison de 10 à 30 gr. par mètre carré.

22. — Le meilleur procédé pour atténuer les pertes causées par le phylloxéra est, comme on l'a vu, l'emploi des vignes greffées sur plant

Pal injecteur.

américain. Le puceron s'attaque, il est vrai, aussi bien à ces vignes qu'aux vignes indigènes*, mais il ne peut les détruire.

On peut aussi employer le procédé de M. Lavenir, instituteur à Lyon ; ce procédé consiste à donner de nouvelles racines aux pieds malades en implantant dans le sol quelques rameaux bas qui s'enracinent bientôt et ne doivent pas être séparés du pied. On recommence quand le besoin s'en fait sentir.

RÉSUMÉ

1 à 4. — Les principales *opérations* qu'il est nécessaire de faire subir à la vigne pendant le cours de son développement sont : l'*ébourgeonnement* ou suppression des bourgeons inutiles, le *pincement* des branches fructifères, l'*épointage* des mêmes branches lorsque les raisins sont formés, l'*épamprement* ou enlèvement des feuilles au moment où les raisins commencent à mûrir.

5. — Trois *labours* par an suffisent pour la destruction des mauvaises herbes; ils sont nécessaires pour assurer la bonne végétation de la vigne.

6. — Les vignes doivent être *fumées* tous les trois ou quatre ans.

7. — Les maladies de la vigne dues aux champignons sont : l'*oïdium*, l'*anthracnose*, le *black-rot* et le *mildew*.

8 et 9. — Pour prévenir le développement de l'*oïdium*, on répand du soufre en fleur sur la vigne.

10 et 11. — Pour arrêter l'*anthracnose*, on ajoute au soufre de la chaux vive en poudre et du sulfate de fer pulvérisé avec soin.

12 à 14. — Le *mildew* et le *black-rot* se combattent en arrosant la vigne avec une dissolution de sulfate de cuivre.

15 et 16. — Les *insectes* qui attaquent la vigne sont : le *gribouri* ou *eumolpe*, la *pyrale* et le terrible *phylloxéra*.

17. — La *pyrale* se détruit en échaudant les ceps pendant l'hiver.

18 à 22. — Les remèdes recommandés jusqu'à présent contre le *phylloxéra* sont, pour la plupart, peu praticables ou peu efficaces. On peut cependant éviter le mal, en badigeonnant les ceps pendant l'hiver avec un mélange de chaux vive, d'huile de houille, de naphtaline et d'eau.

TRENTE-TROISIÈME LEÇON

Les médicaments du cultivateur.

MATÉRIEL. — 1° Les plantes fraîches ou sèches dont il est question plus loin; 2° les produits et médicaments qui doivent se trouver chez

Sommité de Belladone.

Sommité de Jusquiame.

tous les cultivateurs, c'est-à-dire : *amadou, taffetas d'Angleterre, alcali volatil, éther, vinaigre fort, perchlorure de fer, teinture d'ar-*

Sommité de Stramoine.

Sommité d'Aconit.

nica, eau blanche et *acétate de plomb, émétique, acide phénique, chlorure de chaux* (en vase hermétiquement fermé).

1. — Utilité de certaines plantes.

— Beaucoup de plantes vulgaires possèdent des propriétés médicales précieuses qui en font d'excellents remèdes. Mais toutes ne peuvent pas être employées directement et sans conseils. Certaines, en effet, sont des poisons violents dont l'emploi ne peut être ordonné que par le médecin ; d'autres au contraire sont inoffensives à dose assez forte et peuvent être employées avec avantage contre certaines maladies.

Digitale.

PLANTES TOXIQUES

* 2. — Presque toutes les **Solanées** et toutes les **Renonculacées** * renferment des principes toxiques * parfois très violents.

* 3. — Les solanées les plus vénéneuses sont la *Belladone*, la *Jusquiame* et la *Stramoine* ou pomme épineuse ; elles dégagent toutes une odeur désagréable quand on les froisse.

* 4. — Les renonculacées devraient toutes être citées, mais on peut ranger parmi les plus toxiques toutes les *renoncules* et notamment le *bouton d'or* ; l'*aconit napel*, l'*aconit tue-loup*, l'*ellébore* et le *pied-d'alouette* ou *dauphinelle d'Ajax*.

Sommité fleurie.

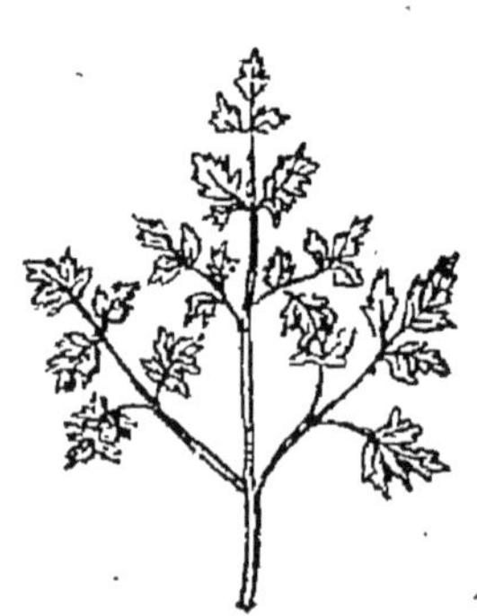

Ciguë.

Feuille.

* 5. — Dans les autres familles* végétales, il faut citer au premier rang les *digitales* et notamment la belle *digitale pourprée*, le *colchique d'automne*, la *bryone* grimpante, la *chélidoine* ou *éclaire* et la *ciguë*.

6. — A part quelques champignons comestibles (morille, cèpe, mousseron, agaric champêtre, clavaire), la plupart des champignons sont très toxiques et il faut s'en garder avec soin.

PLANTES DONT L'EMPLOI N'A PAS D'INCONVÉNIENT

Ces plantes présentent, suivant les espèces, des propriétés diverses qui vont être étudiées rapidement.

7. — **Plantes expectorantes**. — Les plantes expectorantes sont celles qui servent à débarrasser la gorge en faisant cracher. Les plus communes sont les fougères connues sous le nom de *capillaires*, les fleurs et les feuilles du *tussilage - pas d'âne* et les sommités fleuries de l'*hysope*. Ces plantes se prennent en infusion; l'infusion d'hysope se fait à raison de 12 à 15 gr. par litre.

8. — **Plantes apéritives et digestives**. — La plupart des plantes amères relèvent l'appétit et facilitent la digestion; les feuilles et les racines de *chicorée sauvage* et les cônes de *houblon* sont les amers apéritifs les plus estimés. Le houblon s'emploie en infusion prolongée à la dose de 10 à 15 grammes par litre d'eau; il est en outre très fortifiant et convient à merveille aux enfants peu robustes.

Les fleurs de *camomille* en infusion et les *gousses d'ail* sont aussi d'excellents apéritifs.

Sommité de Camomille au 1/4.

9. — **Plantes purgatives**. — Les plantes purgatives vulgaires ne manquent pas, mais nous ne citerons ici que celles qu'on peut employer sans danger. Les feuilles de *baguenaudier* remplacent bien le séné et s'emploient en infusion à la dose de 30 gr. au moins par litre d'eau; celles de la *mercuriale annuelle* donnent un très bon lavement purgatif quand on en fait bouillir une poignée dans un litre d'eau. Les feuilles de la *globulaire* et les baies du *lierre* sont aussi employées comme purgatives; ces dernières agissant violemment, on ne doit pas en prendre plus de 3 ou 4.

10. — **Plantes astringentes**. — Les plantes astringentes resserrent les tissus et s'emploient comme la *ronce* et la *framboise* dans les maux de gorge, ou comme le *coing* et les *prunelles* incomplètement mûres contre la diarrhée. Le coing

s'emploie de toute manière et même en gelée ou en sirop; les feuilles de ronce et de framboise servent à faire des gargarismes* : elles sont utilisées en décoction* à raison de 120 gr. par litre.

11. — Plantes vermifuges*. — On achète dans les pharmacies le *semen-contra* pour tuer les vers intestinaux et l'écorce de la racine du *grenadier* pour chasser le ver solitaire. Ces plantes médicinales peuvent se remplacer par quelques autres plus vulgaires : la feuille et surtout les fruits et les fleurs de la *balsamite*, plus connue sous le nom de *baume-coq*, remplacent le semen-contra et s'emploient en infusion ; les feuilles de la *grande absinthe* et de la *tanaisie*, la *carotte* mangée crue jouent aussi le même rôle. L'ail, en décoction* dans le lait, ou en macération* dans le vin blanc, est aussi un excellent vermifuge.

Absinthe au 1/5

12. — Plantes diurétiques. — Les plantes diurétiques sont celles qui favorisent la formation et l'émission des urines ; les meilleures et les plus communes sont les racines de *chiendent*, de *réglisse*, d'*asperge* et de *fenouil*. Le chiendent et le fenouil s'emploient en décoction* à la dose de 30 gr. par litre, l'asperge et la réglisse en infusion à la dose de 10 à 15 gr.

13. — Plantes fébrifuges. — Les plantes *fébrifuges* calment les fièvres, surtout les fièvres intermittentes, et remplacent plus ou moins le quinquina. On emploie avec succès l'écorce de *saule blanc*, l'écorce de *marronnier d'Inde*, les sommités de *petite centaurée*, la racine de *gentiane jaune* et les feuilles d'*artichaut*. Ces plantes s'emploient en décoction* ou en macération dans le vin blanc, à raison de 5 à 10 gr. par litre d'eau ; pour la décoction d'écorce de saule on peut aller jusqu'à 60 grammes.

14. — Plantes sudorifiques. — Les plantes sudorifiques favorisent l'émission de la sueur. Les meilleures de nos pays sont le *buis* sous forme de copeaux, la *douce-amère* (tiges), le *sureau* et le *tilleul* (fleurs). Le buis et la douce-amère s'emploient en décoction*, le buis à la dose de 30 gr. par litre, la douce-amère à la dose de 25 gr.

Sommité de bouillon-blanc au 1/10

15. — Plantes émollientes. — Les plantes émollientes sont celles qui agissent sur les parties enflammées pour les ramollir et calmer l'action du sang en même temps que la douleur.

La meilleure plante émolliente est la *guimauve* ; on emploie ses fleurs en infusion comme tisane, ses feuilles et surtout ses racines en décoction* comme cataplasmes, lavements ou lotions*. Les fleurs et les feuilles du *bouillon-blanc* s'emploient de la même manière; on peut utiliser aussi dans ce but les fleurs et surtout les feuilles de la *bourrache*.

16. — **Plantes calmantes**. — Les plantes calmantes sont celles qui agissent sur le système nerveux pour apaiser et calmer les malades. Les plantes calmantes les plus actives sont aussi des poisons violents et ne peuvent être employées que sur l'ordonnance du médecin. On pourra se servir toutefois des pétales de *coquelicot*, des capsules de *pavot* et des feuilles de *laitue*.

Les capsules de pavot s'emploient en tisane ou en lavement à la dose d'une capsule par litre et en cataplasme* à la dose de cinq capsules; les feuilles fraîches ou sèches s'emploient aussi en cataplasme.

Dans les cas de rhume et de palpitations de cœur, on peut employer une *demi-feuille* verte de *laurier-cerise* en infusion* dans un verre de lait.

17. — **Autres plantes médicinales**. — Certaines plantes constituent d'excellents médicaments pour l'usage externe; contre les coups et les meurtrissures, on emploiera des lotions de teinture* de fleur d'*arnica* ou des cataplasmes d'*hysope;* contre les hémorrhagies du nez, le suc d'*ortie* sur du coton; contre les brûlures, des cataplasmes de *pomme de terre;* contre les érysipèles* et les ophthalmies* des cataplasmes de *laitue* cuite; contre les cors au pied, le suc de *chélidoine* ou les feuilles de *lierre* macérées dans le vinaigre;

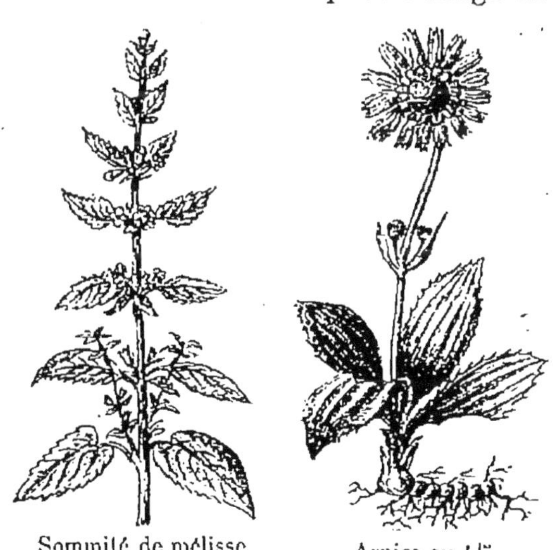

Sommité de mélisse au 1/8.   Arnica au 1/5.

contre la faiblesse des enfants, des bains de *thym*, de *serpolet*, de *lavande*, de *menthe*, de feuilles de *noyer;* enfin on fera mûrir* les abcès*, les furoncles*, les panaris* en employant des cataplasmes de *bulbe de lis* cuit sous la cendre.

18. — Pour l'usage interne, on recommande les fleurs de *tilleul* et de *mélisse* contre les indigestions; les feuilles de *lierre terrestre* contre la toux, l'asthme* et le catarrhe*; les fleurs de *mauve* contre les irritations de la poitrine ; les racines dépuratives* de *bardane* contre le sang vicié et les maladies de la peau (décoction de 25 gr. par litre) ; enfin on emploiera en boisson rafraîchissante les grains d'*orge*, en boisson adoucissante les grains d'*avoine*, et comme vomitif léger les infusions de *genêt*.

19. — Les principales plantes *fortifiantes*, utilisées en infusion*, ou en décoction* sont la *grande absinthe*, la *gentiane jaune* (racine), le *houblon* (cônes), la *chicorée* (racine et feuilles), le *noyer* (feuilles et brou*), la *petite centaurée* (sommités), et le *saule*, le *hêtre* et le *peuplier* (écorces). Toutes les plantes fortifiantes ainsi que le *cresson*, le *cochléaria*, les *radis*, le *raifort*, etc., sont employées avec succès contre le scorbut*.

LES MÉDICAMENTS DE LA FERME

20. — Hygiène du cultivateur. — Les plantes précédentes sont employées par le cultivateur dans les maladies légères et, dans les cas graves, en attendant le médecin.

Mais le mieux sera encore de se tenir en garde et de prendre des précautions contre les maladies ; c'est là le rôle de **l'hygiène**, et l'on a dit avec raison que l'hygiène bien observée rendrait presque inutile la médecine.

21. — Habiter des appartements sains, secs, bien aérés — éviter les courants d'air, ne pas se mettre au frais et surtout ne pas boire froid quand on a chaud, afin de ne pas provoquer les refroidissements et les fluxions* de poitrine — changer de vêtement quand on est mouillé — boire des eaux saines afin d'éviter les fièvres — éviter l'abus des boissons alcooliques et du tabac afin de conserver son intelligence et son énergie — ne pas faire montre de sa force en enlevant des poids trop lourds, afin d'éviter les hernies* — suivre les conseils du médecin quand on est obligé de l'appeler et ne pas changer de médicaments au moindre commérage : — telles sont les prescriptions que l'on doit suivre si l'on tient à sa santé.

22. — **Accidents et maladies**. — Dans les cas d'accidents et dans certaines maladies, des précautions et quelques médicaments particuliers rendront de très grands services.

23. — Dans le cas de **blessure**, on arrête le sang avec de l'*amadou** ou de la charpie si l'hémorrhagie* est légère et avec des compresses de *perchlorure de fer* si elle est violente. On rejoindra ensuite les lèvres de la plaie avec du *taffetas* d'Angleterre* et on recouvrira d'un bandage. — Les **meurtrissures**

violentes, les **coups**, les **foulures** *, etc., se traitent avec des compresses* de *teinture d'arnica* ou *d'eau blanche*.

24. — L'eau blanche se fait en mettant un peu d'*acétate* *de plomb* dans l'eau ; on doit l'agiter avant de s'en servir.

25. — Les **brûlures** se traitent d'abord avec des compresses d'eau froide, puis avec de l'*eau blanche*.

26. — Les **morsures et les piqûres des animaux venimeux** se combattent d'abord par la succion (si l'on n'a pas d'écorchure dans la bouche) et en ayant le soin de ne pas avaler le venin ; on lave, on cautérise* par l'ammoniaque et même par un fer rouge, après avoir fait une ligature* au-dessus de la plaie. Les **morsures de chien enragé** se traitent de même (sauf la succion) en attendant le traitement antirabique* de M. Pasteur*.

27. — Dans les cas d'**empoisonnement**, on provoque de suite un vomissement en donnant au malade 7 à 8 centigrammes d'*émétique* dans un peu d'eau.

28. — Pour combattre l'asphyxie*, on porte le malade au grand air, puis on lui frictionne énergiquement tout le corps, on lui chatouille les narines, etc., en un mot on cherche à rétablir la circulation du sang. S'il s'agit d'un noyé, on doit le mettre dans un lit bien chaud. Les **syncopes*** se combattent par des frictions* à l'*éther* ou au *vinaigre* sur le front et sur les tempes* ; on fait respirer en outre des odeurs fortes et piquantes.

29. — Enfin, dans les cas d'**épidémie**, on a recours aux désinfectants, tels que l'*acide phénique* * ou le *chlorure* *de chaux*.

RÉSUMÉ

1 à 6. — Presque toutes les *solanées* et toutes les *renoncula-cées* agissent comme des poisons violents. La *digitale*, le *colchique*, la *bryone*, la *chélidoine*, et la plupart des champignons sont aussi des plantes toxiques.

7 à 19. — Les principales plantes qui peuvent trouver leur emploi dans la pharmacie du cultivateur sont le *tussilage*, le *houblon*, le *baguenaudier*, la *ronce*, la *balsamite*, la *grande absinthe*, le *chiendent*, la *gentiane jaune*, le *buis*, la *guimauve*, le *bouillon blanc*, le *coquelicot*, le *pavot*, l'*arnica*, le *tilleul*, la *mauve*, le *sureau*, la *grande bardane*, etc.

20 à 29. — On prévient souvent les maladies par l'hygiène, mais il est bon d'avoir un certain nombre de médicaments contre

les accidents : l'*émétique*, l'*éther*, l'*eau blanche*, la *teinture d'arnica* et l'*alcali volatil* sont absolument indispensables.

QUESTIONNAIRE. — **1. Comment peut-on classer les plantes des champs ?** — 2 et 3. Que savez-vous sur les Solanées toxiques ? — 4. sur les Renonculacées ? — 5. sur les autres plantes toxiques ? — 6. Parlez des champignons. — 7. Quelles sont les plantes expectorantes? — 8. apéritives et digestives? — 9. purgatives? — 10. astringentes? — 11. vermifuges? — 12. diurétiques? — 13. fébrifuges ? — 14. sudorifiques?— 15.émollientes?—16. calmantes ?—17.Quelles plantes peut-on employer pour l'usage externe ? — 18. Quelles sont les autres plantes qu'on peut employer dans l'usage interne? — 19. Que savez-vous des plantes fortifiantes? — **20. Quel est le rôle de l'hygiène ?** — **21. Quelles sont les précautions hygiéniques que doit prendre le cultivateur ?** — 22 et 23. Que doit-on faire dans les cas de blessure et de meurtrissure? — 24. Comment fait-on l'eau blanche? — 25. Comment soigne-t-on les brûlures ? — 26. les morsures et les piqûres ? — 27. l'empoisonnement ? — 28. l'asphyxie et la syncope ? — 29. Que doit-on faire en cas d'épidémie ?

TRENTE-QUATRIÈME LEÇON

Irrigations et arrosements.

1. — Utilité. — Les **irrigations** et les **arrosements** ont pour but principal de donner aux plantes l'humidité nécessaire à leur développement.

Toutes les plantes, surtout pendant les grandes chaleurs, rendent par leurs feuilles une grande quantité de vapeur d'eau et ont besoin, par conséquent, de retrouver dans le sol l'eau qu'elles perdent de cette façon.

De plus, les eaux servent à dissoudre les principes minéraux ou organiques qui se trouvent dans la terre et procurent ainsi aux plantes une nourriture facile à absorber.

IRRIGATION

2. — Époques des irrigations, choix de l'eau. — Les irrigations se font avantageusement au printemps pour les plantes des prairies et en été pour les plantes fourragères : choux et racines.

3. — Les **eaux** qui conviennent le mieux à cet usage sont les eaux de sources et de cours d'eau légèrement chargées de limon ; les eaux d'égouts des villes, les eaux des raffineries* et des distilleries* sont encore préférables, car elles contiennent en dissolution des principes fort nutritifs pour les plantes.

4. — Quand la disposition du terrain le permet, on laisse souvent les eaux séjourner sur le sol pendant tout l'hiver. Ces irrigations ont pour but de fournir à la terre les principes fertilisants que les eaux tiennent en dissolution ou en suspension ; ce sont des opérations excellentes.

Lorsque les eaux employées à cet usage sont fortement limoneuses et peuvent modifier considérablement la nature du sol, l'irrigation est désignée sous le nom de *colmatage*.

5. — **Systèmes d'irrigation.** — On connaît trois principaux systèmes d'irrigation : *l'irrigation proprement dite*, *l'irrigation par submersion* et *l'irrigation par infiltration*.

Mais quel que soit le système employé, il faut que les eaux puissent se répandre ou se retirer lentement sans bouleverser la couche superficielle du sol, et que la surface du terrain ne présente aucune dépression, afin que les eaux ne croupissent dans aucune partie de la terre irriguée.

6. — **L'irrigation proprement dite** est celle qui consiste

Irrigation proprement dite.

à faire passer pendant un certain temps une eau courante sur le terrain à irriguer.

7. — **L'irrigation par submersion** a lieu quand l'eau séjourne quelque temps sur le terrain.

8. — Pour faire **l'irrigation par infiltration**, on creuse dans le sol des rigoles espacées régulièrement et on y fait arriver l'eau pendant un temps déterminé.

9. — **Différents moyens d'employer les**

Irrigation par submersion.

eaux. — Quand on a un cours d'eau à sa disposition, il suffit *d'entourer le terrain de levées* ou d'y tracer les rigoles

Irrigation par infiltration.

nécessaires, et de placer une ou plusieurs vannes* le long du ruisseau.

10. — Si on n'a pas de cours d'eau, il faut recueillir les eaux de pluie dans un vaste réservoir muni de vannes et construit à la partie supérieure du terrain. On irrigue en levant les vannes.

Quand on n'est pas trop éloigné d'une rivière ou d'un fleuve, on peut, à l'aide d'aqueducs* et de canaux de dérivation, et avec l'autorisation de l'administration, amener les eaux dans les terres que l'on désire irriguer.

* C'est ainsi que, dans certaines contrées, notamment dans le département des Vosges, des propriétaires soucieux de leurs intérêts se sont entendus pour établir les constructions nécessaires à l'irrigation des parcelles de terre qu'ils possèdent.

* C'est de cette façon qu'a été amenée dans les plaines de Gennevilliers une partie des eaux d'égout de Paris et qu'on a considérablement fertilisé cette contrée.

* Enfin, on peut utiliser les eaux des puits en les amenant dans des réservoirs à l'aide de machines hydrauliques*, pompes* ou norias*, mues par la vapeur ou par des manèges*.

ARROSEMENTS

11. — **Modes d'arrosement**. — Les **arrosements**, dans les jardins, sont de trois sortes : le *bassinage*, le *mouillage* et l'*arrosement proprement dit*. La température de l'eau doit être au moins aussi élevée que celle de l'air, c'est pourquoi on a le soin, dans les jardins, de n'employer que des eaux qui ont été exposées à l'air pendant plusieurs jours, dans des tonneaux ou des bassins non couverts.

12. — Le **bassinage** consiste à humecter légèrement la terre pour faciliter la germination des graines.

13. — Le **mouillage** est l'opération par laquelle on donne aux plants qu'on vient de mettre en place l'eau qui est nécessaire pour assurer leur reprise.

14. — L'**arrosement proprement dit** consiste à entretenir l'humidité du sol pendant les temps de sécheresse ; il doit se faire préférablement le matin, au printemps, et le soir, en été.

15. — **Utilité du paillis**. — On recouvre souvent d'un **paillis**, formé de fumier non décomposé, les plates-bandes destinées aux plantes qui demandent à être arrosées souvent ; c'est une excellente précaution. Le paillis évite le tassement du sol et conserve la terre dans un état constant de fraîcheur.

RÉSUMÉ

1 à 10. — Les *irrigations* et les *arrosements* ont pour but : 1° de donner aux plantes l'eau qui leur est nécessaire pour assurer leur développement ; 2° de dissoudre les principes minéraux ou

organiques que le sol renferme, pour permettre aux plantes de les absorber ; 3° de fournir à la terre les matières nutritives que certaines eaux peuvent contenir en dissolution ou en suspension.

Les irrigations se font au printemps, pour les plantes des prairies ; en été, pour les plantes fourragères : choux et racines, et pendant tout l'hiver, pour les terres et les prés.

11 à 14. — Les *arrosements*, dans les jardins, sont plus ou moins abondants. On en distingue trois sortes : le *bassinage*, le *mouillage* et l'*arrosement proprement dit*.

QUESTIONNAIRE. — **1. Quel est le but des irrigations et des arrosements ?** — **2. A quelle époque de l'année pratique-t-on les irrigations ?** — 3. Quelles sont les eaux qui conviennent le mieux pour cet usage ? — 4. Quels sont les avantages des irrigations d'hiver et du colmatage ? — 5. Quels sont les trois principaux systèmes d'irrigations ? — **6. Qu'entend-on par irrigation proprement dite ?** — **7. Qu'est-ce que l'irrigation par submersion ?** — **8. Parlez de l'irrigation par infiltration.** — 9. Comment fait-on quand on a un cours d'eau à sa disposition ? — 10. Comment fait-on quand on n'a pas de cours d'eau près du terrain à irriguer ? — 11. Quelles sont les différentes sortes d'arrosements ? — 12. Qu'est-ce que le bassinage ? — 13. Qu'est-ce que le mouillage ? — **14. Qu'entend-on par l'arrosement proprement dit ?** — 15. Quels sont les avantages du paillis ?

TRENTE-CINQUIÈME LEÇON

Mûrier. — Ver à soie.

ÉCHANTILLONS. — Feuille de mûrier, — cocon de ver à soie, — soie, — bombyx du mûrier, graine de ver à soie.

EXPÉRIENCE. — On peut élever aisément en été, dans toute la France, quelques vers à soie. On leur donne à manger des feuilles de mûrier ou à défaut des feuilles de laitue.

Rameau de mûrier blanc au 1/5.

LE MURIER

1. — Le **mûrier** blanc est un arbre qu'on élève dans le midi de la France, et dont les feuilles servent de nourriture aux vers à soie.

2. — Le mûrier peut se cultiver en arbre à haute tige ou en arbuste. On l'obtient généralement en greffant en écusson, sur un mûrier de semis de deux ans, l'espèce que l'on veut obtenir. Après trois ou quatre ans de pépinière, pendant lesquels on lui donne la forme que l'on désire adopter, il est mis en place.

3. — Tous les ans on le taille, en ayant soin de le dégarnir suffisamment et de supprimer les branches à fruits pour assurer une bonne récolte de feuilles.

LE VER A SOIE

4. — **Le ver à soie**. — Le ver à soie est un insecte qui appartient à la famille des *lépidoptères**, c'est-à-dire des papillons.

5. — Partout où l'on peut cultiver le mûrier, dans tous les pays où cet arbre ne gèle pas au printemps, on peut élever des vers à soie.

6. — **Élevage**. — Pour les obtenir, on place les graines ou œufs dans une chambre appelée **magnanerie**, que l'on chauffe graduellement à une température de 20 à 25 degrés

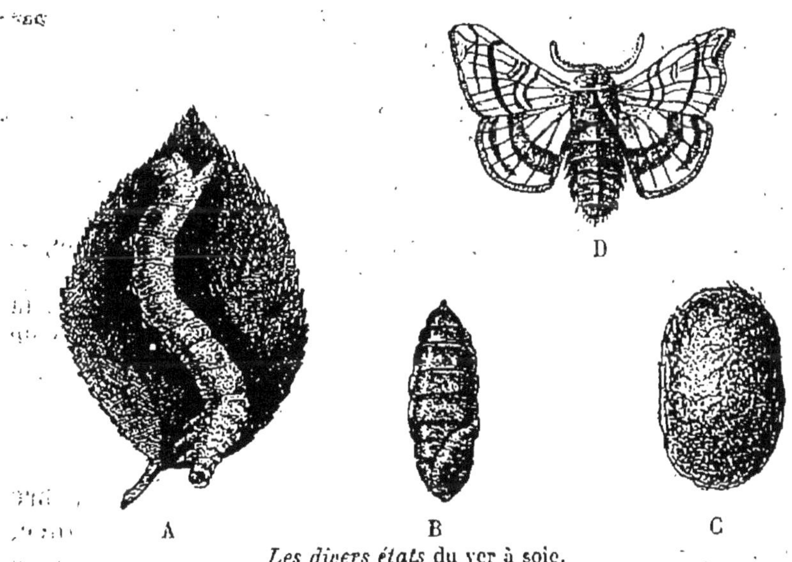

Les divers états du ver à soie.
A, chenille; B, chrysalide; C, cocon; D, papillon.

centigrades*; les vers naissent au bout de quatre à six jours.

7. — On place ces jeunes vers sur des claies* où on les nourrit avec des feuilles de mûrier que l'on a coupées, et on a le soin de les tenir dans un état constant de propreté en les changeant de claies tous les jours.

8. — Pour cela, on prend une feuille de papier fort percée de trous, on la couvre de feuilles de mûrier fraîches mais non humides, et on la pose au-dessus des vers. Ceux-ci passent à travers les trous, après quoi on enlève la feuille de papier pour la remettre sur une nouvelle claie.

* 9. — Pendant sa vie, qui dure 32 jours environ, le ver à soie change *quatre fois de peau*; c'est ce que l'on appelle ses cinq âges. A la fin de chacun des quatre premiers âges, il entre dans une sorte de léthargie* qui cesse lorsqu'il a renouvelé sa peau. Au bout du cinquième, pendant lequel il a un appétit formidable, il a acquis la grosseur du petit doigt et est prêt à filer.

10. — Quand on voit les vers changer de place, on met des branchages de bruyères au-dessus des claies. Les vers montent, s'installent sur les rameaux et y filent leurs cocons.

11. — Quand ceux-ci sont achevés, on les expose à la vapeur d'eau bouillante pour tuer l'insecte. Sans cette précaution, la chrysalide se transformerait en insecte parfait et le papillon percerait son enveloppe de soie pour sortir.

12. — **La graine du ver à soie.** — On garde toutefois un certain nombre de cocons, afin d'avoir des papillons qui donnent une nouvelle provision de **graines** de ver à soie pour l'année suivante.

13. — Mais il faut avoir soin de ne garder que les œufs produits par des papillons parfaitement sains, car les vers à soie sont sujets à différentes maladies qui sont essentiellement héréditaires (*pébrine, flacherie, grasserie*). C'est pourquoi on ouvre les corps des papillons dès qu'ils ont produit les graines, afin de s'assurer de leur bonne constitution.

RÉSUMÉ

1 à 3. — Le *mûrier* est un arbre qu'on cultive dans le midi de la France, et dont les feuilles servent à la nourriture des vers à soie.

4 à 8. — Le *ver à soie* est une chenille qui demande à être élevée avec beaucoup de soins dans des chambres dont la température est maintenue entre 20 et 25 degrés centigrades.

9 et 10. — Après avoir changé de peau quatre fois, le ver à soie se file un *cocon* pour se transformer en *chrysalide*.

11. — On a le soin, lorsque les cocons sont tous formés, de les exposer à la vapeur d'eau bouillante, afin d'empêcher les chrysalides de percer leurs enveloppes.

[n12 et] 13. — On n'en conserve que quelques-uns, afin de pouvoir obtenir de nouvelles graines ou œufs pour l'année suivante.

- QUESTIONNAIRE. — **1. Qu'est-ce que le mûrier?** — **2.** Comment cultive-t-on le mûrier? — **3.** Parlez de sa taille. — **4. Qu'est-ce que le ver à soie ?** — **5. Dans quels pays peut-on élever des vers à soie ?** — **6. Comment fait-on pour obtenir les vers ?** — **7. Parlez de leur élevage.** — **8.** Comment procède-t-on pour les changer de claies ? — **9.** Dites ce que vous savez de la vie du ver à soie. — **10. A quel moment place-t-on les branchages qui permettent aux vers de filer leurs cocons?** — **11. Comment empêche-t-on les chrysalides de percer les cocons ?** — **12.** Détruit-on toutes les chrysalides ? — **13.** Quelle précaution doit-on prendre pour avoir de bonnes graines ?

MOIS DE JUIN

Agriculture pratique.

Travaux principaux à faire exécuter pendant le mois de juin.

CHAMP DE DÉMONSTRATION. — 1° Biner les pommes de terre et les betteraves. Procéder à la coupe du trèfle.

2° Poser les perches pour les pieds de houblon après avoir biné fortement le sol.

VIGNE. — Donner un deuxième soufrage. Accoler les pampres. Pincer les rameaux vigoureux. Dans la deuxième quinzaine du mois, donner un deuxième sulfatage avec de la bouillie bordelaise formée de 3 kilog. de sulfate de cuivre et de 1 kilog de chaux par cent litres d'eau.

JARDINS. — Continuer les binages et les sarclages. Procéder aux arrosages. Repiquer le céleri et les choux-fleurs. Labourer après fumure, s'il y a lieu, les terrains inoccupés. Semer les poireaux et planter les melons. — Semer le réséda et les giroflées bisannuelles.

ARBRES FRUITIERS. — Arroser les arbres qui paraissent malades avec du purin étendu d'eau ou avec une dissolution de sulfate de fer (150 gr. dans 10 litres d'eau).

Promenade scolaire.

LECTURE

On était dans les beaux jours du mois de juin, et la troupe de nos jeunes amis descendait allègrement la pente qui va du village de Sivry à la plaine. Pour éviter les coups de soleil, on s'était muni de chapeaux de paille à larges bords, et comme on devait revenir par la route nationale, sous les ormes et les grands peupliers, tous les élèves avaient dans leur poche un mouchoir ou un foulard pour se garantir contre les refroidissements.

Avant d'atteindre la vallée, il fallait traverser les vignes étagées au-dessous des habitations. Toutes étaient loin d'être en bon état. Beaucoup avaient perdu leurs feuilles, et les raisins sans ombrage s'étaient desséchés. Les unes étaient attaquées par le *mildew*, et l'on pouvait recueillir sur le sol des feuilles sèches où l'on voyait encore le redoutable champignon ; les autres étaient ravagées par l'*oïdium*, qui manifestait sa présence par de nombreuses taches grisâtres imprimées sur les grains restés en place.

Les vignes de M. Jean Nipon étaient parfaitement intactes, et sous leur feuillage touffu, on pouvait apercevoir des grappes bien formées, et déjà rebondies.

La différence était frappante, mais personne ne songea à s'en étonner. Nos jeunes agriculteurs savaient, pour l'avoir vu à l'œuvre, que M. Nipon n'attendait pas la naissance du mal pour le combattre, et que tous les ans, dès l'éclosion des feuilles, il aspergeait copieusement ses vignes d'un mélange d'eau de chaux et de sulfate de cuivre.

M. Nipon avait quelques envieux dans le village ; les cultivateurs paresseux et routiniers ne lui pardonnaient pas ses belles récoltes. « Monsieur Nipon rend service au pays, dit M. Lancelot, et on finira par suivre son exemple. Dans quelques années, vous aiderez vos parents à cultiver leurs vignes. Souvenez-vous alors de nos leçons et de nos promenades, et dites-vous bien que vous aurez de belles récoltes, le jour où vous aurez donné aux plantes tous les soins qu'elles réclament. *Aide-toi, le ciel t'aidera :* que cette maxime vous serve de devise. »

Après les vignes, on atteignit les premières prairies de la vallée. Sur les bords du chemin, se trouvait un champ de trèfle complètement envahi par la cuscute et près de là était une chènevière dans laquelle se trouvaient de nombreux pieds d'orobanche. Les élèves purent faire une ample moisson de ces deux parasites*, et ils accoururent aux côtés de Monsieur Lancelot pour lui présenter leur trouvaille.

Orobanche rameuse sur un pied de chanvre.

« Monsieur, dit Louis, en montrant une *orobanche*, cette plante jaune que nous avons trouvée dans le chanvre me paraît bien bizarre. Elle a des fleurs et des racines, mais elle n'est pas plus colorée en vert que les champignons.

« — La plante que vous avez entre les mains, dit Monsieur Lancelot, est justement redoutée par les cultivateurs ; on la désigne sous le nom d'orobanche. C'est une phanérogame, puisqu'elle a des fleurs, mais c'est une phanérogame qui vit à la manière des champignons parasites. Dans les racines des plantes qui servent à la nourrir, elle enfonce de nombreux suçoirs qui épuisent le malheureux hôte aux dépens de son ennemi. Celui-ci, n'ayant pas besoin de la couleur verte pour recueillir le charbon qui lui est nécessaire, reste jaune, comme vous le voyez ici et ne prend jamais une autre coloration.

« La *cuscute*, que je vois entre vos mains, est une autre phanérogame parasite qui se nourrit par le même procédé et ne se colore pas davantage. Elle est bien plus à craindre que l'orobanche. Voyez ce champ de trèfle : avec ses tiges qui s'enroulent et se crispent comme une

chevelure inextricable, le terrible parasite a enlacé toutes
les tiges, et il les rattache les unes aux autres, en puisant leurs sucs. Pour lutter contre une invasion de cette

Cuscute sur une branche de trèfle.

espèce, le malheureux cultivateur n'a plus qu'une ressource : brûler en place toute la récolte, afin de détruire à la fois la mauvaise herbe et ses graines. »

Les enfants continuèrent leur route, non sans jeter un regard encore sur le champ contaminé*. Un peu plus loin,
ils rencontrèrent plusieurs arpents* occupés par des blés
et par du seigle. Le seigle était déjà très avancé, mais
les épis de blé commençaient à peine à sortir de leur
gaine. Ces cultures n'étaient pas vastes, mais elles
offraient assez d'espace pour qu'on pût y recueillir en
quelques instants les divers champignons parasites* des
céréales.

Le *charbon* et la *carie* attaquent les grains de blé et
les transforment en une masse noire et souvent fétide ;
la *rouille* se développe sur les feuilles et les recouvre
de taches allongées ; enfin le champignon du seigle se
localise dans le grain, le fait grossir et le recouvre d'une
excroissance noirâtre qui a la forme d'un *ergot*.

« Voyez cette excroissance dit M. Lancelot, c'est l'ergot du
seigle, un poison violent. Quant à la rouille, si elle est moins
dangereuse, on peut dire que la plupart des cultivateurs se
font un malin plaisir de l'introduire eux-mêmes dans leurs
cultures. Vous apercevez sur les bords de ce champ, les
buissons d'*épine-vinette* qui servent de clôture ; eh bien,
ces buissons servent de véhicules* à la maladie qui ne
saurait se développer sans eux. Plus d'épine-vinette dans

les haies, plus de rouillé sur les feuilles de blé; tous les cultivateurs devraient savoir cela. »

Après cet entretien, les enfants organisèrent, tout en marchant, un jeu de colin-maillard, et on arriva ainsi, en s'amusant, dans la grande prairie où M. Nipon faisait faucher ses foins. On le félicita du beau temps qui paraissait favoriser la fenaison; mais M. Nipon hochait la tête d'un air de doute.

« Beau temps si l'on veut, disait-il, mais j'aimerais mieux un peu moins de soleil : j'ai grand'peur que ce temps chaud ne nous amène un orage. C'est pourquoi je fais mettre l'herbe en tas, dans les parties les plus élevées du sol, à mesure qu'elle est coupée. S'il vient une averse, mon foin ne sera pas perdu et j'en serai quitte pour le faire sécher. Quant à celui-ci qui est presque sec, je le fais préparer dès maintenant, afin de le mettre en meules aussitôt que le temps paraîtra douteux ou que la pluie menacera. » Et les enfants admiraient les faneurs et les faneuses qui soulevaient le foin avec une agilité surprenante.

« Savez-vous ce que c'est que faner, dit en riant M. Nipon. Eh bien, d'après madame de Sévigné*, faner est la plus jolie chose du monde, c'est retourner du foin en batifolant dans une prairie. »

Les enfants se regardèrent en souriant. « Vous paraissez étonnés de m'entendre parler littérature, ajouta M. Nipon. C'est que, dans les longues soirées d'hiver, quand les travaux manquent dans la ferme, je prends un de nos bons écrivains, je le lis, je cherche à retenir ses maximes, et au lieu de m'ennuyer, je passe dans sa société quelques heures délicieuses. Au reste, vous n'êtes pas ici pour admirer mes connaissances littéraires, et le jeu de cette machine à faner vous paraîtra plus intéressant. »

La faneuse mécanique allait bon train dans la prairie;

munie d'un cylindre garni de nombreuses fourches et dont
le mouvement était très rapide, elle soulevait prestement
les herbes et les projetait en tous sens. Elle faisait ainsi
plus de travail que dix actives faneuses.

La fenaison.

Il se faisait tard quand on quitta M. Nipou, et un
gros nuage noir s'avançait à l'horizon, menaçant de
cacher le soleil. Pendant que les faneurs se hâtaient et
entassaient le foin en meules, M. Lancelot faisait presser
le pas, et se dirigeait au plus vite du côté du village.

On avait à peine atteint la route nationale, qu'un éclair
sillonna les nues. Un grondement sourd retentit dans le
lointain et le soleil disparut quelques instants après.
« Voici l'orage*, dit M. Lancelot, ne restons pas sous
ces grands peupliers. Mettez-vous en rangs, et au pas de
course vers le village. »

Les enfants avaient de bonnes jambes, mais l'orage
avança plus rapidement qu'eux; quand ils arrivèrent à
l'école, ils étaient trempés jusqu'aux os.

M. Lancelot congédia rapidement ses élèves, en leur recommandant de changer de vêtements dès qu'ils seraient rentrés à la maison.

TRENTE-SIXIÈME LEÇON

Fenaison. — Moisson.

FENAISON

1. — Définition. — La récolte de l'herbe des prairies destinées à la production du foin s'appelle **fenaison**.

2. — Époque à choisir. — C'est au moment où les plantes **sont en fleur** que l'on doit procéder à ce travail. Si l'on attend que les graines soient mûres, on obtient du foin de mauvaise qualité et on épuise considérablement le sol.

3. — On sait de plus que les foins coupés et séchés par un temps trop chaud perdent, par la *dessication**, une grande

Dans la grande culture, on emploie la faucheuse mécanique pour couper les foins; elle fait un travail bien plus rapide que la faux.

partie de leurs feuilles et n'acquièrent point l'arome* qui constitue leur valeur. Si l'on peut profiter d'un temps sombre

pour la fenaison, on aura donc une excellente récolte au point
de vue de la quantité et de la qualité.

4. — Récolte du foin. — Lorsque l'herbe est coupée,

Le râteau à cheval remplace avantageusement le râteau à fourrages pour ramasser
le foin.

on la fait sécher en la retournant plusieurs fois par jour avec
des *fourches* ou avec la *faneuse* mécanique (Voir, p. 266).

5. — Tous les soirs on l'entasse, à l'aide du *râteau à fourrages* ou du *râteau à cheval*, en **petites** meules* ou en *andains**,
afin de la préserver, autant que
possible, de l'humidité de la
nuit.

6. — Le lendemain, on l'é-
carte de nouveau et on recommence chaque jour les mêmes
opérations jusqu'à ce que l'herbe
soit suffisamment sèche, sans
être cassante. On met ensuite le
foin en **meules** pour qu'il
achève de sécher et on le lie en
bottes, quelques jours après,
pour le rentrer dans les greniers.

Meule de foin.

* 7. — Dans certaines contrées, on entasse le foin près de la
ferme avant sa complète dessication et on le recouvre d'un

toit en paille pour le préserver des pluies. On obtient ainsi un foin de couleur brune dont les propriétés nutritives sont considérablement augmentées; mais il est fort important, quand on adopte ce procédé, de tasser fortement l'herbe afin d'éviter les moisissures*.

MOISSON

8. — Définition, époque. — La récolte des *céréales* s'appelle **moisson**. Elle doit se faire avant la complète maturité du grain si l'on veut éviter des pertes sensibles.

9. — Récolte. — Lorsque le blé est coupé, on le lie en gerbes et on le laisse un jour ou deux sur le sol pour qu'il

La moissonneuse n'est pas autre chose qu'une faucheuse mécanique à laquelle ou a adapté différentes pièces pour assembler les céréales en tas. Il y en a même qui déposent les gerbes toutes liées sur le sol.

achève de mûrir. Si l'on craint la pluie, on doit mettre les gerbes en petits tas appelés *moyettes*.

10. — La **moyette** la plus simple est celle que l'on fait de la façon suivante : on met cinq ou six gerbes debout, les épis en haut, et on les recouvre, comme d'un chapeau, avec une gerbe liée fortement près du pied et dont on écarte les épis tout autour du tas. Les gerbes disposées ainsi en moyettes peuvent rester huit et quinze jours sur le champ sans inconvénient. Le blé achève parfaitement de mûrir dans ces conditions.

11. — Quand on juge que le grain est suffisamment sec, on rentre les gerbes dans la grange pour les conserver jusqu'au moment du battage ou bien on les met en *meules*.

12. — Meules. — La construction d'une **meule** de blé

Les céréales mises en moyettes.

demande une grande expérience. Il faut éviter avec soin que l'eau ne pénètre à l'intérieur du tas.

13. — Lorsqu'une meule est faite dans d'excellentes conditions, le grain est à l'abri des attaques des rongeurs et se conserve parfaitement, même pendant plusieurs années.

* 14. — Voici comment on procède pour la construire ordinairement : on place d'abord en cercle, sur un sol bien sec, ou mieux sur une plate-forme en bois supportée par des pieux, un rang de gerbes couchées, de façon que les tiges soient légèrement en pente vers la circonférence, et on remplit le centre par d'autres gerbes également couchées.

Sur ce premier rang on en place une dizaine d'autres ayant à peu près le même diamètre, puis on met de nouveaux rangs de gerbes, en diminuant sensiblement le diamètre de chacun d'eux de manière à obtenir une pente assez rapide. On recouvre le tout d'une gerbe écartée ou bien d'un toit en chaume, et on creuse tout autour de la meule une petite rigole que l'on fait communiquer avec un fossé destiné à recueillir les eaux de pluie.

RÉSUMÉ

1 à 3. — La récolte des plantes des prairies s'appelle *fenaison*. Elle doit se faire au moment où les plantes sont en pleine fleur.

4. — Lorsque l'herbe est coupée, on la fait sécher, en l'écartant sur le sol avec des *fourches* ou avec une *faneuse* mécanique.

5 à 7. — Elle est ensuite mise en tas appelés *meules*, pour qu'elle acquière l'arome qui fait reconnaître le bon foin. C'est une question délicate de savoir distinguer à quel moment on doit procéder à cette opération.

8. — La récolte des céréales s'appelle *moisson*. Elle doit se faire quelques jours avant la maturité complète du grain.

9 et 10. — Lorsque les céréales sont coupées et liées en gerbes, on les laisse quelque temps sur le sol pour qu'elles achèvent de mûrir, et on les met souvent en petits tas, appelés *moyettes*.

11 à 14. — Au bout de huit ou quinze jours, on rentre les gerbes dans la grange, ou bien on en fait des *meules*, que l'on recouvre d'un toit en paille pour les conserver jusqu'au moment du battage.

QUESTIONNAIRE. — **1. Qu'est-ce que la fenaison ?** — **2. A quel moment doit-on couper l'herbe des prairies ?** — 3. Pourquoi faut-il choisir un temps sombre pour la fenaison ? — **4. Quelle opération fait-on subir à l'herbe dès qu'elle est coupée ?** — 5. Quelle précaution doit-on prendre tous les soirs ? — 6. Pendant combien de jours laisse-t-on l'herbe sur le pré et que fait-ou ensuite ?— 7. Parlez du foin connu sous le nom de foin brun. — **8. Comment s'appelle la récolte des céréales et à quel moment la fait-on ?** — **9. Que fait-on du blé dès qu'il est coupé ?** — 10. Parlez des moyettes. — **11. Que fait-ou des gerbes quand le grain est sec ?** — **12. Quelle précaution doit-on prendre quand on met les gerbes en meules ?** — 13. Quels sont les avantages que l'on retire de ce procédé ? — 14. Savez-vous comment on établit une meule de blé ?

TRENTE-SEPTIÈME LEÇON

Les plantes d'agrément.

MATÉRIEL. — Les principales plantes dont il est question dans la leçon.

1. — Définition. — Les **plantes d'agrément** sont celles qu'on cultive dans les jardins en vue de l'ornement; la plupart sont recherchées pour leurs fleurs, mais quelques-unes sont surtout décoratives par leur port ou par leur feuillage et ne donnent que des fleurs peu apparentes, sans éclat et sans beauté.

Les plantes d'agrément peuvent se diviser en *arbres ou arbustes*, en *plantes vivaces* et à *oignons*, en *plantes annuelles* et en *plantes bisannnelles*.

ARBRES, ARBUSTES ET ARBRISSEAUX

2. **Principaux arbres**. — Les **arbres** cultivés pour l'agrément sont assez nombreux, mais ils ne trouvent guère leur place que dans les parcs et dans les jardins anglais; les principaux sont le tulipier, le paulownia, le marronnier d'Inde, le robinia ou faux acacia, le platane, le mélèze, le pin, le sapin, le cyprès, le thuya, etc., etc.

3. — Les arbustes et les arbrisseaux sont plus nombreux et sont beaucoup plus aptes à être cultivés dans les jardins d'une petite ferme; on peut les diviser en *arbustes et arbrisseaux des tonnelles* et en *arbustes et arbrisseaux des jardins*.

4. — **Arbustes et arbrisseaux des tonnelles**. — Une *tonnelle* est une petite construction en treillage,

Jasmin.   Chèvrefeuille.

abritée par les rameaux et les feuilles de certaines plantes grimpantes.

Ces plantes sont le jasmin, le rosier grimpant, le chèvre-feuille, l'aristoloche, les clématites, la glycine et la vigne vierge. Le *jasmin* et le *chèvrefeuille* sont recherchés pour leur suave odeur, la *glycine* pour la beauté de ses grappes odorantes et la richesse de son feuillage ; les *clématites* pour l'abondance de leurs feuilles et la variété de leurs fleurs ; l'*aristoloche* et la *vigne vierge* enfin pour leur feuillage élégant et serré. Toutes ces plantes peuvent se multiplier par boutures.

5. — Arbustes et arbrisseaux des jardins. — Les principaux arbustes et arbrisseaux des jardins sont le lilas, le fusain, le lierre, le fuchsia et le rosier.

6. — Le lilas. — Le *lilas* forme des bosquets

Fuchsia.

Glycine.

et des clôtures odorantes aux premiers jours du printemps, le *laurier* et le *fusain* donnent des massifs au feuillage persistant ; le *lierre* s'emploie pour garnir les murs et le treillage des tonnelles.

7. — Le fuchsia et le rosier. — Comme les arbustes et les arbrisseaux précédents, le *fuchsia* et le *rosier* se multiplient par boutures et par éclats*, mais ils réclament en outre des soins particuliers.

* 8. — Le *fuchsia* est sensible au froid ; il doit être protégé ou rentré pendant l'hiver, taillé et mis en pleine terre quand les gelées ne sont plus à craindre ; dans le midi et dans

le climat tempéré des environs de Cherbourg, il se développe
toute l'année au grand air et peut même donner des treillages
et des tonnelles du plus bel effet. Ses boutures se font au printemps.

* 9. — Le *rosier* se greffe en écusson au mois de juillet, sur
églantier planté à l'automne; il se taille au mois de mars.
Quand le climat est trop froid, on peut fixer autour des tiges,
en hiver, un étui de paille protégé par du papier goudronné.

PLANTES VIVACES

10. — Principales plantes vivaces. — Les
plantes vivaces sont capables de vivre plusieurs années;
ellesperdent en hiver leurs tiges herbacées* et en reproduisent
d'autres au printemps.

Les principales plantes vivaces sont les *géraniums*, les *chrysanthèmes*, les *hortensias*, les *pivoines*, les *œillets*, les *violettes*, etc.
Toutes ces plantes se multiplient par éclats ou par boutures et,
à l'exception de l'hortensia et des variétés doubles* des autres
espèces, également par semis. Mais, d'une manière générale, on
peut dire que les fleurs conservent leur beauté plus intacte par
les boutures ou par la greffe que par les semis.

* 11. — **Géraniums**. — Les plantes, vulgairement appelées **géraniums**, se divisent en trois groupes d'après les caractères de leur tige et de leurs fleurs; les *vrais géraniums* ont la
tige herbacée comme les *érodiums*, mais leurs pétales ne sont pas
inégaux comme ceux de ces derniers; les *pélargoniums* se distinguent des deux espèces précédentes par leur tige un peu
ligneuse à la base.

* Toutes ces plantes se multiplient par boutures dans le courant de la belle saison; on les protège en hiver contre les
gelées, le plus souvent en les rentrant sous châssis et à l'abri
de l'humidité. Les pélargoniums sont plus délicats que les
géraniums; on les cultive fréquemment dans les appartements.

* 12. — **Chrysanthèmes**. — Les **chrysanthèmes** sont
les dernières fleurs de l'automne; elles sont à peu près dépourvues d'odeur, mais elles présentent des variétés nombreuses
dont les couleurs sont de grande beauté. Les chrysanthèmes
se multiplient en mai par éclats et par boutures; on les arrose
copieusement et on les pince plusieurs fois pour qu'elles
donnent naissance à de nombreux rameaux. Le sol doit être
bien fumé et recouvert de terreau.

* 13. — **Hortensias**. — Les **hortensias** ne craignent

pas beaucoup le froid, mais il est prudent de les rentrer pendant les hivers rigoureux. Ils se bouturent en avril et aiment particulièrement les terres légères et l'eau. Leurs superbes fleurs groupées en boules et leur beau feuillage en font des plantes très propres à la culture en touffes ou en massifs.

* 14. — **Œillets.** — Les **œillets** aiment une terre franche mélangée de terre de bruyère et de terreau; on les multiplie par marcottes et par boutures, mais on doit avoir recours aux semis quand on veut obtenir de nouvelles variétés. Les variétés d'œillets sont très nombreuses; elles présentent un parfum très agréable et assez

Hortensia.

Héliotrope.

L'hortensia est une plante de 50 à 60 centimètres de hauteur qui garnit bien les corbeilles placées à l'ombre.

L'héliotrope est une jolie petite plante de 30 à 40 centimètres de hauteur dont on fait des corbeilles au mois de mai ou de juin et qui se cultive exactement comme les géraniums.

uniforme, mais leurs teintes sont belles et variées. Les œillets remontants sont ceux qui fleurissent plusieurs fois par année; on doit les rentrer pendant l'hiver.

* 15. **Violettes.** — La **violette odorante** pousse sans soin dans les haies, mais on la cultive aussi dans les jardins où elle donne des variétés doubles*; on l'obtient par graines et par éclats* des pieds.

* La **pensée** est une espèce de violette remarquable par la beauté de son coloris; elle peut durer parfois trois ou quatre ans et réclame des soins particuliers. On fait les semis au mois

d'avril et au mois d'août et on repique quand les plantes ont quatre ou cinq feuilles. Les belles variétés se conservent par boutures.

16. — On multiplie aussi par boutures ou par éclats du pied, les *pâquerettes*, les *phlox*, les *ancolies*, l'*héliotrope*.

PLANTES A BULBES ET A TUBERCULES

17. — **Définition**. — Les *plantes à bulbes* ou *à tubercules* sont encore des plantes vivaces, mais elles diffèrent des précédentes en ce qu'on les multiplie par les tubercules ou les bulbes qu'elles produisent.

18. — **Plantes à tubercules**. — Les **plantes à tubercules** sont le *dahlia*, le *balisier* ou *canna*, la *pivoine* et le

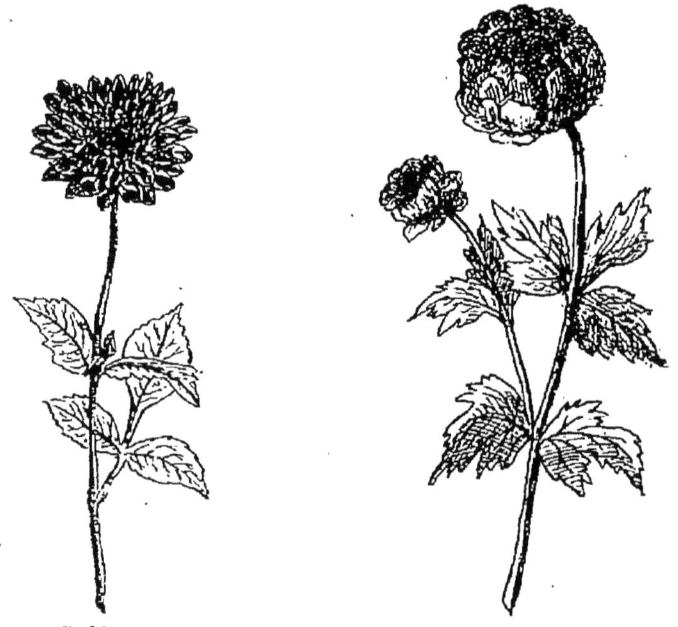

Dahlia.   Pivoine.

Le dahlia comprend un grand nombre de variétés et comme couleurs et comme tailles.

La pivoine est une plante de 50 à 60 centimètres de hauteur aux fleurs d'un rouge vif.

cyclamen. On enlève les tubercules de ces plantes à l'automne et on les met en terre au printemps. Les tubercules de pivoine peuvent rester en terre pendant tout l'hiver; ils ne craignent

pas les gelées. Les cyclamens, cultivés sur couches, donnent de
très belles variétés d'hiver.

1.9. — **Plantes à bul-
bes.** — Les plantes à
bulbes sont la *jacinthe*, la *tulipe*, le *crocus*, la *fritillaire* ou
couronne impériale, le *glaïeul*
et le *lis*.

* Les bulbes de jacinthe, de
tulipe et de crocus se mettent
en terre en automne et fleurissent au printemps, ceux de
fritillaire ne se relèvent que
tous les trois ou quatre ans,
les bulbes de glaïeul se rentrent pendant l'hiver. Enfin
les bulbes des lis se plantent
au printemps et se relèvent

Fleur de jacinthe.   Fleur de tulipe.

dans les mêmes conditions que
ceux de la fritillaire.

PLANTES ANNUELLES ET BISANNUELLES

20. — **Définition**. — Les plantes annuelles ne vivent
qu'une année, tandis que les **plantes bisannuelles** fleurissent
et meurent pendant la deuxième année. Les unes et les autres
se reproduisent par semis.

Les principales plantes de ce groupe sont la *giroflée*, le *pétunia*, le *zinnia*, la *reine-marguerite*, la *balsamine*, etc., etc.

21. — **Giroflée**. — Il y a deux espèces de **giroflées** : la
giroflée annuelle et la *giroflée bisannuelle*. La première se
sème sur couche au printemps et se repique un peu plus
tard ; la seconde se sème en juin, se repique en août et se
rentre pendant la saison des gelées.

22. — **Pétunias**. — Les **pétunias** se sèment au printemps, et peuvent se conserver et fleurir pendant l'hiver dans
les serres ou dans les appartements. On peut alors les multiplier par marcottes et par boutures au printemps.

23. — **Zinnias**. — Les **zinnias** présentent des variétés
plus nombreuses encore que les pétunias et ils donnent comme
comme eux de beaux massifs. On sème les graines au printemps
et on les repique ensuite à leur place définitive.

24. — **Reine-marguerite et balsamine**. — Les
reines-marguerites et les **balsamines** se cultivent de la

même manière que les zinnias ; elles forment comme eux de beaux massifs et des bordures très variées.

25. — Autres plantes annuelles ou bisannuelles. — La *julienne de Mahon*, l'*œillet d'Inde*, la *silène*, le *réséda*, le *coquelicot*, la *capucine*, le *volubilis*, le *muflier*, le *myo-*

Pétunia.   *Œillet d'Inde.*   *Zinnia.*

Le pétunia est une plante de 35 centimètres environ de hauteur qui comprend un grand nombre de variétés et qui convient parfaitement pour les corbeilles. Il en est de même des zinnias, plantes un peu plus élevées.

L'œillet d'Inde, à odeur peu agréable mais à fleurs nombreuses, est une plante de 25 à 30 centimètres de hauteur qu'on emploie pour les bordures des plates-bandes et des corbeilles.

sotis, le *souci*, l'*amarante*, se reproduisent également par semis ; ce sont des plantes robustes dont la culture ne demande pas beaucoup de soins.

PLANTES D'APPARTEMENT

26. — Plantes d'appartement. — Beaucoup de plantes cultivées en pleine terre et certaines plantes plus délicates peuvent se cultiver dans les appartements quand on leur donne suffisamment de soins.

Les *fuchsias*, certains *rosiers*, les *calles d'Éthiopie* ou *arums*, les *œillets* et les *bégonias* se cultivent en pots, ainsi que des plantes exotiques plus délicates telles que les *dracœnas* et les *araucarias*. Les *saxifrages*, les *pervenches*, la *cymbalaire* des murs et quelques autres espèces sauvages peuvent donner d'agréables suspensions*.

27. — Soins. — Mais ces plantes dépérissent très vite si on ne les surveille pas attentivement. On doit les fumer de temps à autre, les bassiner pour enlever la poussière, les dépoter pour changer la terre et les mettre à l'air et à la lumière, quand arrive la belle saison.

* 28. — Les plantes cultivées en pots, soit en plein air, soit dans les appartements, doivent être mises dans des vases assez larges, percés d'un trou en bas et posés sur un plateau à bords.

Il sera utile d'additionner les eaux d'arrosement, un mois après le rempotage et tant que les plantes ne seront pas en fleurs, des matières suivantes par 10 litres d'eau :

10 grammes de *nitrate d'ammoniaque* pour les plantes à feuillage;

10 grammes de *phosphate d'ammoniaque* pour les plantes à fleurs;

10 litres de *bouse* de vache* pour les oignons où les plantes à feuillage très développé;

10 litres de *crottin* de mouton* pour les arbustes à fleurs.

RÉSUMÉ

1. — Les plantes cultivées pour l'agrément peuvent se diviser en quatre catégories : les *arbustes*, les *plantes vivaces*, les *oignons* et *tubercules*, les plantes *annuelles* et *bisannuelles*.

2 à 9. — Les principaux *arbustes* se multiplient généralement soit par boutures, soit par éclats. Les principaux sont : le *chèvrefeuille*, la *glycine*, le *jasmin*, le *lilas*, le *laurier*, le *fusain*, le *fuchsia*, le *rosier*.

10 à 16. — Les *plantes vivaces* se multiplient comme les arbustes. Les principales sont le *géranium*, l'*héliotrope*, l'*hortensia*, la *julienne*, les *œillets*, les *pâquerettes*, les *phlox*, les *violettes* et les *chrysanthèmes*.

17 à 19. — Citons parmi les *oignons* et les *tubercules* : les *jacinthes*, les *lis*, les *iris*, l'*anémone*, le *cyclamen*, le *dahlia*, les *pivoines*.

20 à 28. — Enfin, les plantes *annuelles* les plus communes sont les *amarantes*, les *balsamines*, les *belles-de-jour*, les *capucines*, la *julienne de Mahon*, le *muflier*, le *myosotis*, l'*œillet d'Inde*, le *pétunia*, le *pied-d'alouette*, les *reines-marguerites*, le *réséda*, les *silènes*, le *volubilis*.

La plupart se sèment au printemps ou pendant la belle saison. Quelques-unes, comme la *julienne de Mahon*, le *muflier*, le *myosotis*, le *pied-d'alouette*, les *silènes* peuvent se semer à l'automne pour donner des fleurs dès le printemps.

QUESTIONNAIRE. — **1. Pourquoi cultive-t-on les plantes d'agrément ?** — 2. Quels sont les arbres d'agrément ? — 3. Comment divise-t-on les arbres et les arbrisseaux d'agrément ? — 4. Quels sont les arbustes et les arbrisseaux des tounelles ? — 5. des jardins ? — 6. **Parlez du lilas, du laurier, du fusain et du lierre.** — **7 et 8. Comment cultive-t-on le fuchsia ?** — **7 et 9. le rosier ?** — **10. Quelles sont les principales plantes d'agrément vivaces et comment les multiplie-t-on?** — **11.** Que savez-vous de la culture des géraniums? — **12.** des chrysanthèmes?—**13.** des hortensias?—**14.** des œillets? —**15.** des violettes et de la pensée? — **16. Citez quelques autres plantes vivaces.** — **17.** En quoi les plantes à bulbes et à tubercules diffèrent-elles des plantes vivaces? — **18.** Parlez des plantes à tubercules. — **19.** des plantes à bulbes. — **20. Qu'entendez-vous par plantes annuelles et bisannuelles? —comment multiplie-t-on ces plantes dans les jardins ?** — **21.** Que savez-vous de la giroflée? — **22.** des pétunias?— **23.** des zinnias? — **24.** de la reine-marguerite et de la balsamine?—**25. Citez quelques autres plantes annuelles ou bisannuelles cultivées dans les jardins.** —**26.** Citez quelques plantes d'appartement.—**27.** Quels soins faut-il leur donner ? — **28.** Dans quels vases les doit-on mettre? —avec quelle eau faut-il les arroser?

TRENTE-HUITIÈME LEÇON

Comptabilité agricole.

1. — But de la comptabilité. — Le but de la comptabilité est de permettre au cultivateur de savoir, à n'importe quel moment, dans quelle situation financière il se trouve.

2. — Pour avoir une comptabilité régulière, il faut tenir plusieurs registres que l'on dispose à son goût, d'après une méthode simple et claire[1].

3. — De l'inventaire. — Le principal est le livre d'inventaire.

4. — L'inventaire, que l'on fait une fois par an, s'inscrit sur un livre spécial. Il est nécessaire, pour l'évaluation des différents articles dont la valeur n'est pas nettement déterminée, de ne porter que des prix raisonnables.

5. — Si on faisait autrement, on n'aurait pas l'état de la situation réelle et on pourrait se laisser entraîner à des dépenses exagérées.

6. — Tous les articles portés à l'inventaire doivent être classés par ordre et les évaluations sont totalisées par nature. Un *tableau récapitulatif** permet de constater la situation d'un seul coup d'œil. Dans ce tableau, le passif comprend tout ce qui est dû ; l'actif, toutes les valeurs en argent ou en nature; et la balance indique l'excédent de l'actif sur le passif, c'est-à-dire l'avoir réel du cultivateur.

---

1. Dans le commerce, les livres obligatoires sont, d'après la loi : le *livre-journal* ou livre de caisse; le *copie de lettres* et le *livre des inventaires*.

EXEMPLE D'UNE RÉCAPITULATION D'INVENTAIRE
Du 1ᵉʳ janvier 1890.

Actif :	F.	C.	Passif :	F.	C.
Mobilier personnel.. .	500		Traites à payer. . . .	250	
Mobilier de culture. .	1 200		Dû aux domestiques.	200	
Bétail..	3 500		Dû aux ouvriers. . .	450	
Fourrages(racines, foin)	800				
Céréales en magasin.	1 200				
Fumiers..	200		Balance.	7 051	25
Engrais commerciaux.	50				
Créances à percevoir.	300	50			
Argent en caisse. . .	200	75			
Total..	7 951	25	Total..	7 951	25

7. — Livres journaliers. — Les livres journaliers sur lesquels on inscrit les opérations à mesure qu'elles se produisent sont : le *livre de caisse*, le *livre des débiteurs et des créanciers*, le *livre de magasin*, le *livre des récoltes* et le *livre de la ménagère*.

8. — Livre de caisse. — Le **livre de caisse** est le livre où l'on inscrit les *recettes* et les *dépenses* à mesure qu'elles ont lieu.

EXEMPLES :

1889		1° Recettes :	F.	C.
Juin	7	Vendu comptant une vache.	300	
	8	Vendu comptant 15 Hl. de blé à 20 fr. l'Hl.	300	
	30	Compte de la ménagère (relevé du mois).		
		etc., etc..	55	50

1889		2° Dépenses :	F.	C.
Juin	7	Acheté une génisse et payé comptant. . .	200	
	10	Payé une traite pour du sulfate de cuivre acheté le 10 mai.	55	50
	30	Payé Jean.	30	
	30	Compte de la ménagère (relevé du mois).	32	75
Juillet	6	Payé la réparation du mur de la cour.		
		etc., etc..	175	

9. — Livre des débiteurs et des créanciers.

— Le livre des débiteurs et des créanciers est celui sur

EXEMPLES :

DOIT

1° COMPTE D'UN DÉBITEUR :

M. CARRIER, marchand de grains et fourrages à Tours.

1889			F.	C.
Juin	5	Vendu 50 Hl. de blé à 21 fr. l'Hl.	1 050	»
Juillet	6	Vendu 25 Hl. d'avoine à 10 fr. l'Hl.	250	»
Août	9	Vendu 10 quint. de foin à 10 fr. les 100 Kg. .	100	»
		etc., etc.		

2° COMPTE D'UN CRÉANCIER

M. JOURNAU, marchand d'engrais à Blois.

1889			F.	C.
Mars	4	Acheté 150 Kg. sulfate à 7 fr. les 100 Kg. . . .	10	50
«	25	Acheté 800 Kg. superphosphate dosant 20 p. 100 à 12 fr. les 100 Kg.	96	»
«	«	Acheté 300 Kg. de nitrate de soude dosant 15 p. 100 à 23 fr. 75 les 100 Kg.	71	25
«	»	Acheté 250 Kg. de chlorure de potassium dosant 70 p. 100 à 31 fr. les 100 Kg.	77	50
«	«	Acheté 400 Kg. de tourteau à 12 fr. 50 les 100 Kg.	50	

10. — Livre de magasin. — Le livre de magasin

est celui sur lequel on inscrit l'entrée et la sortie des diffé-

1889			
Mai	5	Entré trèfle vert..	1 200 Kg.
Juin	4	— luzerne..	4 000 Kg.
Juillet	6	— avoine..	10 Hl
		etc., etc.	

lequel on inscrit les sommes qui sont dues et les sommes que l'on doit. Il est bon d'ouvrir un compte spécial pour chaque débiteur ou chaque créancier.

AVOIR

1889			F.	C.
Mars	8	Acheté 4 Hl. de blé de semence à 25 fr. l'Hl. .	100	»
Juin	5	Reçu en compte.	100	»
Juillet	6	Reçu en compte.	100	»
»		Reçu le montant de s. billet à ordre.	1 000	»
Août	9	Reçu pour solde à ce jour.	100	»
		etc., etc.		

1889			F.	C.
Avril	25	Payé traite de Journau.	100	»
Juin	25	Payé traite de Journau.	100	»
Août	25	Payé traite de Journau.	105	25
		etc., etc.		

rentes denrées de la ferme. Chaque denrée a son compte spécial.

EXEMPLE DU COMPTE DE FOURRAGES

1889			
Mai	20	Vendu de l'avoine à Guillaume.	7 Hl.
Juin	1er	Trèfle consommé en mai..	3 000 Kg.
		Avoine —	1 Hl.
		Paille —	2 500 Kg.
		Carotte —	1 500 Kg.
		etc., etc.	

11. — Livre des récoltes. — Le livre des récoltes renferme tous les renseignements sur les produits des récoltes de la ferme. Il comprend autant de parties qu'il y a de champs.

EXEMPLE :

PRAIRIE DE LA COURANCE (1 hectare 50 ares).

1° DÉPENSES :	F.	C.
15 mètres cubes de fumier à 6 fr.	90	
500 Kg. de superphosphate.	60	
150 Kg. de chlorure de potassium.	46	50
Main d'œuvre pour ces engrais.	10	
Fauchage et fenaison	120	
Valeur approximative du loyer de la terre.	80	
TOTAL.	406	50

2° RECETTES :	F.	C.
Produit de la première coupe :		
4 000 Kg. à 10 fr. le quintal.	400	
Produit du regain :		
2 000 Kg. à 7 fr. le quintal.	140	
TOTAL.	540	
Bénéfice net.	133	50

12. — Livre de la ménagère. — Le livre de la ménagère est celui sur lequel la fermière inscrit le mouvement de la laiterie, de la fabrication et de la vente du beurre, du produit des œufs, des animaux de basse-cour, etc. Ce livre est un véritable livre de caisse où l'on inscrit chaque jour les dépenses et les recettes. La balance est transcrite à la fin de chaque mois sur le livre de caisse de la ferme.

EXEMPLE :

1889				RECETTES		DÉPENSES	
				F.	C.	F.	C.
Mars	4		Vendu 4 douz. d'œufs à 0 fr. 60.	2	40		
			Acheté une écrémeuse.			3	»
			Vendu 6 Kg. de beurre à 2 fr. 10.	10	60		
			etc., etc,				

RÉSUMÉ

1 et 2. — Tout cultivateur qui veut connaître l'état de sa situation financière doit tenir plusieurs registres nécessaires à la *comptabilité agricole*.

3 à 12. — Les principaux sont : 1º le *livre d'inventaire*, sur lequel il inscrit une fois par an, d'une part, ce qui constitue son *actif*; d'autre part, ce qui représente son *passif*; la différence lui donne l'état réel de ce qu'il possède; 2º le *livre de caisse*, sur lequel il inscrit jour par jour ses *recettes* et ses *dépenses*; 3º le *livre des débiteurs* et des *créanciers* où il consigne ce qui lui est dû et ce qu'il doit; 4º le *livre de magasin*, sur lequel il enregistre les *entrées* et les *sorties* des denrées de la ferme; 5º le *livre de la ménagère*, qui est un véritable *livre de caisse* à l'usage de la fermière.

QUESTIONNAIRE. — **1. Quel est le but de la comptabilité agricole ? — 2.** Comment obtient-on une bonne comptabilité ? — **3. Quel est le principal registre ?— 4.** Dans quelles conditions doit-on dresser l'inventaire annuel ? — 5. Qu'arriverait-il si on n'apportait pas tous ses soins à l'établissement de ce compte ? — 6. Parlez de la disposition du livre d'inventaire. — **7. Quels sont les principaux livres journaliers nécessaires pour avoir une comptabilité régulière ?— 8. Qu'est-ce que le livre de caisse ?** — 9. Qu'est-ce que le livre des débiteurs et des créanciers ? — 10. Parlez du livre de magasin. — 11. Qu'est-ce que le livre des récoltes ? — **12. Parlez du livre de la ménagère.**

TRENTE-NEUVIÈME LEÇON

Notions sur les principales écritures commerciales concernant l'agriculture.

MATÉRIEL. — Montrer autant que possible un certain nombre de billets véritables.

1. — Effets de commerce. — L'agriculteur véritablement soucieux de ses intérêts doit posséder quelques données sur les différentes écritures commerciales concernant sa profession.

2. — Les principaux billets ou actes dont il aura occasion de se servir ou qu'il devra rédiger sont : la *traite*, le *billet à ordre*, le *billet simple*, la *facture*, la *quittance*, le *bail*.

3.—De la traite.— La traite ou lettre de change est un billet par lequel un négociant invite un client à payer, soit à lui-même, soit à une autre personne, la somme qui lui est due.

EXEMPLE :

Blois, le 25 mars 1890. **B. P. F. 100 »**

Au vingt-cinq avril prochain, *il vous plaira payer à mon ordre, la somme de* **cent francs** *valeur en marchandises, que passerez suivant avis de votre dévoué*

JOURNAU.

A M. NIPON,
cultivateur à Sivry.

EXPLICATIONS : M. Nipon, cultivateur à Sivry, a acheté des engrais à M. Journau, marchand à Blois, et l'a prié de se faire payer en tirant sur lui une traite au 25 avril. M. Journau accepte les conditions et en fait part à M. Nipon qui paiera les cent francs à la personne qui lui présentera le billet à la date convenue.

4. — La *traite* pourra passer par différentes mains avant d'être présentée au *tiré*, c'est-à-dire à la personne qui doit payer ; mais il faudra que les personnes qui passeront le billet apposent leurs signatures au dos, au-dessous de cette mention : «*Payez à l'ordre de M..*» ; c'est ce qu'on appelle *endosser* un billet.

EXEMPLE :

Payez à l'ordre de M. Jarry, valeur reçue en espèces;
Blois, le 26 *mars* 1890 : JOURNAU.

Payez à l'ordre de M. Couturier, valeur en compte ;
Blois, le 29 *mars* 1890 : JARRY.

Payez à l'ordre de M. Constant, valeur en compte ;
Tours, le 4 *avril* 1890 : COUTURIER.

Pour acquit, le 25 *avril* 1890 : CONSTANT.

EXPLICATIONS : M. Journau, ayant besoin d'argent, a donné le billet à M. Jarry, son banquier. M. Jarry a envoyé le billet

à M. Couturier, son correspondant à Tours, et M. Couturier l'a
expédié à un de ses clients, M. Constant, qui le présentera à.
M. Nipon le jour de l'échéance*.

5. — Billet à ordre. — Le billet à ordre est un écrit
par lequel une personne, appelée *souscripteur*, s'engage à payer
à une autre, désignée sous le nom de *bénéficiaire*, ou à l'ordre
de celle-ci, une certaine somme à une époque fixée :

EXEMPLE :

Tours, le 6 juin 1890.　　　　　**B. P. F. 1 000** »

Au **six juillet prochain,** *je paierai à Monsieur Nipon, ou à
son ordre, la somme de* **mille francs,** *valeur en marchandises.*

.CARRIER,
négociant, rue de la Croix, 7, Tours,

EXPLICATIONS : M. Carrier ayant acheté des marchandises à
M. Nipon, a remis à celui-ci un billet à ordre en paiement. Si
M. Nipon a besoin d'argent, il pourra négocier ce billet chez
un banquier et, à l'aide d'endos, le billet parviendra au jour
convenu à M. Carrier. Sinon, M. Nipon gardera le billet et le
présentera lui-même à son débiteur le jour de l'échéance.

6. — Billet simple. — Le billet simple ou reconnaissance est un billet par lequel une personne appelée *débiteur*, reconnaît devoir à une autre personne appelée *créancier*,
une certaine somme d'argent.

EXEMPLE :

---

*Je soussigné, reconnais devoir à M. Nipon, cultivateur à
Sivry, la somme de* **cinq cents francs,** *qu'il m'a prétée,
et que je m'engage à lui rembourser le quinze juin mil huit
cent quatre-vingt-quinze. Je m'engage, en outre, à lui payer
de six mois en six mois, à partir de ce jour, les intérêts de
ladite somme, à raison de quatre francs cinquante centimes
pour cent et par an, jusqu'au jour du remboursement.*

Sivry, le 15 juin 1890.
CHAROT.

---

7. — Timbre. — Tous ces billets : traite, billet à ordre, billet simple, sont soumis au droit de timbre et doivent être rédigés, par conséquent, sur papier muni d'un *timbre proportionnel* à la somme.

8. — Facture. — La **facture** est le compte détaillé qu'un négociant donne des marchandises qu'il a fournies à un client.

EXEMPLE :

A. JOURNAU, négociant à BLOIS,

DOIT *Monsieur Nipon,* cultivateur à Sivry, les marchandises ci-après désignées, payables en mes mandats : de 100 francs au 25 avril, 100 francs au 25 juin, 105 francs 25 au 25 août 1890.

1890		SAVOIR :	F.	C.	F.	C.
Mars	4	150 *Kg. de sulfate de fer, les* 100 *Kg.*	7		10	50
«	25	800 *Kg. de superphosphate dosant* 20 *p.* 100, *les* 100 *Kg.*	12		96	
«		300 *Kg. de nitrate de soude dosant* 15 *p.* 100, *les* 100 *Kg.*	23	75	71	25
		250 *Kg. de chlorure de potassium dosant* 70 *p.* 100, *les* 100 *Kg.*	31		77	50
		400 *Kg. de tourteau de lin, les* 100 *Kg.*	12	50	50	
		TOTAL.			305	25

NOTA. — Les marchandises ci-dessus sont toujours vendues avec garantie d'analyse.

---

9. — Pour éviter tout malentendu, le cultivateur soucieux de ses intérêts doit toujours exiger de ses fournisseurs des factures où les conditions de vente sont parfaitement déterminées.

10. — Quittance. — La **quittance** est un billet par lequel on reconnait avoir reçu d'un débiteur le montant de sa dette.

EXEMPLE :

> *Je soussigné, reconnais avoir reçu de M. NIPON, propriétaire*
> *à Sivry, la somme de cinq cent quarante francs, pour prix*
> *d'un cheval que je lui ai livré cejourd'hui et que je garantis*
> *exempt de tout vice rédhibitoire* [1].
>
> Fait à Noiry, le 15 août 1890.
CARILLARD.

11. — Toutes les fois que l'on reçoit quittance des sommes que l'on paie, il est bon de veiller à ce que le reçu soit libellé d'une façon claire et précise.

12. — La quittance, de même que la facture, lorsque celle-ci est acquittée, doit être munie, si le montant s'élève à plus de dix francs, d'un timbre de dix centimes que l'on oblitère*.

13. — Bail. — Le bail est un contrat par lequel un propriétaire cède la jouissance d'un bien pour un temps et d'après un prix déterminés.

EXEMPLE :

> *Entre les soussignés,*
>
> THÉODORE LEJUGE, *propriétaire à Paris, d'une part ;*
> *Et* JEAN LEGROS, *cultivateur à Barbeneuve, d'autre part ;*
> *Il a été convenu ce qui suit :*
>
> *M. Lejuge donne à ferme pour neuf années commençant au*
> *premier juillet mil huit cent quatre-vingt-dix et finissant au*
> *trente juin mil huit cent quatre-vingt-dix-neuf.*
>
> *A M. Legros Jean, qui accepte, la ferme des Loups, com-*
> *mune de Barbeneuve, comprenant une maison d'habitation et*
> *d'exploitation, et douze hectares de terres, prés et vignes,*
> *dont la désignation suit :*
>
> (Faire le détail des bâtiments d'habitation et d'exploi-
> tation en constatant l'état dans lequel ils se trouvent et
> indiquer pour chaque pièce de terre, son étendue, sa
> nature et le lieu où elle est située).

---

1. La loi du 2 août 1884 établit quels sont les vices rédhibitoires, c'est-à-dire qui annulent le contrat de vente, pour le cheval, l'âne, le mulet, les animaux de l'espèce ovine et de l'espèce porcine. On peut consulter cette loi dans toutes les mairies.

> *Ce bail est fait aux charges et conditions ci-après stipulées :*
> (Indiquer les charges du preneur et celles du bailleur.)
>
> *En outre, ce bail est fait moyennant la somme de..........*
> *par an, que M. Legros s'oblige de payer à M. Lejuge, en un*
> *seul paiement, le premier juillet de chaque année, en commen-*
> *çant le premier juillet mil huit cent quatre-vingt-onze,*
> *M. Lejuge prenant à sa charge les frais de recouvrement de*
> *ladite somme.*
>
> *Fait double et de bonne foi, à Barbeneuve, le premier juin*
> *mil huit cent quatre-vingt-dix.*
>
> *Approuvé l'écriture ci-dessus :* LEJUGE.
> *Approuvé l'écriture ci-dessus :* LEGROS.

14. — Un bail doit être fait sur feuille de *papier timbré* de soixante centimes, approuvé de chacun des signataires et consigné sur les registres du bureau de *l'enregistrement* du canton où sont situés les immeubles.

RÉSUMÉ

1. — Il est bon que le cultivateur ait des notions sur les principaux *écrits commerciaux*.

2 à 12. — La *traite*, le *billet à ordre*, le *billet simple*, rédigés d'après les formules habituelles, doivent être faits sur papier muni d'un *timbre* proportionnel.

Toute facture acquittée et toute quittance, dont le montant s'élève à plus de dix francs, doivent être pourvues d'un *timbre* de dix centimes oblitéré.

13 et 14. — Le *bail*, c'est-à-dire l'engagement sous seing-privé entre un propriétaire et un locataire, n'est valable que lorsqu'il a été inscrit sur les registres du bureau d'enregistrement du canton où sont situés les immeubles.

QUESTIONNAIRE. — 1. Que doit connaître le cultivateur véritablement instruit ? — 2. Quels sont les principaux billets ou actes commerciaux concernant l'agriculture ? — 3. Qu'est-ce que la traite ? — 4. Parlez de l'endossement. — 5. Qu'est-ce que le billet à ordre ? — 6. Qu'est-ce que le billet simple ? — 7. A quoi sont assujettis les billets commerciaux ? — 8. Qu'est-ce qu'une facture ? — 9. Comment doivent être dressées les factures ? — 10. Qu'est-ce la quittance ? — 11. Comment doit être libellée une quittance ? — 12. Que doit-on mettre sur une quittance ou sur une facture acquittée ? — 13. Qu'est-ce que le bail ? — 14. Quelles sont les conditions nécessaires pour assurer la validité d'un bail ? — 3.5.6.10. Rédigez de mémoire : 1° une traite ; 2° un billet à ordre ; 3° un billet simple sans intérêts ; 4° un billet simple avec intérêts ; 5° une quittance.

La campagne.   La ville.

MOIS DE JUILLET ET D'AOUT

Agriculture pratique.

Travaux à faire exécuter pendant les mois de juillet et d'août:

CHAMP DE DÉMONSTRATION. — 1° Moissonner l'avoine et le froment. Semer les navets et le sarrasin en récoltes dérobées.

2° Semer le colza d'hiver à raison de 70 grammes de graines à l'are.

VIGNE. — Procéder à un troisième soufrage et à un troisième sulfatage, et surveiller la végétation.

JARDINS. — Continuer les binages, les sarclages et les arrosages. Semer les choux, la scarole, les chicorées. Repiquer les choux et les poireaux. — Semer les giroflées bisannuelles, les pensées. Greffer les rosiers; multiplier les œillets par marcottes et par boutures. Bouturer les géraniums.

Restons dans nos villages

(LECTURE)

Voici la fin du jour. Le soleil brûlant du mois d'août s'est caché derrière la colline et ses derniers rayons embrasent la forêt sur les hauteurs de Sivry.

La brise du soir répand sa fraîcheur ; elle agite le feuillage dans les vergers et apporte au village les échos de la plaine.

C'est l'heure où la campagne s'anime avant le calme du soir ; le vigneron descend des coteaux, le laboureur abandonne la vallée et l'on entend au loin le roulement des lourds chariots qui se dirigent vers les habitations.

Assis devant sa maison, sous une treille chargée de grappes, M. Nipon suit avec intérêt l'animation qui l'environne : il sourit à ceux qui rentrent, reçoit au passage les nouvelles de la journée, répond amicalement aux enfants qui le saluent.

Au milieu des figures familières, un voyageur pauvrement vêtu s'avance et souhaite le bonsoir à M. Nipon qui le considère avec étonnement.

Je suis donc bien changé.

« Je suis donc bien changé pour que vous ne me reconnaissiez pas, dit le voyageur, et cependant il n'y a pas encore dix ans que je vous ai quitté. Hélas ! le malheur et la maladie nous changent vite et ils ne m'ont guère épargné. Je suis Guillaume, votre ancien serviteur. — Comment, c'est toi ; mais qu'as-tu donc fait, depuis que tu n'es plus soldat, pour revenir au pays aussi misérable. — Une folie, M. Nipon, j'ai voulu tâter de la ville. Et au lieu de rentrer au pays cultiver la terre, je suis resté à Paris pensant y trouver un sort plus heureux.

« — Je vois que tu n'as guère réussi. Mais avant de me raconter ton histoire, assieds-toi sur ce banc pour prendre un verre de vin. » Et appelant une servante, M. Nipon fait apporter des verres et une bouteille de vin, puis il verse une forte rasade au pauvre Guillaume.

« Maintenant que te voilà ragaillardi, raconte-moi un peu comment tu as pu, toi que je sais intelligent et avisé, tomber dans le piteux état où je te vois.

« — Hélas ! monsieur, c'est une histoire malheureusement trop commune. J'avais fait, pendant mon service militaire, la connaissance de deux braves ouvriers mécaniciens, enfants de Paris, qui gagnaient largement de quoi vivre, avant de partir au régiment. J'ai cru que je ferais comme eux et obtiendrais facilement du travail, car, vous le savez, M. Nipon, je n'ai jamais boudé devant l'ouvrage. Mais je n'avais fait aucun apprentissage et je me suis trouvé un moment bien embarrassé. Partout où je m'adressais, on ne pouvait m'employer. Je sais bien tailler la vigne, la plupart des travaux des champs me sont familiers ; mais cela ne m'était guère utile à Paris. On me demandait autre chose, et des choses que je n'avais pas apprises. Découragé, j'avais envie de revenir, mais les camarades, croyant me rendre service, m'encouragèrent de leurs paroles, m'aidèrent de leur bourse et à force de recommandations et de recherches, finirent par me trouver un emploi d'homme de peine.

« Je gagnais quatre francs par jour. C'est très beau, n'est-ce pas, et je pensais économiser beaucoup. Mais, avec mes quatre francs, j'étais plus pauvre à Paris qu'avec vingt sous dans notre village. Et puis, quand j'avais terminé ma journée, je n'avais pas la ressource de respirer l'air pur et frais de la campagne qui manquait à ma poitrine de paysan.

« Pendant quatre ans, j'ai travaillé ferme, pensant toujours à revenir au pays. Une fausse honte ridicule m'empêchait de rentrer. J'avais beau songer à mes amis, à mes camarades et à mon pauvre père qui, avant de mourir, m'avait prié de revenir, rien ne me décidait. Ah ! combien je regrette aujourd'hui ma sotte obstination !

« Paris, c'est la mort pour ceux qui n'y sont pas nés... Je ne demeurais pas, vous le pensez bien, dans les beaux quartiers aux larges boulevards. J'habitais une petite chambre malsaine, donnant sur une cour étroite et infecte où le soleil ne pénétrait jamais; mon modeste salaire ne me permettait pas de choisir. Aussi qu'est-il arrivé? Moi qui avais l'habitude du grand air, je me suis étiolé, affaibli, et un jour il a fallu me transporter à l'hôpital.

« J'y fus bien soigné, je le reconnais ; mais quelle différence avec les soins affectueux que l'on trouve auprès des siens...

« C'est alors que, rejetant toute fausse honte, j'ai pris la résolution de revenir au village. Voici l'époque de la moisson et vous devez avoir besoin de quelques ouvriers; je me mets à votre disposition, et vous prie de me prendre à votre service. »

M. Nipon, ému par le récit de Guillaume, et touché par les déclarations fermes et loyales du pauvre garçon n'hésita pas à lui promettre son concours.

« Je ne doute pas que tu sois resté le même, dit-il, mais tu sais bien que je ne me laisse pas prendre au dépourvu et qu'à cette époque de l'année, j'ai tout le monde qui m'est nécessaire. Cependant pour ne pas te laisser dans l'embarras je veux bien te donner du travail, mais à une condition, c'est que chaque fois que tu en trouveras l'occasion, tu raconteras ton histoire; elle empêchera peut-être quelques-uns de nos jeunes villageois de s'en aller à la ville, et la peine que tu as endurée n'aura pas été perdue. Vois-tu, mon ami, il n'y a rien de tel pour vivre heureux que le village où l'on est né. »

Révision générale : Voir les tableaux pages 5 et 6.

LEXIQUE

ET EXPLICATIONS COMPLÉMENTAIRES

A

Abcès : accumulation de pus dans un organe ou sous la peau.

Acétate : sel formé par la combinaison du *vinaigre* ou acide acétique avec une base. Dans l'acétate de plomb, la base est une combinaison de plomb et d'oxygène.

Acide : composé chimique dont la saveur (dite acide) rappelle celle du vinaigre et qui fait tourner au rouge la plupart des fleurs colorées en bleu. Les acides sont tantôt solides (*acide phosphorique, silice*), tantôt liquide (*acide sulfurique, acide nitrique, acide acétique ou vinaigre*), et parfois gazeux (*acide carbonique, acide chlorhydrique*).

Acidité : propriété d'un corps qui est acide*.

Aéré (sol) : qui se laisse pénétrer par l'air.

Aire : surface plane et dure.

Alcalis : bases solubles dans l'eau, comme la potasse et la soude; l'alcali volatil, ou ammoniaque, est gazeux.

Alcalines (cendres) : qui renferment des *alcalis*.

Algues : plantes vertes qui vivent pour la plupart dans les eaux de la mer.

Alluvion (terre d') : formée par les dépôts des eaux au moment des inondations.

Alumine : corps composé d'*aluminium* et d'*oxygène* qui forme la base des terrains argileux. L'aluminium est un métal blanc, très léger, très sonore et facilement malléable; il ne se rouille pas et se rapproche ainsi des métaux précieux.

Alun : sulfate cristallisé* qui renferme les éléments de l'argile et d'un alcali*. Les aluns sont employés en teinture comme **mordants**, c'est-à-dire pour fixer la couleur aux tissus: ils ont des propriétés astringentes.

Amadou : substance végétale préparée avec un champignon qui croît sur le tronc des arbres. L'amadou absorbe les liquides et s'enflamme facilement.

Amentacées : voir **Familles végétales**.

Amer : qui a une saveur forte, analogue à celle du houblon et de la bière.

Ameublie (terre) : dont toutes les parties sont bien divisées.

Andains : petits tas de foin formés par les coups de faux ou disposés dans la même forme.

Antirabique : qui prévient ou guérit la rage (voir **Pasteur***).

Aoûté : venu parfaitement à point, bien mûr.

Aqueduc : grand canal qui sert à conduire les eaux.

Arable (couche) : On désigne sous le nom de *couche arable* la partie superficielle du sol remuée par les instruments de culture. Elle a été formée, sous l'influence des gelées, des pluies, du temps et des bouleversements terrestres, par la division des roches superficielles de la terre et par la décomposition des végétaux qui croissent à la surface. Voir **Fossile**.

Arachnides : Les arachnides sont des *articulés* dont la tête se confond avec le thorax et qui sont pourvus de quatre paires de pattes.

Arome : odeur agréable.

Arpent : ancienne mesure de surface très variable suivant les pays

Aspérités : parties saillantes d'un objet rugueux.

Asphyxiant : qui cause l'asphyxie.

Asphyxie : mort par défaut d'air.

Asthme : maladie caractérisée par une gêne intermittente dans la respiration.

B

Badigeonner : étendre avec un pinceau une couleur à l'eau.

Balle (jeux) : voir **Barres**.

Balles de blé : petites feuilles très réduites qui enveloppent la fleur et le grain des céréales.

Bandes (plates-) : bandes de terre peu larges qui forment, dans les jardins, les contours des carrés, et dans lesquelles on cultive des arbres fruitiers, des légumes ou des fleurs.

Baromètre : Quand on renverse vivement une bouteille pleine d'eau dans un verre contenant également de l'eau, la bouteille ne perd pas une goutte de liquide; cela provient de la pression que l'air exerce sur le liquide du verre et par suite sur celui de la bouteille. On a constaté que l'eau contenue dans un tube de 6, 8, 10 mètres de longueur ne s'échappe pas davantage; mais qu'au delà de ces dimensions la colonne d'eau ne se maintient pas à une plus grande hauteur que $10^m,33$; ce qui veut dire que la **pression atmosphérique** fait équilibre au poids d'une colonne d'eau de $10^m,33$ de hauteur. Si on remplace l'eau par un liquide beaucoup plus lourd, le *mercure**, par exemple qui pèse 13 fois 1/2

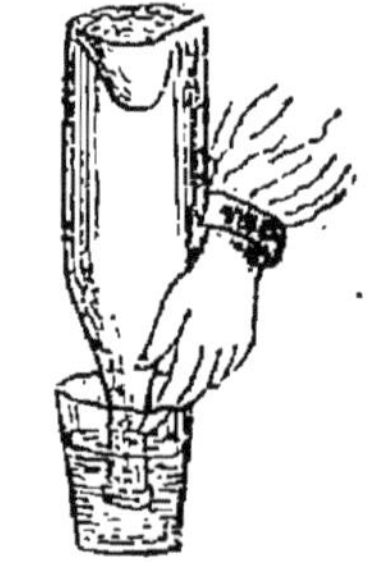

Une bouteille pleine d'eau, renversée dans un verre ne perd pas une goutte de liquide.

13.

plus que l'eau à volume égal, la colonne sera nécessairement 13 fois 1/2 moins élevée. Le **baromètre** se construit d'après ces principes; il se compose d'un tube de 85 centimètres environ de longueur qu'on a rempli de mercure et renversé, par sa partie ouverte, dans une cuvette contenant également du mercure. Le mercure a abandonné la partie supérieure qui forme une chambre **barométrique** vide d'air. L'appareil ainsi préparé se fixe sur une planchette graduée en centimètres et contenant les indications suivantes : *très sec, beau fixe, beau, variable, pluie* ou *vent, grande pluie, tempête,* lesquelles sont établies de manière que le mot *variable* soit à la hauteur barométrique moyenne du lieu de l'observation et que les mots très sec et tempête soient l'un à 25 millimètres au-dessus, l'autre à 25 millimètres au-dessous de la division marquée *variable*. — On sait d'ailleurs que la pression atmosphérique moyenne est *ordinairement* de 760 millimètres au niveau de la mer et qu'elle diminue *à peu près* de un millimètre par dix mètres d'altitude pour les différents lieux. — Les indications sur les prévisions du temps sont basées sur ce fait que la pression atmosphérique varie avec les courants qui s'établissent dans la masse de l'air Elles sont parfois fort exactes, mais il ne faut pas toujours y attacher une trop grande importance, si surtout la colonne mercurielle s'élève très rapidement, de plus de un centimètre, par exemple, en un jour. — On vend, dans le commerce, des baromètres de différentes formes, mais tous remplissent le même but que celui qui vient d'être décrit. — La **pipette** ou **tâte-vin**, la **seringue***, les **pompes*** sont, comme le baromètre, des instruments dont la construction est basée sur la pression atmosphérique de l'air.

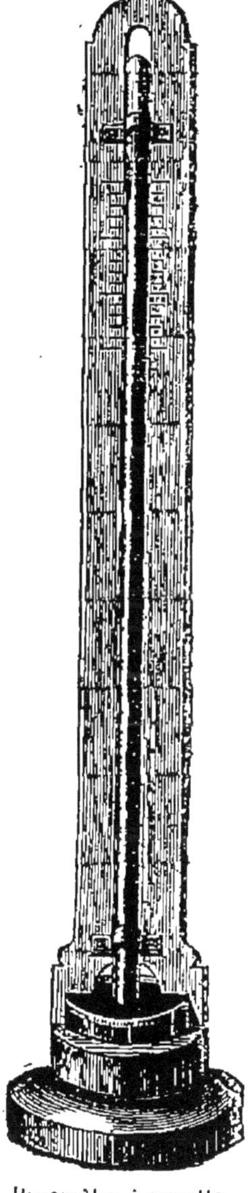

Baromètre à cuvette.

Barres : voir, pour les explications de ce jeu et de tous ceux qui sont indiqués dans les promenades scolaires, le *Bulletin de la Ligue nationale de l'éducation physique.*

Bascule : Tous les corps sont pesants, c'est-à-dire qu'ils exercent tous une pression sur les objets qui les soutiennent; mais tous n'exercent pas la même pression, soit à cause de leurs différents volumes, soit à cause de la diverse composition de leur masse : les

balances et les **bascules** sont des instruments destinés à évaluer le poids des corps. — Tout le monde sait comment est construite la balance. — La *bascule* est une sorte de balance formée d'un plateau P, attaché à l'extrémité d'un levier*, destiné à recevoir les poids, et d'une plate-forme AB établie sur différents leviers disposés de telle sorte, qu'un

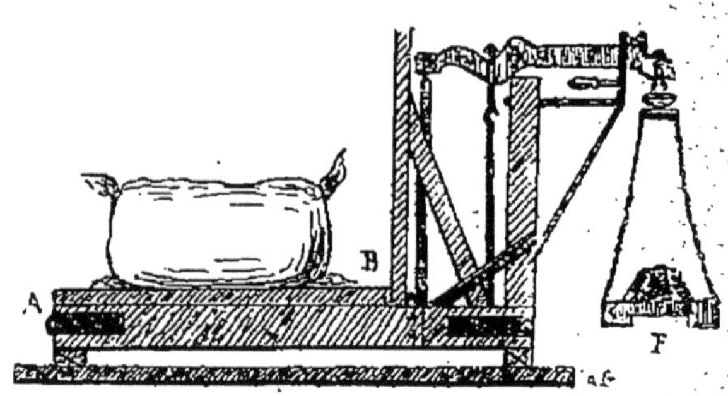

Une bascule.

objet posé dessus, fait équilibre à un poids dix fois moindre placé dans le plateau.

Base : substance qui a la propriété de colorer en vert les violettes et de se combiner avec un acide pour former un sel ; exemple : la potasse qui en se combinant avec l'acide sulfurique forme du sulfate de potasse.

Batraciens : Les batraciens ou *amphibiens* sont des vertébrés à peau nue qui subissent des changements particuliers ; ils naissent d'œufs pondus dans les eaux et sont pendant quelque temps essentiellement aquatiques ; puis ils deviennent aériens en grandissant. Les principaux sont la *grenouille*, le *crapaud*, la *rainette*, la *salamandre*.

Beurre : corps solide et facilement fusible qui est produit par l'assemblage des corpuscules gras tenus en suspension dans le lait.

Bielle : pièce d'une machine qui sert à communiquer le mouvement.

Billon : bandes de terre étroites et parallèles, séparées les unes des autres par d'étroits fossés.

Binage : action par laquelle on remue la couche superficielle d'un sol dont les plantes sont déjà un peu développées.

Bisannuelle (plante) : qui met deux ans pour fleurir et fructifier.

Biseau : bord d'un objet coupé obliquement.

Blanc (cautériser à) : brûler avec un fer qu'on chauffe jusqu'à ce qu'il devienne blanc.

Blanchir une plante verte : soustraire une plante verte à l'action de la lumière du soleil, cette lumière étant nécessaire à la production de la matière colorante verte des plantes. Les salades blanchies deviennent plus succulentes et perdent en partie leur amertume.

Bonde : bouchon en bois qui sert à fermer le trou rond par lequel on remplit un tonneau.

Borraginées : voir **Familles végétales**.

Bouse : excrément à demi solide de la vache et du bœuf.

Boussole : La boussole est un petit appareil dont la pièce principale est une aiguille posée sur un pivot, et dont la construction est basée sur la propriété que possède l'*aiguille aimantée* de se diriger toujours vers le nord. Les aimants se fabriquent avec une sorte de minerai de fer qu'on trouve en particulier près de Magnésie en Asie Mineure. Mais on se sert d'ordinaire des aimants obtenus en frottant une barre d'acier pur sur un bon aimant, ou bien en aimantant de l'acier par l'électricité. — L'aimant a, de plus, la propriété d'attirer le fer. Les aimants obtenus par l'électricité sont en fer et non en acier; on les appelle **électro-aimants**; ils s'aimantent à volonté et sont seuls employés en télégraphie.

L'aimant attire le fer.

Bronchite : inflammation des **bronches**, c'est-à-dire des rameaux de la trachée-artère qui se rendent dans les poumons.

Brou de la noix : enveloppe verte de la noix quand elle est sur l'arbre; cette enveloppe correspond à la partie charnue qu'on mange dans la pêche et dans la prune.

Brouette : petit tombereau à une roue qu'un homme peut rouler.

Bruyères : terrains couverts d'arbustes de ce nom.

Bulle gazeuse : globule gazeux qui s'élève dans un liquide pour venir crever à la surface.

Butiner : prendre deçà et delà quelque chose.

Buttage : opération de culture dans laquelle on fait une butte* de terre au pied d'une plante. Les buttages facilitent la formation des tubercules de la pomme de terre.

Butte de terre : petit amas de terre plus ou moins conique.

Butter : procéder au buttage*.

C

Cailler : se dit de la transformation que subit la caséine ou élément azoté du lait, quand il se solidifie sous l'influence des acides ou de la présure. La caséine solidifiée sert à fabriquer les **fromages**.

Calciné : qui a été desséché à une chaleur très élevée.

Caprifoliacées : voir Familles végétales.

Capsule : enveloppe qui renferme les graines de certaines plantes.

Carbonate : sel dont l'élément acide est l'*acide carbonique*. Les principaux carbonates sont le **carbonate de chaux** ou *calcaire* et le

carbonate de soude qu'on emploie sous forme de cristaux* dans le lessivage et dans la fabrication des savons et du verre communs.

Carde : instrument garni de dents de fer employé pour peigner les étoffes de laine.

Carnassiers : voir **Mammifères**.

Caryophyllées : voir **Familles végétales**.

Cassonade : sucre jaunâtre dont la préparation n'est pas encore complètement terminée.

Cataplasme : médicament de consistance molle qu'on applique sur la peau. Les cataplasmes préparés avec la farine de moutarde portent le nom de **sinapismes**; ces derniers doivent être préparés avec de l'eau *à peine tiède* et non avec de l'eau chaude.

Catarrhe : toux provoquée par un écoulement de liquide dû à l'inflammation des voies respiratoires.

Cautériser : désorganiser un tissu jusqu'à la transformation en croûte noirâtre de sa surface. L'*alcali volatil*, le *sulfate de cuivre* en cristaux et le *fer porté au rouge* s'emploient pour cautériser. Il en est de même de la **pierre infernale** ou *nitrate* d'argent*.

Centigrade : voir **Thermomètre**.

Chat coupé (*jeu*) : voir **Barres**

Chaton : fleurs qui sont groupées sur un même filet de manière à présenter quelque ressemblance avec une queue de chat.

Chlore : gaz verdâtre qu'on retire indirectement du sel marin. Le chlore est très employé comme désinfectant dans les hôpitaux, et comme décolorant pour blanchir les tissus et la pâte de papier. Il est employé en combinaison avec la chaux (**chlorure de chaux**) ou avec la potasse (**eau de Javel**).

Chlorures : sels composés de chlore* et d'un métal. Le *sel marin* est du **chlorure de sodium**.

Cire à greffer : voir **Mastic à greffer**.

Cisailles : ciseaux assez forts pour couper les branches d'un arbuste.

Claie : espèce de corbeille plate en osier et à claire-voie.

Coléoptères : voir **Insectes**.

Colons : On désigne particulièrement sous ce nom des individus qui se sont installés dans des pays éloignés de leur patrie pour y cultiver la terre, et qui ne sont pas de la même race que les hommes du pays où ils émigrent.

Colophane : sorte de résine avec laquelle on frotte les crins d'un archet. C'est la résine de la térébenthine, privée de son essence* par la distillation*.

Combinaison : union intime de deux ou plusieurs corps, en proportion parfaitement définie, pour former un corps nouveau. Ex. : l'eau est une combinaison de deux volumes d'hydrogène, avec un volume d'oxygène. — Dans le mélange, les quantités peuvent varier et les corps ne changent pas de nature : l'air est un mélange.

Comestible : qui est propre à la consommation.

Compacte (substance): serrée et renfermant beaucoup de matière.

Composé (corps) : corps qui est formé par la combinaison de plusieurs corps simples. L'*acide carbonique* est un corps composé de *carbone* et d'*oxygène*.

Composées : voir Familles végétales.

Compresse : pièce de linge fin, plusieurs fois repliée, qu'on applique sur une partie malade, après l'avoir baignée parfois dans un liquide médicamenteux.

Concentrique: se dit de cercles ou de lignes courbes qui ont un même centre.

Conducteur (corps) : Les corps bons conducteurs de la chaleur et de l'électricité sont ceux qui permettent à la chaleur de se répandre rapidement au loin dans leur substance et à l'électricité de s'y propager rapidement. Les métaux sont *bons conducteurs* et les métalloïdes *mauvais conducteurs*.

Conifères : voir Familles végétales.

Contaminé: atteint d'une maladie contagieuse.

Cosses : enveloppe du fruit ou *légume* qui contient les graines des plantes de la famille des légumineuses*.

Cotylédons : premières feuilles qui se forment sur la tigelle de l'embryon, dans la graine. Les cotylédons sont parfois gorgés de matière nutritive ; ce sont eux qui forment presque toute la graine du haricot.

Courge: fruit d'une plante de la même famille que la citrouille.

Cristallisation: On dit qu'une substance est cristallisée, quand elle prend la forme de **cristaux**, c'est-à-dire de corps solides aux formes régulières et géométriques. La cristallisation peut s'effectuer par trois procédés: 1º par la *dissolution*. Ex. : on fait dissoudre en quantité aussi grande que possible de sel marin dans l'eau, puis on fait disparaître l'eau par évaporation, et il reste du sel marin en cristaux; 2º par *fusion*. Ex.: On fait fondre du soufre par le feu, on le laisse refroidir, puis on le verse lentement quand il est liquide; il reste des aiguilles cristallisées sur les parois du vase; 3º par *sublimation*. Ex. : On réduit en vapeur de l'iode * par le feu, puis on laisse refroidir, les vapeurs se déposent en cristaux.

Crottin : excrément solide, produit par le cheval et le mouton.

Crucifères : voir Familles végétales.

Crustacés : Les crustacés sont des *articulés* ordinairement aquatiques, à peau très dure, qui ont en général de nombreuses paires de pattes et qui se distinguent des insectes, des myriapodes et des arachnides, par leur appareil respiratoire propre à l'absorption de l'oxygène de l'air contenu dans l'eau. Les principaux sont les *crabes*, les *écrevisses*, les *cloportes*.

Cucurbitacés : voir Familles végétales.

Cuivre (sulfate de): voir Métaux.

Curines : produits du nettoyage des fossés.

D

Dalle : tablette de pierre destinée au pavage, se dit aussi des dalles comme synonyme de dallage.

Décoction : opération qui consiste à faire bouillir une substance dans un liquide pour en extraire les produits médicamenteux.

Décomposition : phénomène chimique dans lequel un corps composé se sépare en ses éléments. Quand on porte le carbonate de chaux, par exemple, à une haute température, il se décompose en *chaux* et en *acide carbonique*.

Degré : (voir Thermomètre).

Déliter (se) : se réduire en poussière.

Dépiquage : action de faire sortir les grains des épis en les faisant

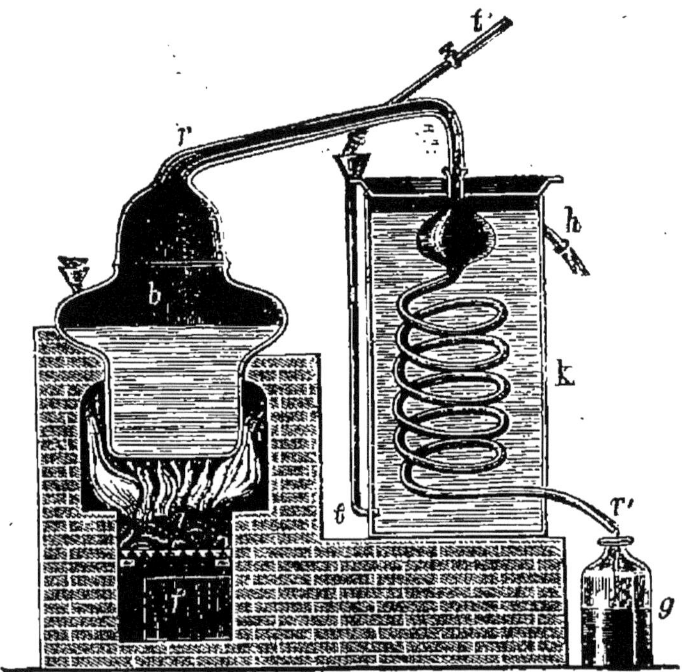

Un alambic.

piétiner par les animaux après avoir étendu les gerbes déliées sur une aire bien battue.

Dépuratives (Plantes) : qui peuvent rendre le sang plus pur.

Dessiccation : action de faire sécher.

Diarrhée : maladie dans laquelle les excréments* sont fréquemment rejetés au dehors et sous une forme presque liquide.

Digues : obstacles pour empêcher les eaux d'envahir les lieux environnants.

Diptères : voir Insectes.

Disque : corps cylindrique et aplati comme un palet ou une pièce de monnaie.

Dissoudre : faire disparaître un solide dans un liquide ; le sucre, le sel se dissolvent dans l'eau.

Distillation : opération par laquelle on sépare d'un liquide, par le moyen de la chaleur, les éléments qui se réduisent le plus facilement en vapeur. Les vapeurs refroidies se transforment ensuite en liquide.

On se sert pour la distillation d'un appareil appelé **alambic**. L'alambic se compose d'une *chaudière b*, dont le couvercle appelé *chapiteau* se continue par un tube *r* qui s'enroule en tire-bouchon dans une cuve remplie d'eau froide, et appelée pour cela *réfrigérant k ;* la portion du tube enroulée en tire-bouchon reçoit le nom de *serpentin*.

La chaudière repose sur un foyer *f* et on la remplit en partie du liquide qu'on veut distiller. Si c'est du vin, par exemple, il suffira de chauffer jusqu'à 80° environ, pour séparer l'alcool du vin, car l'alcool de ce liquide bout à 78°, tandis que l'eau ne bout qu'à 100°. Les vapeurs d'alcool, refroidies par le réfrigérant, se transforment en alcool liquide dans le serpentin et s'écoulent à l'extrémité *r'* de ce dernier.

Diurne : voir Oiseaux.

Domestiques (animaux) : animaux élevés dans la maison, pour l'agrément ou pour l'utilité.

Dompter : soumettre à l'obéissance un animal ou un individu récalcitrant.

Double (fleur) : fleur dont les étamines se transforment en pétales. Le dahlia et la rose des jardins sont des fleurs doubles.

Douves : petites planches qui forment les parois latérales un peu bombées du tonneau.

Dunes : amas de sable qui s'étendent le long des côtes de la mer ou dans les déserts de sable tels que le Sahara.

E

Éborgner un bourgeon : supprimer un bourgeon.

Échéance : époque fixée pour le paiement d'une dette.

Échenilloir : instrument destiné à détruire les chenilles et surtout à enlever les toiles qu'elles tissent sur les arbres et où elles subissent leurs métamorphoses.

Éclats : fragments que l'on obtient en séparant avec force les tiges qui croissent au pied d'un végétal.

Effervescence : bouillonnement qui se produit quand un gaz se dégage dans un liquide en petites bulles * nombreuses.

Engrenage: ensemble de roues à dents qui se font mouvoir les unes les autres.

Épervier (jeu) : voir barres.

Éphémère: qui ne vit que peu de temps.

Érysipèle : inflammation de la peau accompagnée de rougeur et de fièvre.

Essence : corps ordinairement liquide et huileux qui s'évapore très rapidement et répand une odeur forte et plus ou moins agréable. La plupart des fleurs doivent leur odeur à des essences qui sont employées en parfumerie.

Éteindre (la chaux): on prépare la chaux en calcinant la pierre calcaire dans des fours fortement chauffés. La chaux, telle qu'elle sort du four, reçoit le nom de **chaux vive**; quand on la met en contact avec de l'eau, elle s'échauffe, tombe en poussière, *fuse*, comme on dit, et se transforme ainsi en **chaux éteinte**. Éteindre la chaux, c'est par conséquent la soumettre à l'action de l'eau.

Étendu d'eau: affaibli par l'addition d'une certaine quantité d'eau.

Étuve: pièce que l'on maintient à une température plus ou moins élevée.

Excrément: résidu des aliments rejeté par le tube digestif.

Exsudation: action d'exsuder*.

Exsuder : sortir comme la sueur à travers des pores.

F

Façons (en agriculture) : travaux qu'on donne à la terre pour favoriser le développement des plantes.

Faisceau : Assemblage d'objets réunis ou liés ensemble.

Falsifié : Altéré, dénaturé par un mauvais mélange.

Familles végétales. — On divise d'abord les végétaux en deux grandes catégories : les végétaux **à fleurs** et les végétaux **sans** fleurs. Ces derniers comprennent les champignons, les algues, les mousses et les fougères. Les premiers sont, selon la conformation de leurs fleurs, partagées en nombreuses familles dont les principales sont les suivantes :

1° *Dicotylédones*, c.-à-d. plantes dont les graines renferment deux cotylédons*.

   Amentacées : fleurs disposées en chatons et feuilles alternes tombant tous les ans; ex. : *bouleau, aune, charme, hêtre, châtaignier, chêne, noiselier;* — **Borraginées :** corolle à cinq pétales soudés renfermant cinq étamines et un seul style*; ex. : *grande consoude, bourrache, myosotis, héliotrope ;* — **Caprifoliacées :** corolle en forme d'entonnoir composée de cinq pétales auxquels sont attachées autant d'étamines et contenant un seul pistil ; ex. : *sureau, chèvrefeuille;* — **Caryophyllées :** fleurs régulières généralement à cinq sépales et à cinq pétales, à styles libres et à feuilles opposées; ex. : *saponaire, œillet, silène, lychnis;* — **Composées** : fleurs formées d'une grande quantité de petites fleurs réunies sur un même plateau appelé *réceptacle;* ex : *pâquerette, seneçon, souci, camomille, chardon, laitue, salsifis, artichaut;* — **Crucifères** : fleurs à quatre pétales en croix, six étamines dont deux plus courtes que les autres; ex.: *pastel, giroflée, bourse-à-pasteur, julienne, cameline, radis, moutarde, cresson;* — **Cucurbitacées** : fleurs dont le calice et la corolle sont formés de cinq parties soudées ensemble; fleurs mâles contenant 5 étamines et fleurs femelles renfermant un ovaire adhérent au fond de la corolle et muni de plusieurs styles; ex. *melon, citrouille, concombre, bryone;* — **Labiées** : Tige carrée garnie de fleurs à deux lèvres et dont le fruit est semblable à celui des *Borraginées;* ex. : *lamier, menthe, sauge, thym, mélisse, sarriette, lavande;* — **Légumineuses** : corolle formée de cinq pétales irréguliers dont les deux inférieurs soudés forment une *carène*, les deux latéraux des *ailes* et le supérieur un *étendard;* ex. : *pois, genêt, fève, haricot, ajonc, luzerne, trèfle, vesce, lentille, gesse;* — **Malvacées** : fleurs à double calice; ex. : *guimauve et mauve;* — **Ombellifères** : plantes dont les fleurs réunies en tête forme un groupe semblable à une sorte de parapluie retourné par le vent; ex. : *persil, fenouil, ciguë, cerfeuil, angélique, carotte;* — **Papavéracées** : fleurs à quatre pétales, étamines nombreuses; ex. : *chélidoine, pavot, coquelicot;* — **Polygonées** : fleurs formées d'une seule enveloppe, fruit ne s'ouvrant pas, feuilles alternes munies d'une gaîne à leur base; ex.: *oseille, sarrasin, renouée;* — **Renonculacées** : corolle et calice souvent formés de cinq folioles, nombreuses étamines, plusieurs ovaires surmontés chacun d'un style, ex. : *renoncule, anémone, nigelle, dauphinelle, aconit;* — **Résédacées** : fleurs en grappes à l'extrémité des tiges, irrégulières et à pétales profondément divisés; ex. : *réséda, gaude,* — **Rosacées** : fleurs à cinq pétales et à cinq sépales et qui renferment souvent une quantité innombrable d'étamines fixées sur le calice; ex. : *amandier, pêcher, abricotier, prunier, cerisier, ronce, fraisier, néflier, sorbier, poirier, pommier;* — **Solanées** : fleurs formées de cinq sépales réunis entre eux à la base, de cinq pétales soudés, de cinq étamines insérées à la base de la corolle au point où les pétales se joignent et d'un seul pistil; ex. : *pomme de terre, aubergine, tomate, tabac, bouillon blanc, douce-amère, belladone, pomme épineuse, jusquiame, morelle noire* ou *tue-chien.*

2° *Monocotylédones*, c.-à-d. plantes dont les graines n'ont qu'un seul cotylédon* :

Graminées : fleurs groupées en épis; ex.: *blé, seigle, orge, maïs, ivraie, chiendent, vulpin, brôme,* etc.; — **Liliacées** : fleurs régulières formées de trois ou six sépales et d'autant de pétales semblables, et renfermant six étamines; ex. : *ail, échalote, asperge, muguet, tulipe.*

3° *Polycotylédones*, c.-à-d. plantes dont les graines renferment presque toujours plus de deux cotylédons* :

Conifères : fleurs disposées en chatons*, fruits en cônes, arbres ordinairement toujours verts ; ex. : *pin, sapin*.

Fermentation : transformations qui se produisent sous l'influence des ferments*.

Ferments : substances qui activent la décomposition de certains corps organiques*.

Florifère : qui porte des fleurs.

Fluxion (de poitrine) : Inflammation des poumons produite par un afflux de sang dans ces organes.

Foie : grosse glande brune située à droite immédiatement au-dessous de la poitrine. La *bile* se forme dans le foie (voir fig. page 90, F.).

Fossile : on désigne généralement sous le nom de *fossile*, les plantes et les animaux qui ont été enfouis dans la terre et qui s'y sont transformés en pierre, tout en gardant leur forme primitive.

L'étude des fossiles se rattache directement à **l'histoire de la terre** que nous allons retracer très brièvement.

Autrefois, il y a des millions d'années, la terre se présentait sous la forme d'une sphère formée par une masse liquide, due à la fusion de tous les éléments qui constituent aujourd'hui le globe.

Sous l'influence du refroidissement, une croûte superficielle cristallisée* se forma à la surface de cette masse liquide et donna naissance à des *roches cristallines* plus ou moins bien litées* qui constituent les **terrains primitifs** (*gneiss, micaschistes, feldspaths*). La chaleur était encore très grande sur le globe et les êtres vivants ne pouvaient exister.

Le refroidissement allant en augmentant, les eaux répandues à l'état de vapeur dans l'atmosphère se réduisirent à l'état liquide et formèrent des océans très étendus qui attaquèrent le terrain primitif, en modifièrent plus ou moins la nature, et déposèrent à la surface, sous la forme de couches bien litées, des sédiments ou limons qui, peu à peu, se transformèrent en *roches sédimentaires* non cristallisées*. Les premiers êtres vivants se développèrent au début de cette période qui a été suivie par le dépôt des terrains primaires, secondaires, tertiaires et quaternaires.

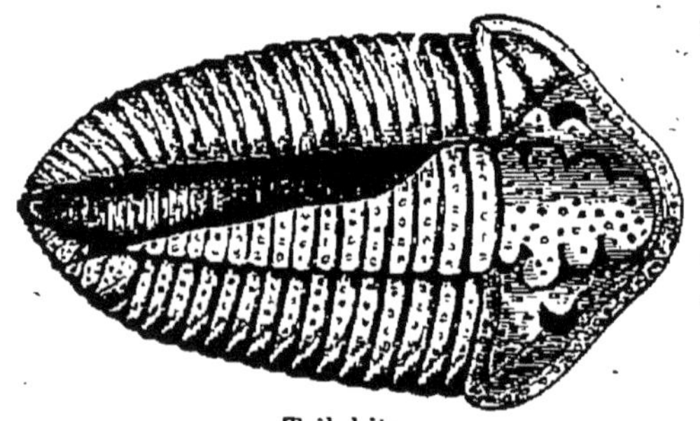

Trilobite.

(crustacé fossile des terrains primaires.)

L'*argile*, le *grès*, la *craie*, les *marbres*, les *calcaires grossiers*, les *schistes*, se sont formés durant cette période, ils sont, comme on dit, d'origine **aqueuse** (du latin *aqua*, eau).

Le *silex* et le *gypse* se trouvent fréquemment dans ces roches,
tandis que le *quartz* abonde dans les terrains de cristallisation.

En même temps que se déposaient les **terrains primaires**
(*époque primaire*), se développait une végétation puissante dont les
débris, enfouis dans le sol à l'abri de l'air, ont donné naissance aux
dépôts de **houille** utilisés aujourd'hui. Dans les couches carbonifères
où se déposait la houille, on trouve de nombreux insectes assez voisins des sauterelles et des libellules : mais avant ces animaux, dès le
début de l'époque primaire,
existaient déjà de nombreux
mollusques et surtout de très
curieux articulés auxquels on
a donné le nom de **trilobites**,
parce que leur corps est divisé
en trois lobes ou parties. On
trouvait aussi des poissons
dans les mers et vers la fin
de l'époque primaire, de gigantesques batraciens* se
traînaient péniblement sur les
rivages.

Les **terrains secondai-
res** qui se sont déposés ensuite

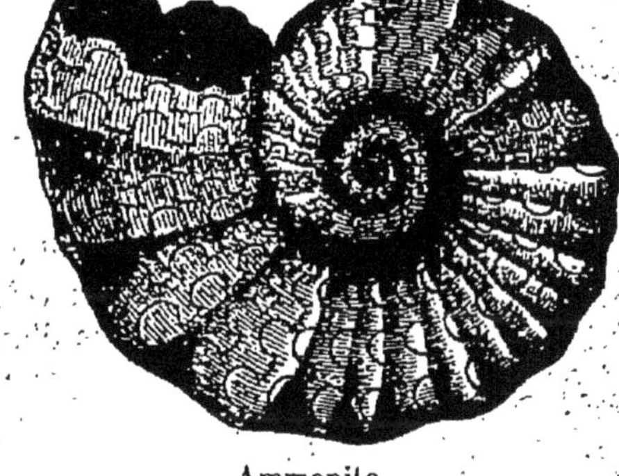

Ammonite.
(mollusque fossile des terrains secondaires).

(*époque secondaire*), ne renferment pas ou presque pas de houille,
mais un peu avant la fin de leur dépôt, à l'époque où les mers formaient

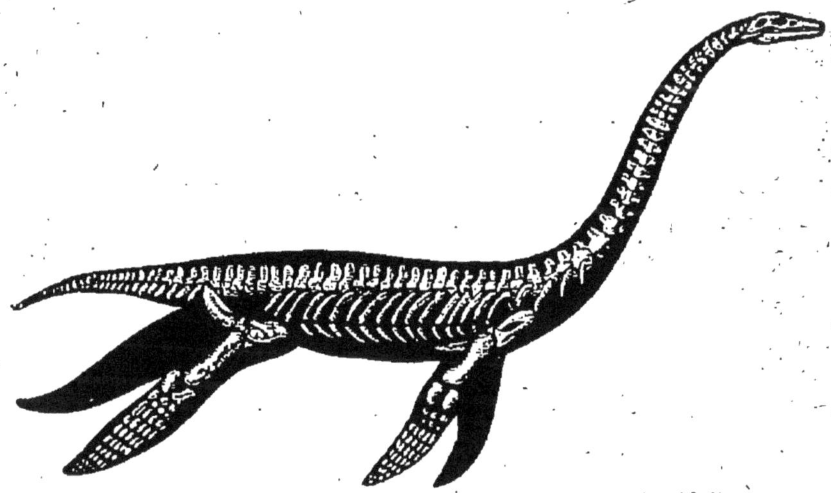

Plésiosaure (reptile fossile des terrains secondaires) ; très réduit.

les sédiments de la **craie**, les végétaux à fleurs, qui n'avaient pas encore
fait leur apparition, se développèrent sur les continents émergés.

L'époque secondaire est caractérisée par l'existence de nombreux et grands **reptiles** qui chassaient les uns dans les mers (*Ichthyosaures, Plésiosaures,*) les autres dans les airs (*Ptérodactyles*), d'autres enfin sur la terre ferme (*Iguanodons*); il y avait aussi dans les mers des mollusques bizarres dont on retrouve encore les coquilles et qui portent le nom d'**ammonites** et de **bélemnites**. Les oiseaux et les mammifères, encore peu nombreux, apparurent à cette époque.

Quand se déposèrent ensuite les **terrains tertiaires** (*époque tertiaire*), les mammifères et les oiseaux devinrent très nombreux et remplacèrent les grands reptiles de l'époque secondaire. Des

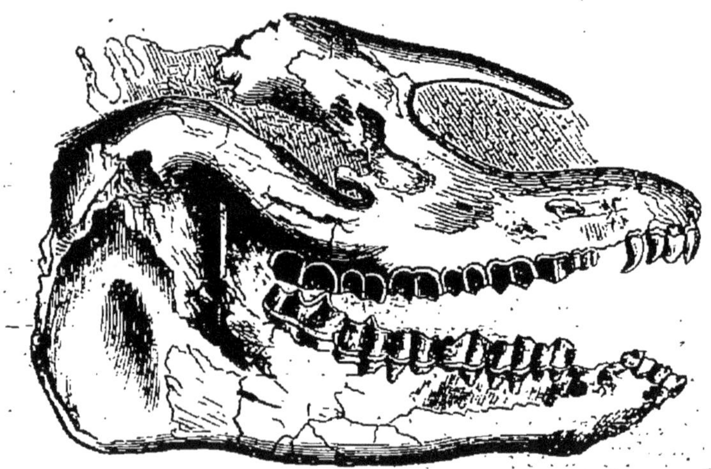

Tête fossile d'un mammifère des terrains tertiaires.

Ruminants et de grands mammifères voisins de l'éléphant devinrent très communs et quelques-uns prirent des formes et des dimensions remarquables; le **Mastodonte**, par exemple, était un énorme éléphant ordinairement pourvu de quatre grandes défenses. La température était restée tropicale à la surface du globe jusque vers la fin de l'époque tertiaire, et vers le milieu de cette époque, la végétation de nos pays était exactement la même que la végétation actuelle des tropiques.

Le refroidissement qui se fit sentir vers la fin de l'époque tertiaire se continua pendant le dépôt des **terrains quaternaires** (*époque quaternaire*); les pluies devinrent très abondantes, les cours d'eau envahirent les vallées, et des glaciers immenses descendirent des montagnes vers les plaines désagrégeant considérablement les diverses roches. Les animaux des pays chauds furent chassés et les grands éléphants (**mammouths**) qui l'habitaient encore se recouvrirent d'une épaisse toison; le froid allant en augmentant, le **renne**, aujourd'hui relégué vers les pôles, se répandit jusque dans nos contrées. C'est alors qu'apparut l'**homme** pour la première fois, et il fut souvent obligé de se réfugier dans les cavernes pour s'abriter contre le froid et pour mieux se protéger contre ses ennemis. Enfin,

Mammouth (espèce d'éléphant qui vivait à l'époque quaternaire).

quand la température redevint plus douce et assez semblable à celle de nos jours, l'homme s'établit sur le bord des lacs (*habitations lacustres*); il se livra à la pêche, dompta les animaux sauvages et, se civilisant de plus en plus, entreprit la culture de la terre, se répandit dans les campagnes et finit par fonder des sociétés bien constituées.

Pendant que s'effectuaient les différents dépôts des

Un village lacustre.

terrains sédimentaires, la masse liquide centrale, enfermée sous la croûte du globe, trouvait parfois issue et donnait naissance à des **éruptions** analogues à celles de nos volcans. Les liquides rejetés par ces éruptions se sont solidifiés pour fonder des **roches cristallines ignées** (du latin *ignis*, feu) assez semblables à celles des terrains primitifs, mais non litées. Les éruptions de l'époque primaire ont donné naissance au *granit* et au *porphyre* ; celles de l'époque tertiaire aux *basaltes* ; celles de l'époque quaternaire à des *laves* semblables à celles que vomissent encore de nos jours les volcans. Les éruptions ont été très rares pendant l'époque secondaire.

Foulure : distension dans l'articulation d'un membre. Les foulures non soignées sont généralement suivies de violentes inflammations. *L'entorse* est une foulure très violente.

Foyer : lieu où l'on fait ordinairement du feu.

Franklin : (1706-1790) célèbre homme d'État américain, inventa le paratonnerre et écrivit un ouvrage populaire intitulé la *Science du Bonhomme Richard*.

Friction : frottement plus ou moins énergique.

Fructifère : qui produit des fruits.

Fumigation : production d'une vapeur ou d'une fumée pour désinfecter ou pour produire une odeur agréable.

Furoncle : petit mamelon enflammé terminé par une saillie ; le furoncle se développe à la surface du corps et finit par donner naissance à un écoulement de pus ; il est vulgairement désigné sous le nom de *clou*.

Futaille : tonneau destiné à renfermer une boisson.

G

Galipot : résine renfermant peu d'essence et à peu près solide. Le galipot est tiré du pin et sert à enduire les navires.

Gargarisme : médicament liquide avec lequel on se rince la gorge.

Gastrique (follicule) : petit enfoncement glandulaire dans les parois de l'estomac. Le suc gastrique rend assimilables les aliments azotés.

Gaule : perche longue et peu grosse.

Gaz : substance de la nature de l'air.

Gélatine : matière que l'on obtient sous forme de gelée en faisant bouillir les os, la peau et les cartilages des animaux. La colle de poisson obtenue par la dessiccation de la vessie natatoire de certains poissons, et particulièrement de l'esturgeon, est de la *gélatine* presque pure.

Glande : organe chargé de la formation ou de l'évacuation de certains liquides organiques.

Gloussements : cris de la poule qui veut couver ou qui appelle ses petits.

Glucose : sucre qui se trouve dans le raisin, et qu'on prépare avec l'amidon ou la fécule ; il est beaucoup moins sucré que le sucre ordinaire.

Gouge : outil de fer qui se termine par une gouttière tranchante sur les bords et dont on se sert pour cueillir les asperges.

Graminées : voir Familles végétales.

Guéret : champ labouré mais non ensemencé.

H

Happer à la langue : s'attacher à la langue.

Hémiptères : voir Insectes.

Hémorragies : écoulement du sang produit par la rupture de quelque vaisseau sanguin.

Herbacé : qui a la consistance de l'herbe. (Voir **ligneux**).

Hermétiquement fermé : fermé aussi parfaitement que possible.

Hernie : tumeur causée par la sortie, hors de sa cavité naturelle, d'un organe quelconque du corps et notamment d'une partie de l'intestin.

Hydraulique (machine) : machine mise en mouvement par les eaux ou destinée à les conduire.

Hyménoptères : voir Insectes.

I

Imperméable . qui ne se laisse pas traverser par un liquide.

Indigène : qui est du pays.

Infiltration : action de pénétrer entre les interstices d'un corps.

Infusion : opération qui consiste à jeter de l'eau bouillante sur un produit médicamenteux.

Insecticide : qui tue les insectes.

Insoluble : qui n'est pas soluble dans un liquide.

Insectivores : voir Mammifères.

Insectes : Les insectes sont des *articulés* dont la tête, le thorax et l'abdomen sont parfaitement distincts. Ils ont trois paires de pattes et se divisent en plusieurs groupes : les *coléoptères*, les *orthoptères*, les *hémiptères*, les *névroptères*, les *hyménoptères*, les *lépidoptères*, les *diptères*.

Les **coléoptères** ont quatre ailes dont les deux supérieures, dures et cornées, (*élytres*), recouvrent les inférieures qui sont pliées transversalement : *hanneton, capricorne, criocère*, etc. — Les **orthoptères** ont les ailes inférieures plissées longitudinalement et des élytres molles : *forficule, sauterelle*. — Les **hémiptères** sont caractérisés par l'absence de mandibules, lesquelles sont remplacées par un suçoir solide et dur : *pou, punaise, puceron*. — Les **névroptères** ont quatre ailes membraneuses semblables traversées par des nervures en réseau. Ils sont pourvus d'une bouche propre à broyer les insectes : *libellule, agrion*. — Les **hyménoptères** ont quatre ailes membraneuses semblables, à nervures grossières, et sont pourvus de mandibules et d'un suçoir mou : *guêpe, bourdon, fourmi*. — Les **lépidoptères** comprennent tous les *papillons*; ils ont quatre ailes semblables recouvertes d'une sorte de poussière et sont pourvus d'une trompe enroulée. — Les **diptères** n'ont que deux ailes et sont pourvus d'une trompe et de stylets pour piquer *taon, œstre, mouche à viande*.

Intempéries : changement subit de température.

Interstice : petit espace qui se trouve entre les molécules d'un corps ou bien entre plusieurs objets entassés.

Invertébrés (animaux) : les animaux invertébrés sont ceux dont le corps n'est pas soutenu à l'intérieur par un squelette formé de vertèbres. Les invertébrés forment plusieurs grands groupes:

1º Les *Articulés*, dont les pattes sont formées d'articles (abeille, mille-pattes, araignée, écrevisse.)

2º Les *Vers*, dont le corps est allongé, mou et dépourvu de coquille (sangsues, vers intestinaux, vers de terre).

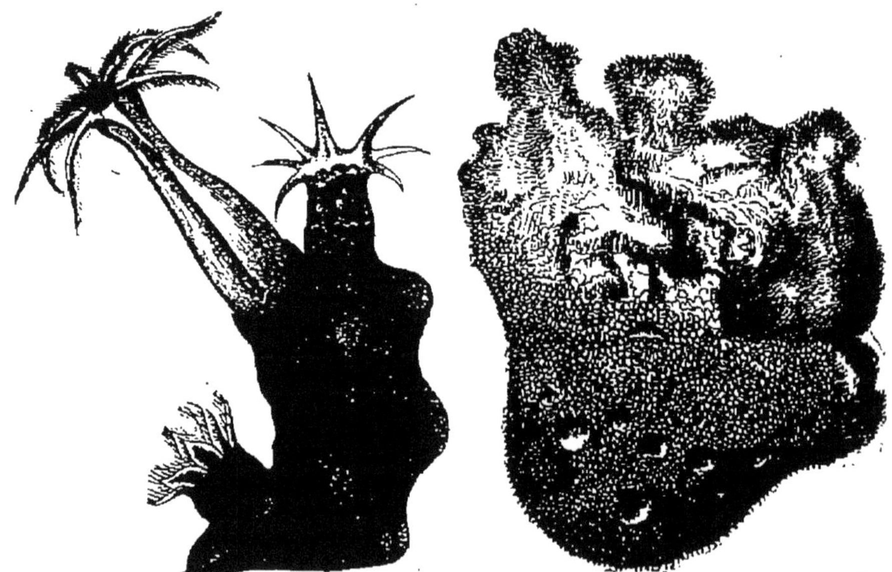

Polypes du corail, grossi 2 fois.   Éponge.

3º Les *Mollusques* dont le corps mou est ordinairement protégé par une coquille plus ou moins dure (escargot, limace, huître).

4º Les *Polypes* qui ressemblent à des plantes ou à des fleurs (corail, étoile de mer)

5º Les *Éponges* dont le corps est criblé de trous.

6º Les *Protozoaires* animaux microscopiques qui vivent dans les eaux et dans les infusions.

Iode : métalloïde* solide, brillant, à odeur forte, qui se trouve dans les eaux de la mer, les plantes marines et l'huile de foie de morue.

14

L'iode purifie le sang et agit comme médicament réparateur ; il colore en bleu l'amidon.

J

Jauge : terme de jardinage par lequel on désigne les trous que l'on fait pour planter les arbres, ou les espèces de fossés que l'on pratique pour faciliter les labours à la bêche.

Juchoirs : espèces d'échelles sur lesquelles se perchent les poules pour dormir.

L

Labiées : Voir Familles végétales.

Landes : terrains vastes complètement incultes.

Lavement : remède liquide qu'on introduit dans l'intestin par l'anus.

Légumineuses : Voir Familles végétales.

Lépidoptères : Voir Insectes.

Léthargie : état dans lequel se trouve un être animé qui dort d'un sommeil tellement profond qu'il paraît privé de vie.

Leviers : on désigne sous le nom de *levier* un objet destiné à exercer, par son emploi, une force plus ou moins considérable ; on en distingue trois sortes. Le **levier du premier genre** est celui dans lequel le point d'appui est placé entre la puissance et la résistance, ex. : le *sécateur*, la *bêche*. Le **levier du deuxième genre** est celui dans lequel la résistance est entre le point d'appui et la puissance ; ex. : la *brouette*. Dans le **levier du troisième genre**, la puissance est entre le point d'appui et la résistance ; ex. ; les *pincettes*.

Levûre de bière : la levûre de bière est un petit champignon microscopique qui transforme le sucre en alcool. C'est la levûre de bière qui rend alcoolique le moût sucré du raisin ; c'est elle qui agit sur la matière sucrée qui se développe dans la pâte sous l'influence de la diastase du grain. La transformation du sucre en alcool établit

Levier du premier genre : P, puissance ; A, point d'appui ; R, résistance.

li accompagnée d'un dégagement d'acide carbonique, ce gaz boursoufle et fait *lever* la pâte.

Libérale (profession) : se dit d'une profession dans laquelle l'intelligence a plus de part que le corps, par opposition à *profession manuelle*.

Ligature (faire une) : action de lier ; serrer un corps avec un lien.

Ligneux : de la nature du bois.

Liliacées : voir **Familles végétales**.

Limoneuse (eau) : eau qui tient en suspension des *limons*, c'est-à-dire des substances solides.

Liquides : on entend par corps liquides ceux dont les molécules se déplacent au moindre mouvement de manière à présenter une surface libre horizontale lorsque le corps est laissé à lui-même. Prenons un long tube de caoutchouc, muni à chacune de ses extrémités d'un petit tube de verre, et remplissons d'eau notre petit appareil. Au moyen de divers déplacements dans la position de nos deux tubes de verre nous pourrons prouver : 1° que, dans des vases qui communiquent entre eux, le niveau du liquide se trouve toujours sur un même plan horizontal (principe du niveau d'eau et du jet d'eau) ; 2° que les liquides s'écoulent avec d'autant plus de force que la distance verticale entre l'ouverture inférieure du vase et le niveau du li-

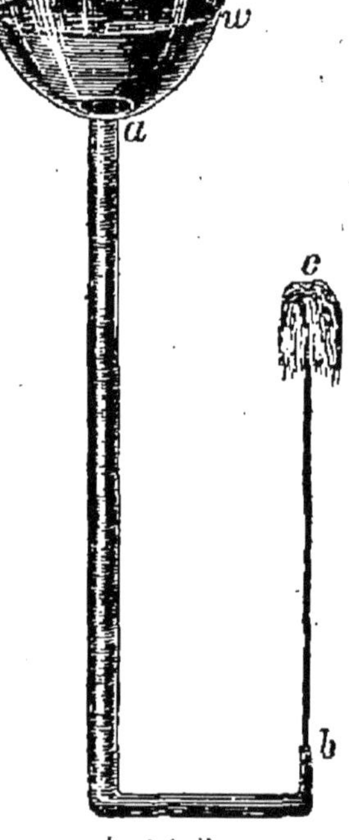

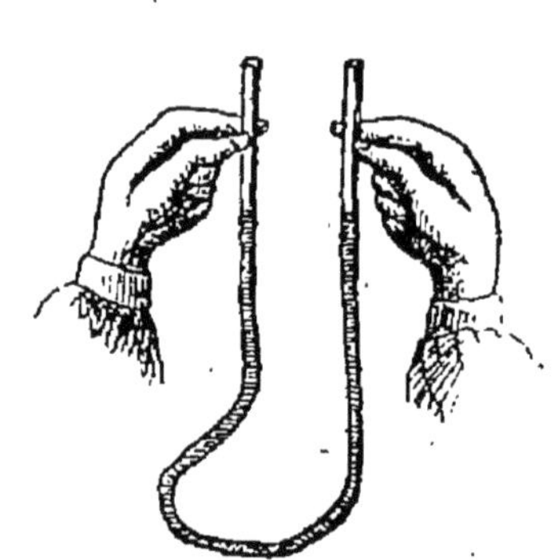

Le niveau du liquide se trouve sur un même plan horizontal.

Le jet d'eau.

quide est plus grande, autrement dit que la poussée dépend et de la densité du liquide, et de la hauteur de sa masse.

Litées : disposées par couches régulières.

Lotion : lavage léger d'une surface avec un linge imprégné de liquide.

Loupe : verre convexe qui grossit les objets qu'on regarde au travers.

Lune : la lune est une planète 49 fois plus petite que la terre autour de laquelle elle tourne en vingt-neuf jours et demi. Quelques-uns lui attribuent à tort une influence sur la végétation, sur la santé et sur la température. La lune exerce seulement une action sur les eaux de la mer (*marées*), par suite des lois générales d'attraction qui gouvernent les astres et qui se font particulièrement sentir sur les masses liquides. Elle a, en outre, la propriété de nous renvoyer, à la façon d'un miroir, la lumière qu'elle reçoit du soleil.

Luthier : fabricant d'instruments de musique à cordes.

M

Mâchoire : partie osseuse de la tête dans laquelle sont implantées les dents.

Macération : immersion d'une substance dans un liquide *froid* qui enlève les principes solubles.

Madrier : poutre très puissante et ordinairement en chêne ou en sapin.

Malvacées : voir Familles végétales.

Mamelle : glande qui secrète le lait chez les mammifères.

Mammifères : les mammifères, animaux vertébrés qui élèvent leurs petits avec le lait de leurs *mamelles*, se divisent en plusieurs ordres dont les principaux sont : les **bimanes** à deux mains (*homme*) ; les **quadrumanes**, dont les quatre membres sont terminés par des mains (*singes*) ; les **chéiroptères**, dont les membres sont réunis par une peau qui leur permet de voler (*chauve-souris*) : les **insectivores**, qui vivent d'insectes (*taupe, hérisson, musaraigne*) ; les **carnassiers**, ou mangeurs de chair (*chien, hyène, chat, ours, blaireau, fouine, loutre, phoque, morse*) ; les **rongeurs** aux incisives longues et taillées en biseau (*rat, castor, marmotte, loir, lapin, écureuil*) ; les **édentés** dont les dents manquent parfois ou sont nombreuses et toutes semblables (*tatou, fourmilier*) ; les **pachydermes** dont la peau est très épaisse (*éléphant, hippopotame, cochon, cheval, âne*) ; les **ruminants**, qui ont la faculté de ramener dans leur bouche les aliments déjà avalés une première fois (*chameau, cerf, girafe, chèvre, bœuf, mouton*) ; les **cétacés**, qui ressemblent à des poissons mais qui respirent l'air, à la surface des eaux, à l'aide de poumons (*baleine, dauphin, cachalot*) ; les **marsupiaux** ou animaux qui abritent et nourrissent dans une poche située sous le ventre, les petits très faibles auxquels ils donnent naissance (*sarigue, kangourou*).

Manège : appareil mis en mouvement par la marche circulaire d'un cheval.

Maraichère (culture) : culture des plantes potagères.

Marqueterie : ouvrage façonné de morceaux de bois de différentes couleurs et représentant des dessins variés.

Mastic à greffer : pour recouvrir les plaies faites aux arbres que l'on vient de greffer en fente, on se sert de différentes compositions ; la plus simple est connue sous le nom d'*onguent de Saint-Fiacre* et est formée d'argile et de bouse de vache. On emploie aussi fort avantageusement les mélanges suivants que l'on a préalablement préparés à chaud : 1o cire et goudron en parties égales; 2o poix, 28 parties; cire, 16 parties; suif, 14 parties; argile, 14 parties.

Mercure : métal appelé aussi *vif argent*; le seul qui soit liquide à la température ordinaire.

Merrains : planches pour faire des douves de tonneau.

Métalloïdes : les métalloïdes sont des corps simples* comme les métaux*, mais ils n'ont généralement pas l'éclat métallique et conduisent mal la chaleur et l'électricité. En se combinant avec l'oxygène ils donnent ordinairement naissance à des oxydes* acides. L'acide sulfurique, par exemple, est un oxyde du soufre, l'acide carbonique est l'oxyde du charbon.

Métaux : les principaux métaux sont : comme métaux usuels, le fer, le cuivre, le plomb, l'étain, le zinc; comme métaux précieux : l'or, l'argent, le platine. Les métaux sont des corps simples, doués d'un éclat particulier et qui, combinés avec l'oxygène, forment ordinairement des bases. Si on jette quelques gouttelettes d'acide sulfurique sur de petites rognures de fer ou de cuivre, au bout de quelques jours on pourra constater que le métal s'est complètement transformé: le fer a donné un produit verdâtre, c'est le *sulfate de fer*; le cuivre, un composé bleuâtre, c'est le *sulfate de cuivre*. Le métal s'est d'abord, sous l'influence de l'acide, changé en oxyde de fer,

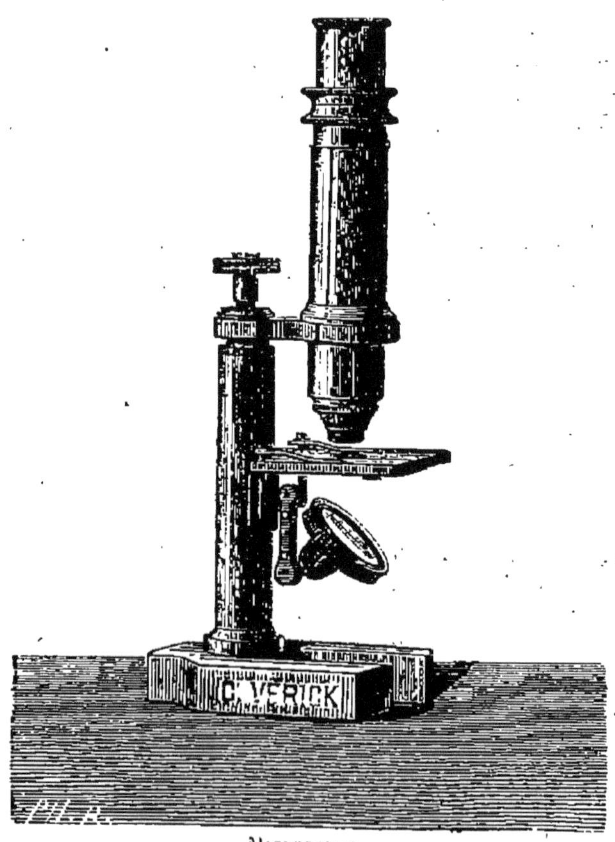

Microscope.

et ce dernier s'est combiné avec l'acide pour former le sel. Les métaux sont bons conducteurs* de la chaleur et de l'électricité.

Meule : gros disque de fer ou de pierre pour broyer les grains ; — gros tas de blé en gerbes, de paille ou de foin.

Microscope : le microscope est un instrument d'optique destiné à grossir considérablement les objets. Sa construction est basée sur les deux propriétés que possède la lumière de se *réfléchir* et de se *réfracter**. Tout le monde sait que la lumière (qui parcourt 308 000 kilom. par seconde) peut être réfléchie*, à l'aide d'un miroir, sur un objet que l'on veut particulièrement éclairer ; on sait en outre que lorsqu'elle passe à travers un corps transparent, elle a la propriété de changer de direction et que, lorsque les rayons lumineux traversent un verre bombé, les objets paraissent beaucoup plus gros ; le microscope est, d'après ces principes, composé de plusieurs lentilles de verre et d'un miroir.

Minuscule : très petit.

Moisissures : petits champignons qui, sous l'influence de l'air et de l'humidité, se développent sur les matières végétales et animales.

Moulu : réduit en poudre au moyen d'un moulin.

Mucilage : substance gluante que l'on tire de certains végétaux.

Muriatique (acide) : nom que l'on donne parfois à l'*acide chlorhydrique*, parce que le chlore est extrait du *chlorure de sodium* que l'on appelait autrefois *muriate de soude* (sel marin).

Mûrir un abcès : un abcès est mûr quand le pus qu'il contient est sur le point de s'écouler au dehors.

Myriapodes : les *myriapodes* appartiennent à la classe des *articulés* ; ce sont des animaux pourvus de nombreuses pattes.

N

Naphtaline : matière cristalline, incolore, qu'on obtient par la distillation* du goudron de houille.

Nectar : produit sucré ou mielleux sécrété par des glandes qu'on trouve dans un grand nombre de fleurs.

Névroptères : Voir Insectes.

Nitrate : corps formé par la combinaison de l'*acide azotique* ou *nitrique* avec une base* métallique quelconque.

Nocturnes (animaux) : animaux qui sortent surtout pendant la nuit. Les teignes et les pyrales parmi les papillons, et les hiboux parmi les oiseaux sont des animaux nocturnes.

Norias : machines destinées à l'élévation des eaux et composées de roues ou de chaînes munies de vases ou de godets.

Nutrition : action de nourrir.

O

Oblitérer un timbre : marquer un timbre d'une empreinte quelconque afin qu'il ne puisse pas servir une seconde fois.

Œil : bourgeon à feuilles ou à fleurs qui n'est pas encore développé.

Œsophage : l'œsophage est un conduit destiné à porter dans l'estomac les aliments réduits en pâte dans la bouche. Il est précédé d'un canal un peu plus large, appelé **pharynx**, qui forme comme une sorte d'arrière-bouche.

Oiseaux : les oiseaux sont des *vertébrés*. Ils sont divisés en plusieurs ordres plus ou moins importants : les *oiseaux de proie* ou mangeurs de chair ; les *gallinacés*, de la même famille que la poule, (poule faisan, paon, dindon, perdrix) ; les *pigeons* ; les *échassiers* aux jambes très longues, (cigogne, héron, bécasse) ; les *palmipèdes* qui ont les doigts des pieds réunis par une membrane (canard, oie, cygne) les *grimpeurs*, dont les pieds servent à grimper (coucou, pic) les *passereaux* et les *perroquets*. — Les **oiseaux de proie** sont *diurnes* (vautour, aigle, faucon, buse, épervier) ou *nocturnes* (chouette, hibou), selon qu'ils cherchent leur nourriture pendant le jour ou la nuit. Les **passereaux** sont les uns, *à gros bec*, comme le moineau, l'alouette, le pinson, la mésange, le chardonneret, le bouvreuil, la pie, le geai ; les autres *à bec fin*, comme la fauvette, le merle, le rossignol, la bergeronnette.

Ombellifères : Voir Familles végétales.

Ophthalmie : inflammation de l'œil.

Orage : si on frotte avec du drap bien sec un bâton de cire, un bâton de verre ou même une bande de papier, et si on approche ces corps de corps très légers, comme des fragments de papier, par exemple, on voit aussitôt ceux-ci se précipiter sur la cire, le verre ou le papier, grâce à l'*électricité* qui s'est développée. Mais l'électricité de la résine et celle du verre ne sont pas identiques ; l'une est dite *négative* et l'autre *positive*, et on trouve, dans la nature, ces deux sortes d'électricité. — Tout mouvement, toute action chimique donne naissance à de l'électricité : l'eau qui

Le bâton de verre frotté attire le papier.

s'évapore ou se vaporise est électrisée ; les nuages sont plus ou moins chargés de fluide électrique, les uns d'électricité négative, les autres d'électricité positive. Lorsque deux nuages d'électricités contraires se rapprochent ou lorsqu'un nuage fortement chargé d'électricité positive se trouve à proximité de la terre, il se produit une étincelle électrique, parce que *les corps chargés d'électricité contraires s'attirent*. Cette étincelle, c'est l'*éclair*, et le bruit qu'elle produit forme ce que l'on désigne sous le nom de *tonnerre*. Les éclairs et le tonnerre caractérisent les *orages* et sont ordinairement accompagnés d'un vent violent, de pluie et même de grêle. — Si l'étincelle a lieu entre un nuage et la terre, la foudre tombe, comme on dit. Or, l'électricité se propage rapidement par les corps bons conducteurs* et par les objets pointus ; il serait donc imprudent, pendant les orages, de chercher un refuge sous les arbres, près des poteaux et des fils télégraphiques et particulièrement sous les clochers. — Cette propriété que possède l'électricité de s'écouler facilement par les pointes a permis de construire les *paratonnerres* dont nous devons l'invention à Franklin*.

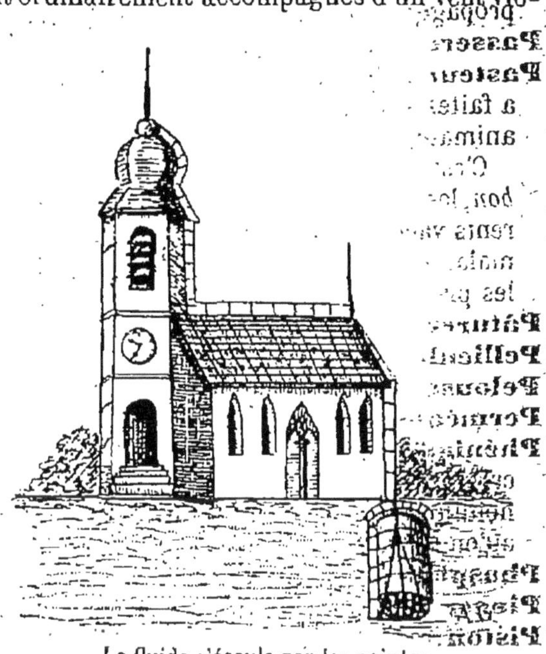

Le fluide s'écoule par les pointes.

Ordonnancement : arrangement, disposition.

Organe : partie d'un corps destinée à remplir certaines fonctions.

Organique : qui a des organes ; les animaux et les végétaux sont des corps organiques.

Orthoptères : voir Insectes.

Orteils : doigts des pieds.

Oxyde : Combinaison de l'oxygène avec un corps simple.

P

Palonniers : pièce de bois ou de fer à laquelle on attache les traits.

Panaris : saillie inflammatoire qui se développe sur les doigts ou sur les orteils*.

Pancréas : glande dont les conduits débouchent dans l'intestin à côté de ceux du foie et non loin de l'estomac. Le suc du pancréas rend assimilables les aliments azotés, les aliments féculents et les aliments gras (voir fig. de la page 90, P.).

Papavéracées : voir Familles végétales.

Pansages : travaux qui consistent à brosser et à étriller, à laver les animaux de la ferme.

Parasites (plantes, animaux) : plantes ou animaux qui croissent, se nourrissent et se développent aux dépens d'un autre être vivant.

Parmentier (1737-1813) : célèbre agronome et économiste qui propagea en France la culture de la pomme de terre.

Passereaux : voir Oiseaux.

Pasteur : chimiste français qui s'est illustré par les recherches qu'il a faites sur les principaux ferments * et sur certaines maladies des animaux.

C'est ainsi qu'il a trouvé le moyen de guérir les moutons du *charbon*, les poules du *choléra*, les hommes de la *rage*, en employant différents vaccins. C'est aussi lui qui a découvert les causes de diverses maladies s'attaquant aux vers à soie et qui a indiqué le moyen de les prévenir.

Pâturer : faire manger sur place l'herbe d'un pré.

Pellicule : petite peau très mince.

Pelouse : terrain couvert d'un gazon fin et serré.

Perméable : qui se laisse traverser par les liquides.

Phénique (acide) : L'acide phénique ou *phénol* est un acide solide et cristallisé, incolore quand il est pur, qu'on tire du goudron de houille. Il se dissout légèrement dans l'eau et c'est sous cette forme qu'on l'emploie pour arrêter la putréfaction et comme désinfectant.

Phosphatés (engrais) : engrais qui contiennent des phosphates.

Pincer (des rameaux) : enlever à la main leurs extrémités.

Piston : cylindre plein qui glisse à frottement doux dans un cylindre creux.

Plage : vaste terrain plat sur les bords de la mer.

Planète : astre qui se meut autour du soleil et qui réfléchit * sa lumière. La Terre est une planète ; elle effectue sa révolution autour du soleil en une année.

Poissons : les poissons sont des vertébrés essentiellement aquatiques et qui respirent, au moyen d'organes lamelleux appelés *branchies*, l'oxygène de l'air contenu dans l'eau. On en trouve de formes bien diverses. Les uns comme la carpe, la tanche, le goujon, l'ablette, le brochet, le saumon, la truite, la perche, l'anguille, vivent dans les *eaux douces;* les autres, comme le hareng, la sardine, la morue, la sole, le maquereau, le thon, le requin, la raie vivent dans les *eaux salées*.

Poix : matière résineuse que l'on extrait du pin et du sapin.

Polygonées : Voir **Familles végétales**.

Pompe : machine destinée à élever l'eau. On distingue trois espèces principales de pompes : la pompe *aspirante*, la pompe *foulante*, la pompe *aspirante et foulante*.

Précipité : fines particules solides qui se forment au sein d'un liquide.

Présure : matière acide que l'on trouve dans la dernière portion de l'estomac des jeunes ruminants qui n'ont bu que du lait; on s'en sert pour faire cailler le lait.

Préventivement : d'une manière préventive; qui prévient, qui devance un accident ou une maladie.

14.

Pulpe : corps solide réduit à la consistance pâteuse.

Pulvérisé : réduit en poudre.

Pulvérulent : qui ressemble à de la poudre fine.

Purgatif : qui provoque l'évacuation des excréments accumulés dans l'intestin.

R

Races : les races sont formées par des générations successives d'individus possédant les mêmes qualités. Chez l'homme, on distingue quatre races principales : la race *blanche* qui habite l'Europe, la race *noire* qui habite l'Afrique, la race *jaune* qui habite l'Asie et la race *rouge* qui habite l'Amérique. Cette dernière est presque éteinte.

Raffinerie : Établissement où l'on raffine, où l'on épure le sucre.

Raphia : le raphia est formé par le pétiole des feuilles d'une espèce de palmier. Pour le rendre plus résistant à l'humidité, on le fait tremper, pendant vingt-quatre heures, dans une dissolution de sulfate de cuivre (1 gramme par litre d'eau), puis on le lave à grande eau et on le fait sécher avant de s'en servir.

Rayonnement (de la chaleur) : propriété que possèdent les corps de dégager de la chaleur dans l'espace environnant.

Récapitulatif : qui résume en peu de mots.

Réfléchir (la lumière) : renvoyer dans une autre direction les rayons lumineux qui ont frappé un corps.

Les lois de la réflexion de la lumière sont les suivantes :

1° *Le rayon réfléchi F reste*

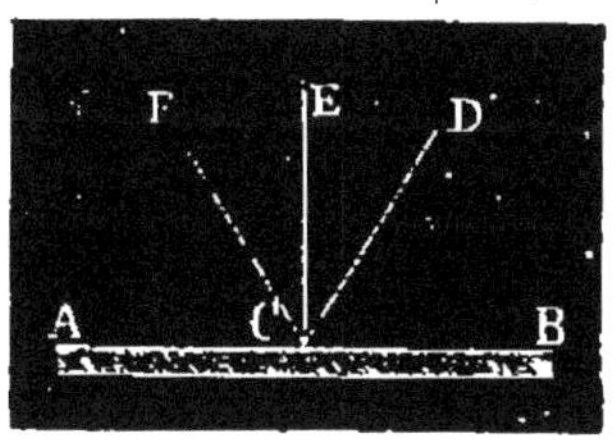

L'angle de réflexion FCE est égal à l'angle d'incidence DCE. —
La lumière se réfléchit suivant ce principe.

dans la même surface plane que le rayon d'incidence D.

2° *L'angle de réflexion* FCE *est égal à l'angle d'incidence* DCE.

(La réflexion ne s'effectue bien que sur les surfaces polies; c'est elle qui produit les images des glaces, des miroirs et des eaux.

tranquilles ; le *rayon incident* est celui qui arrive sur la surface et l'*angle d'incidence* est formé par ce rayon et la perpendiculaire CE élevée au point où il rencontre sa surface.)

Le son et la chaleur se réfléchissent comme la lumière.

Réfracter la lumière. On appelle *réfraction* le changement de direction que prend un rayon lumineux qui passe obliquement d'un milieu transparent dans un autre milieu également transparent et de densité différente. Prenons une plaque de verre, plaçons-la sur un livre et essayons de lire, nous remarquerons que les lignes semblent dévier au point où le verre ne cache plus les lettres ; cela provient de ce que les rayons partant du livre, changent de direction en passant à travers le verre. C'est en se basant sur cette particularité que l'on a construit divers appareils d'optique : lunettes, loupes, microscopes, etc.

Renonculacées : voir Familles végétales.

Reptiles : les reptiles sont des *vertébrés* à sang froid qui sont couverts d'écailles et qui respirent l'air atmosphérique avec des *poumons* à tous les âges. On les divise en plusieurs ordres : les *tortues* ; les *lézards* (caméléon, lézard gris) ; les *crocodiles* et les *serpents* (boa, couleuvre, vipère, serpent à sonnettes). L'*orvet* se rapproche des lézards par des vestiges de membres cachés sous la peau, et des serpents par sa forme cylindrique.

Réséda : voir Familles végétales.

Résidu : ce qui reste après qu'on a soumis un corps à diverses opérations.

Ridelles : espèces de balustrades, en forme de râtelier que l'on adapte à une charrette pour retenir les fourrages.

Rongeurs : voir Mammifères.

Rosacées : voir Familles végétales.

Rouge (pris le) : se dit des dindons quand les excroissances charnues qu'ils ont au cou sont devenues rouges.

Rouille : la *rouille* est produite par du fer exposé à l'humidité, c'est un composé d'oxygène et de fer. On désigne encore sous ce nom une maladie qui s'attaque aux céréales et qui est due à la présence d'une espèce de champignon.

On peut se servir de sangsue pour faire une saignée.

S

Saignée : ouverture que l'on pratique dans une veine afin d'en faire sortir un peu de sang. Les plaies des veines se cicatrisent assez facilement, mais celles des artères sont difficiles à guérir.

Saillie : partie qui ressort sur une surface.

Salivaires (glandes) : glandes logées dans les parois de la bouche et qui sécrètent la salive. La salive permet de réduire les aliments en pâte et elle rend solubles et assimilables les substances féculentes.

Sang : liquide nourricier de l'organisme chez les animaux. Les animaux à *sang chaud* ou à *température constante* sont les mammifères et les oiseaux ; la température de leur corps ne varie jamais, sauf dans les maladies graves. Tous les autres animaux sont appelés animaux à *sang froid* ou à *température variable*, parce que la température de leur corps varie avec celle du milieu où ils vivent.

Saupoudrer : répandre de la poudre.

Saute-mouton (*jeu*) : voir **barres**.

Schiste (huile de) : liquide que l'on extrait d'une espèce de roche bitumineuse que l'on trouve dans certaines régions houillères.

Scorbut : maladie qui provient de la corruption du sang et qui se manifeste surtout par l'inflammation des gencives.

Sédentaire : qui reste dans le pays.

Sel : composé résultant de la combinaison d'un acide avec une base ; (sulfates, phosphates, etc.), ou d'un métalloïde* avec un métal* (chlorure de sodium ou sel marin).

Sens : il y a cinq sens : le *toucher*, le *goût*, l'*odorat*, la *vue* et *l'ouïe*. — Les organes du **toucher** sont les nerfs de sensibilité qui viennent s'épanouir sous la couche superficielle de la peau. — Les organes du goût sont les ramifications du nerf lingual qui occupent la surface de la langue. — L'odorat a pour organe le nez ou plutôt les fosses nasales où s'épanouissent les nerfs olfactifs. — La vue a pour organes les yeux dont la structure est assez compliquée. L'*œil* présente extérieurement une membrane transparente appelée *cornée*. Derrière la cornée se trouve : 1º l'*iris* percé par la *pupille* et entouré de l'*humeur aqueuse* ; 2º le *cristallin* sorte de lentille que la lumière traverse ; 3º le *corps vitré* ; 4º enfin la *rétine* formée par l'épanouissement du nerf optique, lequel est destiné à transmettre au cerveau les impressions reçues. — L'ouïe a pour organes les oreilles qui se trouvent composées : 1º du *pavillon* et du *conduit auditif externe* ; 2º de la *caisse du tympan*, sorte de chambre qui communique avec l'arrière-bouche par un canal et qui est séparée du conduit auditif externe par la membrane du tympan et des parties internes de l'oreille par deux membranes plus petites, dont l'une est attachée à la membrane du tympan par une chaîne de petits osselets ; 3º enfin, d'une suite de cavités et de canaux remplis de liquide et dans lesquels viennent se ramifier les nerfs auditifs.

Seringue : appareil composé d'un piston* qui se meut à frottement doux, par l'intermédiaire d'une tige, dans un corps de pompe terminé en tube effilé. Les seringues servent à projeter des liquides.

Sévigné (Mᵐᵉ de) : écrivain célèbre du dix-septième siècle. Les lettres de Mᵐᵉ du Sévigné à sa fille resteront toujours un des plus beaux modèles de style épistolaire.

Siccative (huile) : qui a la propriété de faire sécher rapidement les couleurs.

Silicate : sel* dont l'acide est la silice.

Simples (corps) : en chimie on appelle corps simples, les corps qu'on n'a pu décomposer jusqu'ici en plusieurs éléments. Les corps simples se divisent en *métaux** et en *métalloïdes**.

Sinapisme : voir cataplasme.

Siphon : le *siphon* est un tube recourbé dont une branche est plus longue que l'autre et qui sert à transvaser les liquides*. Pour s'en servir, on met la petite branche dans le liquide à transvaser et on aspire l'air par la grande branche; la pression atmosphérique force le liquide à monter dans le siphon qui fonctionne ensuite tout seul tant que la petite branche baigne dans le liquide et que la grande renferme une hauteur de liquide plus élevée que la petite.

Un siphon.

Solanés : voir **Familles végétales**.

Soleil : le Soleil est l'astre principal de notre système planétaire. C'est autour de lui que gravitent les planètes* que nous connaissons; la terre, notamment, tourne autour du soleil en un peu plus de trois cent soixante-cinq jours. Le soleil est considéré par les savants comme une masse sphérique entourée d'une atmosphère incandescente et lumineuse qui nous transmet sa *chaleur* et sa *lumière* à travers l'espace. Le soleil est à près de trente-huit millions de lieues de la terre et sa lumière nous arrive en un peu plus de huit minutes.

Soluble : qui peut être dissous dans un liquide.

Soufre : métalloïde jaune et inflammable qu'on trouve au voisinage des volcans.

Soupape : petit couvercle qui ferme hermétiquement une ouverture quand on le presse dans un sens, mais qui se soulève quand on le presse dans l'autre.

Squelette : le squelette est l'ensemble des os du corps de tout animal vertébré. Il se compose de trois parties distinctes : la *tête*, la *colonne vertébrale* et les *membres*. Chez l'homme, de même que chez les mammifères, les os de la tête sont forts nombreux et forment le *crâne*, les *orbites*, les *fosses nasales* et les deux *mâchoires*, dont l'inférieure est mobile; la colonne vertébrale est composée d'une suite d'anneaux appelés *vertèbres* sur lesquels viennent aboutir les *côtes* qui sont réunies en avant, par des cartilages, à un os plat appelé *sternum*; la dernière partie de la colonne vertébrale soutient les os larges et plats qui forment le *bassin*; les principaux **os** des membres sont, en avant, l'*humérus* pour le bras, le *radius* et le *cubitus* pour l'avant-bras, les *carpes*, les *métacarpes* et les *doigts* pour les mains ; en arrière, le *fémur* formant la cuisse, le *tibia* et le *péroné* formant la jambe, les *tarses*, les *métatarses* et les *orteils* formant les pieds.

Strident : qui rend un son perçant et désagréable.

Style : partie du pistil, ordinairement très fine, qui surmonte l'ovaire.

Sublimé corrosif : poison excessivement violent formé par la combinaison du chlore et du mercure.

Succédané : se dit d'un produit, d'un médicament, dont les propriétés se rapprochent beaucoup de celles d'un autre.

Sulfate : sel dont l'élément acide est l'acide sulfurique.

Sulfater une vigne : l'asperger avec une dissolution de sulfate de cuivre.

Sulfure : combinaison* du soufre avec un autre corps simple.

Sulfure de carbone : liquide formé par la combinaison du carbone et du soufre.

Suspension : vase suspendu dans lequel on cultive des plantes.

Syncope : état maladif dans lequel les battements du cœur subissent une diminution passagère ; pendant les syncopes, la respiration s'arrête, les mouvements sont supprimés et le malade perd les sens.

Système : ensemble d'objets ou d'organes qui dépendent les uns des autres.

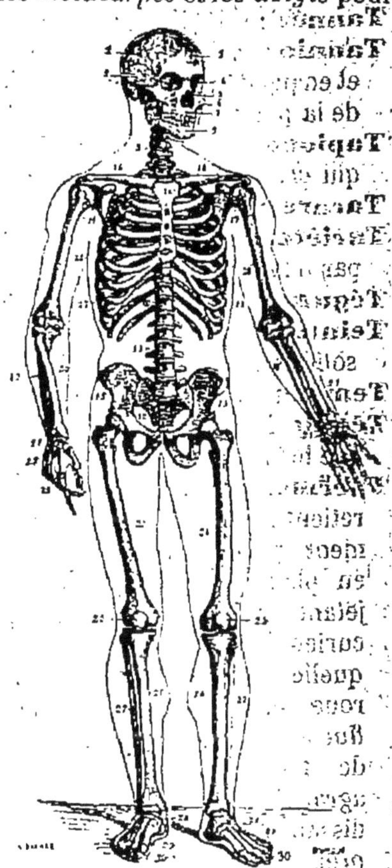

1, frontal ; 4, orbite ; 5, fosses nasales ; 7, maxillaire supérieur ; 8, maxillaire inférieur ; 9, région cervicale de la colonne vertébrale ; 11, colonne vertébrale ; 13, côtes ; 14, sternum ; 15, os iliaque, 18, humérus ; 19, cubitus ; 20, radius ; 21, carpe ; 22, métacarpe ; 23, doigts ; 24, fémur ; 25, rotule ; 26, tibia ; 27, péroné ; 28, tarse ; 29, métatarse ; 38, orteils.

T

Tabletterie (ouvrages de) : petits ouvrages en ivoire, en ébène, ou même en buis (dominos, lotos, damiers, etc.).

Taffetas : étoffe de soie mince et unie. Le *taffetas d'Angleterre* est du taffetas ordinaire recouvert de colle de poisson.

Taller : produire des *talles* ou *rejetons* au pied d'un végétal.

Tangentes (parties) : qui se touchent en un point.

Tannée : produit des fosses dans lesquelles on a fait tanner du cuir.

Tannin : substance astringente que l'on extrait de certains végétaux, et en particulier de l'écorce de chêne, et qui sert à préserver les peaux de la pourriture.

Tapioca : fécule que l'on extrait de la racine du *manioc*, arbre qui croît dans les régions tropicales.

Tarare : espèce d'instrument qui sert à nettoyer les grains.

Tarière : sorte de vrille pour percer des trous dans le bois ; se dit, par extension, de l'aiguillon que possèdent certains insectes.

Tégument : enveloppe des graines.

Teinture : on appelle teinture en médecine toute solution d'un corps solide dans l'alcool. Ex. : la *teinture d'iode*.

Tempes : partie de la tête comprise directement entre l'œil et l'oreille.

Tétent (les choux) : expression vulgaire par laquelle on veut dire que les feuilles des choux se serrent et se mettent en boule.

Thermomètre : quand un charron veut placer le cercle de fer qui retient les jantes de la roue d'une voiture, il le fait chauffer fortement ; puis, après l'avoir mis en place, il le refroidit en jetant de l'eau dessus. Il est curieux de constater alors avec quelle force les parties de la roue sont réunies : sous l'influence de la chaleur, le cercle de fer s'est sensiblement agrandi, puis en se refroidissant, il a repris sa longueur première et a ainsi serré les jantes de la roue. Tous les corps, quels qu'ils soient, subissent ainsi, sous l'influence de la chaleur, une augmentation plus ou moins considérable de volume, *ils se dilatent* ; tous, en se refroidissant, diminuent de volume ; *ils se contractent*. (L'eau seule fait

Le travail du charron.

exception à cette dernière règle lorsque la température descend au-dessous de quatre degrés centigrades.) C'est en se basant sur ces faits que l'on a construit le **thermomètre**. C'est un petit appareil formé d'un tube de verre excessivement fin à l'intérieur et muni d'un réservoir contenant de l'alcool coloré ou du mercure. Avant de fermer le tube, on a eu le soin de faire chauffer le liquide pour chasser tout l'air qui pouvait s'y trouver, puis on a gradué l'instrument. Pour cela, on a mis le thermomètre à mercure dans la glace fondante et on a marqué 0 degré au point où le mercure s'était arrêté, puis on l'a mis dans de l'eau que l'on a fait bouillir et l'on a marqué 100 au point où le mercure se trouvait à la température de l'eau bouillante. On a divisé ensuite en cent parties égales la partie comprise entre 0 et 100 et on a ainsi obtenu les degrés au-dessus de zéro ; on a divisé en parties égales la portion inférieure et on a, de cette façon, indiqué les degrés au-dessous de zéro. Le thermomètre à alcool a été gradué par comparaison. Tous les deux servent à mesurer exactement la température des différents corps.

Tissu : enlacement de fibres formant une partie solide.

Torréfiées : grillées par le feu.

Tour (ouvrages de) : travaux que l'on obtient à l'aide d'une machine spéciale, en façonnant en rond le bois ou les métaux.

Toxique : qui empoisonne.

Trachée-artère : la trachée-artère est un tube formé d'anneaux cartilagineux, dont la fonction est de conduire aux poumons l'air aspiré par la bouche et surtout par le nez. La trachée-artère est précédée d'une espèce d'entonnoir appelé *larynx* qui renferme, chez les mammifères, les organes de la voix.

Trapézoïde : qui a la forme d'un trapèze, c'est-à-dire, d'une figure, dont deux côtés sont inégaux et parallèles.

Trémie : caisse ouverte à ses deux extrémités, mais large en haut et étroite en bas.

Tumultueux : qui fait du bruit.

Tuteur : en agriculture, on désigne sous le nom de tuteur un bâton ou un échalas plus ou moins fort contre lequel on fixe un végétal qui demande à être soutenu.

U

Urine : déjection liquide, riche en azote, filtrée dans les reins et rejetée ensuite au dehors. Les *reins* sont deux corps ovoïdes, en forme de haricots, qui sont appliqués à droite et à gauche de la colonne vertébrale dans l'abdomen. L'urine qui sort des reins s'accumule dans la *vessie* avant d'être évacuée.

V

Vacciner : introduire dans le sang le principe d'une maladie de manière à produire un malaise très léger et à rendre impossible dans la suite la maladie proprement dite. L'effet de la vaccination ne dure qu'un certain temps au bout duquel il faut recommencer.

Vaisseau : en botanique on désigne sous le nom de vaisseau un canal à parois nettes, plus ou moins cylindriques, qui sert à conduire les liquides dans la plante. (Voir fig. de la page 24.)

Vannes : espèces de portes qui se lèvent ou qui se baissent pour régler le passage de l'eau.

Vapeur : tout le monde sait que lorsqu'on fait bouillir de l'eau dans une marmite fermée, la vapeur qui se forme est assez forte pour soulever le couvercle. Cette propriété a été utilisée par Denis Papin, de Blois, pour la construction des *machines à vapeur*. L'eau, en se transformant en gaz, prend, en effet, 1700 fois plus de place et agit sur le piston qui fait mouvoir les roues de la machine avec une pression d'autant plus forte que la température est plus élevée.

Le couvercle de la marmite se soulève.

Véhicule : qui sert à transporter quelque chose.

Vent : si au bas de la porte d'un appartement *chauffé* on place la lumière d'une bougie, on remarque qu'un vif courant d'air dirige horizontalement la flamme vers l'intérieur de la pièce ; au contraire, la flamme est dirigée vers le dehors si on place la bougie à la partie supérieure de la porte. Cette expérience explique la théorie du vent. Lorsque, pour une cause ou pour une autre, l'air d'un point de la terre est chauffé ou refroidi, il s'ensuit un déplacement dans les couches de l'atmosphère : un courant d'air chaud se dirige *en haut* vers les parties froides et un courant d'air froid se dirige *en bas* vers les parties chaudes. Le vent entraîne avec lui la vapeur d'eau qu'il recueille au-dessus des mers ; c'est ce qui explique pourquoi les vents du sud-ouest et

Expérience pour le vent.

L'air chaud et léger de la pièce s'échappe au dehors par le haut, mais l'air froid et dense arrive en bas, de l'extérieur, dans la pièce chauffée.

de l'ouest sont pluvieux sur toute la surface du territoire français, à l'exception de la région des Pyrénées et du bassin du Rhône.

Vermiforme : en forme de ver.

Vermifuge : qui tue les vers intestinaux.

Verse (des épis) : La verse des épis se produit quand les tiges se penchent et se couchent les uns sur les autres. Elle est très préjudiciable et a souvent pour cause les grandes averses.

Vicinal (chemin) : chemin qui met en communication plusieurs villages.

Volant : roue très lourde, ordinairement métallique, qui rend plus régulier le mouvement d'une machine.

TABLE DES MATIÈRES

Mois de septembre et d'octobre

Mois de novembre

Mois de décembre

Mois de janvier

Mois de février

Mois de mars

Mois d'avril

Mois de mai

Mois de juin

Mois de Juillet et d'Août.

PROGRAMME DU 27 JUILLET 1882

COURS NORMAL D'HISTOIRE

DES ÉCOLES PRIMAIRES

PAR

A. AMMANN & E.-C. COUTANT

Anciens élèves de l'École normale supérieure, Agrégés d'histoire et de géographie

Professeur au lycée Louis-le-Grand et au collège Chaptal.	Directeur de l'école municipale supérieure J.-B.-Say.

Avec des résumés, des questionnaires, des devoirs, des tableaux synoptiques, de nombreuses cartes et gravures

ADOPTÉ POUR LES ÉCOLES DES VILLES DE PARIS, DE BORDEAUX, ETC.
ET PORTÉ SUR TOUTES LES LISTES DÉPARTEMENTALES

Le Cours normal d'Histoire des Écoles normales forme la partie du maître de ce Cours.

COURS ÉLÉMENTAIRE. — Récits et Entretiens sur l'Histoire nationale jusqu'en 1328 suivi d'un résumé jusqu'à nos jours et d'un lexique des mots difficiles. Un volume in-12, cartonné. » 80

COURS MOYEN. — Cours élémentaire d'Histoire de France depuis 1328 jusqu'à nos jours, précédé d'une revision jusqu'en 1328. Un volume in-12, cartonné. 1 fr. 40

COURS SUPÉRIEUR et COURS COMPLÉMENTAIRE. — Notions sommaires d'Histoire générale et *revision de l'Histoire de France*, ouvrage faisant suite à tous les cours d'Histoire. Un fort volume in-12, cartonné. 2 fr. 50

Un des maîtres de la pédagogie contemporaine, M. Gréard, a dit excellemment : « L'objet de l'enseignement primaire n'est pas d'embrasser sur les diverses matières auxquelles il touche tout ce qu'il est possible de savoir, mais de bien apprendre dans chacune d'elles *tout ce qu'il n'est pas permis d'ignorer*. »

Ces paroles, citées dans l'Instruction annexée à l'arrêté ministériel qui a fixé les nouveaux programmes de 1882, ont principalement inspiré les auteurs de ce cours.

Dans leur travail, ils se sont proposé deux objets : d'une part, exposer d'après une méthode accessible à de jeunes esprits — dans les Cours élémentaire et moyen — le développement **de la France ;** dans le Cours supérieur — le développement **symétrique de l'humanité et de la France.**

Chacun des chapitres embrasse une période particulière de l'histoire et **forme comme un tout complet.** Il contient d'abord des *notions générales :* c'est, sous la forme la plus nette et la plus brève possible, un tableau d'ensemble des grandes idées qui dominent et expliquent les faits particuliers racontés dans le chapitre. Ces notions générales sont destinées à être lues attentivement, et, au besoin, expliquées et commentées en classe par le maître avant que l'étude du chapitre ne soit entamée.

Le chapitre est ensuite subdivisé en *leçons,* généralement au nombre de deux ou trois ; chaque leçon contient à son tour deux parties distinctes : un *Résumé* et un *Récit.* Le Résumé est destiné à être appris *par cœur* par tous les élèves ; il est divisé en un petit nombre de paragraphes, dont chacun expose un fait important ou une idée essentielle ; le Récit développe ensuite méthodiquement, paragraphe par paragraphe, toutes les matières contenues dans le Résumé ; des numéros correspondants permettent de reporter chaque partie du Récit au paragraphe spécial qu'elle explique.

Dans le *questionnaire* qui accompagne chaque leçon, les mêmes numéros de renvoi, correspondant aux numéros des paragraphes, désignent les questions à poser sur chacun d'eux.

De loin en loin des *tableaux synoptiques* facilitent d'utiles revisions ; ils sont disposés dans le **Cours supérieur** de telle façon que, lorsqu'on les lit de haut en bas, chaque colonne offre la succession chronologique des événements dans un même pays ; quand on les lit de gauche à droite, ils font voir la simultanéité des événements accomplis à la même époque dans les différents pays.

Le **Cours élémentaire** est suivi d'un Résumé de l'Histoire nationale jusqu'à nos jours ; le **Cours moyen** est précédé d'une revision jusqu'en 1328 et suivi d'une revision générale, ce qui permet d'utiliser le Cours même dans les écoles **où l'on ne suit pas** le nouveau programme, car chaque volume forme un tout complet.

Pour conclure, les *résumés* forment dans ce cours la *matière* de l'enseignement historique, tandis que les *récits* et les *entretiens* constituent comme un *livre de lectures.*

Nous ne saurions trop attirer l'attention des maîtres sur le *Cours normal d'histoire à l'usage des Écoles normales* qui forment la PARTIE DU MAITRE du Cours que nous leur présentons ; à la fin de chaque leçon des Cours **élémentaire, moyen et supérieur,** ils trouveront indiquées les pages du *Cours des Écoles normales* se rapportant à la partie étudiée : ces deux Cours ont été conçus dans le même esprit et rédigés sur le même plan, de telle façon que les développements plus complets du second viennent se juxtaposer tout naturellement sur ceux du cours primaire ; *ils se complètent l'un l'autre,* tout en étant indépendants et forment pour l'enseignement de l'histoire un *seul ensemble pédagogique.*

Les cours **élémentaire** et **moyen** seront envoyés franco et gratuitement aux *membres de l'enseignement* qui nous en feront la demande et qui ne les auront pas encore reçus.